PHILOSOPHY

人民日报学术文库

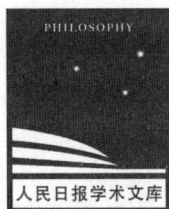

近代日本武士道思想研究

王　志　王晓峰｜著

人民日报出版社
北　京

图书在版编目（CIP）数据

近代日本武士道思想研究／王志，王晓峰著 . —北京：人民日报出版社，2021.4

ISBN 978 - 7 - 5115 - 6670 - 6

Ⅰ . ①近… Ⅱ . ①王… ②王… Ⅲ . ①武士—道德规范—研究—日本—近代 Ⅳ . ①K313. 03

中国版本图书馆 CIP 数据核字（2020）第 217148 号

书　　名：近代日本武士道思想研究
　　　　　JINDAI RIBEN WUSHIDAO SIXIANG YANJIU
著　　者：王　志　王晓峰

出 版 人：刘华新
责任编辑：刘天一
封面设计：中联华文

出版发行：人民日报出版社
社　　址：北京金台西路 2 号
邮政编码：100733
发行热线：(010) 65369509　65363527　65369846　65369828
邮购热线：(010) 65369530　65363527
编辑热线：(010) 65369844
网　　址：www. peopledailypress. com
经　　销：新华书店
法律顾问：北京科宇律师事务所 (010) 83622312
印　　刷：三河市华东印刷有限公司

开　　本：710mm×1000mm　1/16
字　　数：230 千字
印　　张：16
版次印次：2021 年 4 月第 1 版　　2021 年 4 月第 1 次印刷

书　　号：ISBN 978 - 7 - 5115 - 6670 - 6
定　　价：95. 00 元

摘　要

　　武士道是封建武士在战争生活和日常生活中形成的一些习俗、惯例和常规，是由武士的实践需要发展而来。在形成过程中吸纳了神道、佛教、儒学中的大量营养成分，最后在儒家理念的指导下，由粗陋的"武者之习"和"执弓矢者之习"等发展成理论原则，成为规范武士阶级的行为标准和道德观念。到了近代日本，实现了四民平等，经过征兵制的实施，《军人敕谕》《教育敕语》的颁行，在这一武士全民化，全民武士化过程中武士道逐渐被"泛化"为普遍的国民道德，并成为以天皇主义为中心的民族精神，其适用范围由武士扩大到全国国民，要求全体国民忠于天皇，并富有尚武精神，勇于为国为天皇效忠献身。

　　首先，阐述作为日本近代军事尚武思想意识渊源的武士道的产生及其主要内容和特征，从武士的生活方式、生活基础和精神信仰等方面来把握武士道的产生；武士道是一个历史范畴，它随着武士阶级的兴起而产生。道德归根到底是社会经济状况的产物，因此决定武士生活的两种人际关系——主从关系和家族关系则是武士道赖以产生的社会基础。武士道尽管不受某种宗教支配，但在武士道的形成期，神道和佛教为武士履行职责和义务提供了一定的制裁力和意志力。对武士道思想本身则通过把它作为统治阶级的意识形态和政治思想这一整体出发，重点研究其文武两道观，及以武治国的尚武思想和忠诚观念。

　　其次，阐述武士道是如何从封建武士的特殊性道德"泛化"为全民道德的历史过程。明治政府从其国策出发，制定了《军人敕谕》《教育敕语》，从而完成了武士道与"万世一系"的天皇的结合，实现了效忠对象的一元化，然后以绝对主义天皇的名义把武士道这种军人精神扩大为"国民的规模"，通过教育和文化等各种渠道将其向全体国民浸透，特别是通过小学修身教育和历史教育把为天皇和国家效忠的武士道精神向少年儿童灌输，将他们培养成"良兵良民"，为国家服务。同时又大力扶持半官半民的准军事团体如在乡军人会等，利用他们的活动和宣传把这种军国意识形态深入社会的各个角落，为武士道实现大众化和社会化起了重要作用。而且在武士道全民化过程中，思想和文化界的宣传和鼓动也是其重要的一环。

　　武士道的全民化不只是靠政府颁布一些道德训条或教育"圣典"，就能成为人们普遍遵守的道德规范这么一个简单过程，武士道的全民化有其历史背景，长期以来，武士理想的道德品格及其尚武精神一直得到日本社会各个阶层的普遍尊重。而日本传统的家族制度也为武士道的履行提供了社会基础。近代以后，武士道成为国家道德，是国民道德教育的重要内容，随着学校教育和社会教育的普及和发展，武士道深入人心，崇尚武勇，尊重军人成为一种普遍的社会风尚，"以当兵为荣，以败奔为耻"成为具有社会制裁力的道德观。武士道思想作为日本民族独特的精神文化和思想意识，对日本民族性格的塑造与社会的发展产生了深远的影响，已经成为日本民族心理的深层文化积淀。本书对武士道思想的形成，特别是近代以后的发展变化进行阐述和分析，通过其对整个日本民族文化、民众心理产生的影响，深入探讨迥异于中华文化的日本文化、日本民族性格的独特之处。

目　录
CONTENTS

序　章

一、研究对象与研究方法

在世界历史上，日本不是一个富有创造力的国家，它没有创造出对世界有意义、足以影响周边民族的文化，而是长期处于世界的边缘地位，是依靠吸收中国的先进文化才得以迈进文明社会门槛的。

然而近代以后，日本吸收西方文化，以富国强兵为国策，并于1895年在中日甲午战争中打败清王朝。这次战争的胜利标志着日本近代化的"成功"，使日本从一个在世界史上居非主流地位的国家一变而为东方的霸主，令世界震惊。由此世界开始注意日本这个基本上是"东方"文化的蕞尔小国是凭什么力量，是如何建立东方霸权的。在这种情况下，新渡户稻造著《武士道》一书，试图来回答日本崛起的原因。他把日本封建社会的传统道德用"武士道"一词加以概括，并认定日本所以能成为军事强国，正是基于这种道德基础和精神力量。

美国历史学家保罗·肯尼迪在其所著《大国的兴衰》一书中，从世界史的角度认为有两个因素帮助日本上升到大国地位。一是客观地理上的因素；二是主观上的士气。他说："日本人对文化的独特性的强烈意识，对天皇的崇拜和国家崇拜的传统，军人的光荣感和勇猛的武士道精神，对纪律和刚毅的强调，产生了一种强烈的爱国主义和不畏牺牲的政治文化。"[①] 日本军国主义者认为，即使是在工业化年代，武士道精

---

① （美）保罗·肯尼迪：《大国的兴衰》，陈景彪等译，北京：求实出版社，1988年，第252-254页。

神加上刺刀也能够保证在战场上取得胜利。保罗·肯尼迪认为,"如果士气和纪律仍然是国家实力极为重要的先决条件的话,日本在这些资源方面是富有的"。① 对于日本近代国家的建设,胡适在 1938 年用英文发表的《中国与日本的现代化运动——文化冲突的比较研究》一文中指出:"日本领导人在较早时期实现这一急速的转变,他们之中的最有远见者也只能看到与理解西方文明的某些表象。他们处心积虑要保存自己的民族遗产,加强国家与皇朝对人民的控制,因而小心翼翼地保护日本传统的大量成分,使之不致受到新文明的触染,人为地采用好战的现代化的强硬外壳来保护大量中世纪传统文化,在这其中不少东西具有原始性,孕育着火山爆发的深重危机。"② 胡适在这里所说的中世纪传统文化,毫无疑问是指崇尚杀伐的野蛮的封建武士道。

罗荣渠先生在谈到日本现代化的特点时指出,明治维新在"富国强兵"路线下进行的"殖产兴业"的现代化,只具有西式现代化的外形,而包含了武士道现代化的内核。③ 日本现代化的成就,完全是几次战争的结果。就国内来说,有推翻幕府封建统治的戊辰战争,扫除国内统一障碍的西南战争;就对外侵略战争来说,有中日甲午战争、日俄战争,而后者使其最终确立了世界强国的地位。

近代日本的历史可以说是一部不断发动侵略战争的历史。在近八十年中,进行战争的时间几乎比和平的时间还要长,即使是在短暂的和平时期内,也是致力于处理前一次战争和为下一次战争做准备。可以说,战争、准备战争、军国主义是近代日本历史的主要特征。

明治维新后,日本之所以很快走上军国主义道路,有其深刻的历史背景。由于日本武家社会绵亘近七百年,武家政权长期统治,军事立国、强权政治、好战思想和尚武精神一直在统治思想中占据主要地位。开国以后,面临着弱肉强食的国际环境,其封建军国主义很快就转为近

---

① (美)保罗·肯尼迪:《大国的兴衰》,陈景彪等译,北京:求实出版社,1988 年,第 252 – 254 页。
② 罗荣渠:《东亚跨世纪的变革与重新崛起》,《北京大学学报》,1995 年第 1 期。
③ 罗荣渠:《东亚跨世纪的变革与重新崛起》,《北京大学学报》,1995 年第 1 期。

代军国主义，并充分利用自身的封建传统优势，强调军事至上，谋求世界霸权。

在幕末推动明治维新的民族主义中也包含着军国主义成分，可以说近代天皇制国家从其诞生的时候起就具有浓厚的军国主义倾向。所谓军国主义，就是以军备和对外侵略为国家的最高目的，而国家的一切政策都服从这一目的。山县有朋在 1880 年写的《进邻邦兵备略表》中力陈道："强兵为富国之本，而不是富国为强兵之本。"关于富国与强兵的关系，他进一步认为，"富国与强兵古今互成本末。今若特以富厚为本，强兵为末的话，民心趋利，而不知公利之所在。长偷薄之风月，成萎靡之弊岁，以利口成俗，以虚饰为习。苟若一旦如此，夫质直俭朴、忠厚勇敢，重廉耻，尚节义之风一扫而尽矣。一旦衅隙之开，背君卖国之贼，群起而不可御也"。① 在这里，山县认为强兵、提倡传统的尚武精神，不仅可以维护国家利益，而且还可以维护社会风尚，使其不至陷文弱萎靡之弊。最后他提出了强兵优先一切的军国主义主张。在军国主义优先的前提下，政治、经济、思想文化及至国民的日常生活无一不受其制约和控制。"兵强国民自由始可言，国民权利始可论"，从而使近代的自由主义与民主主义在军国主义狂潮面前变得无力了。② 而在近代学校教育和社会教育中，以武士道为内容的军事教育占重要地位，其目的是"育成忠实的兵士，养成军国的干部"，结果全体国民几乎被军人化了，而整个国家则变成了一座兵营，至于发动侵略战争则已是时机问题了。日本军国主义确立过程可以说是一个国民武士化和武士道全民化的历史过程。总之，日本军国主义是以"军事立国"和谋求霸权为目的进行统治的反动政治思想和政治制度，而武士道则是它的思想渊源和精神支柱。

本文拟对武士道内容及其近代以后全民化的历史过程进行阐述和分析，揭示武士道和军国主义的本质，以加深我们对这些危害人类和平的

① 山县有朋：『进邻邦兵备略表』，由井正臣等：『日本近代思想大系·4·军队兵士』，岩波书店，1989 年，第 281 页。
② 藤原彰：『天皇制と军队』，青木书店，1978 年，第 72 页。

思想意识和社会形态的认识。本文的论述主要有两部分内容：第一部分阐述武士道的产生及其主要内容和特征，从武士的生活方式、生活基础和精神信仰等方面来把握武士道的产生，将武士道定位为统治阶级的意识形态和政治思想，重点研究其以武治国的尚武思想和忠诚观念，以此来认识其作为军国主义的思想渊源的原因。第二部分阐述武士道作为军国主义发动侵略战争的精神工具，是如何从封建武士的特殊性道德"泛化"为全民道德的历史过程。明治政府从军国主义国策出发，以天皇的名义把武士道这种军人意识和精神扩大为"国民的规模"，通过教育和文化等各种渠道将其向全体国民浸透，同时政府扶持的半官半民的准军事团体（如在乡军人会等）对这种意识形态的大众化也起了重要作用。而且在武士道全民化过程中，思想和文化界的宣传与鼓动也是其重要的一环，其作用不可低估。

本文的研究将以马克思主义理论为指导，运用辩证唯物主义与历史唯物主义的观点和方法，即经济基础决定上层建筑，社会存在决定社会意识。武士道作为一种意识形态和伦理道德是社会条件和经济状况的反映。一种社会意识的产生既依赖于当时的社会环境，同时又以既存的思想意识为养料。社会意识一旦产生就具有不依赖于社会环境的独立性，并通过左右人的思想和行为来改造社会，这是社会意识的反作用。近七百年的武家社会孕育了武士文化，这种文化又塑造了日本民族。本文按照这一过程来探讨武士道的产生、它的理论化和全民化及其在日本近代历史中的作用。鉴于武士道及其传播的历史过程是一个涉及社会、政治、军事和教育文化等各个领域的复杂问题，本文力图从历史学、社会学、伦理学及军事、教育等多学科结合的角度，对这一问题进行宏观把握，同时对某些问题进行具体的个案分析，以增加论点的说服力。本文在论述中适当地贯穿了比较研究的方法，通过分析中日两国封建社会的历史、封建统治阶级的性格特征和对儒学的理解上存在的差异，来进一步加深对武士道思想特征和其历史影响的理解。本文使用的资料，涉及日本军事史、社会史、思想史、教育史和文化史等方面，并在运用史料的基础上，以史论结合的方式来把握武士道的特征及其全民化的历史过程。

二、研究武士道及其全民化的意义

从镰仓幕府成立到明治维新，武士统治日本近七百年之久。武家政权是日本历史上存在时间最长的政权形态，而且直接与现代日本社会相联结，给日本传统文化及国民性打上了深刻的烙印。现代日本社会同欧美及其他社会相比具有许多独特的个性，如纵向社会、集团主义、家族主义、权威主义、尊重合意等，而形成这些个性的一个重要原因，就是在日本历史上长期占统治地位的武家社会的影响。虽然武士统治日本社会的时代早已结束，但是武家社会抚育出的武士道以某种思维方式和行为方式，依然影响着当今日本社会。"思想不死"，从历史上看，常常会有这种现象：某种思想由于社会的变化被埋没一个时期，但过后又以某种新的形式复活，并再度富有活力，去适应新时期的社会需要。作为一种思想的武士道就是如此。20世纪初期，曾有外国学者在评价武士道在近代日本历史上的作用时说，"日本从远古阳光创造的地层中，发掘出它今日致力于战争和和平的力量"，① 肯定了武士道作为日本传统文化在近代日本发展经济和对外扩张中的双重作用。因此本文试图从了解日本、认识日本的角度出发研究武士与武士道，再从武士道对日本军国主义的作用和影响的方面认识日本军国主义的特征。武士道经过近七百年武家社会的积累，特别是到了近代又经过社会化、大众化的普及和传播，已经深化成日本民族的文化底蕴。而认识这种文化的军事价值取向和武力情结，对于警惕日本军国主义来说，是一个富有现实意义的课题。

1. 关于武士道的语义

武士道，素为世人耳熟能详。对中国人来说，提起武士道，人们立刻能联想到野蛮、凶残、杀戮。这是因为近代日本军国主义在武士道精神武装下，屡次对中国发动侵略战争，法西斯军人的种种暴行给中国人

---

① （日）新渡户稻造：《武士道》，张俊彦译，北京：商务印书馆，2002年，第3页。

民造成了巨大伤害，人们就此将武士道作为残暴和无道的代名词，其要害在于日本的军国主义。而实际上，武士道的内容远不止于此。翻开古今中外的战争史，征服者和侵略者的残暴、杀戮和无道可谓罄竹难书，所以这些东西不能说是为武士道所独有，也不能将其作为武士道的主要特征来认识，否则就难以正确把握武士道的内容和特征。武士道既是一种行为方式，也是一种思想意识。本文研究的重点是作为思想的武士道及其普及和发挥影响的历史过程。

武士道是掌握近七百年武家社会主导权的武士在战争生活和日常生活中形成的一些习俗、惯例和常规。它是从武士的实践需要发展而来，在形成过程中吸纳了神道、佛教、儒学中的大量营养成分，最后在儒家理论的指导下，由粗陋的"武者之习""执弓矢者之习"等习俗、常规发展成理论原则，成为规范武士阶级的行为标准和道德观念。

武士道是日本武家社会赖以维系的道德基础。但是由于武士阶级重实践而轻理论，又缺乏形而上学的训练，所以对这一道德观念并没有在概念上给予一个明确而统一的界定。在武家时代，表意武士行为规范的词也是五花八门。

从表0.1中可以看到，武家时代表述武士行为规范、道德标准的用词是多样和复杂的。进入武家社会后，随着武士社会地位的提高，以武士为主角的、描写其战争生活的战记文学，以及武士为规范其子弟所写的家训等开始出现，表意武士行为规范的名称，也由此产生。如"弓箭之道""弓矢之道""兵之道"等，其内容几乎均是用于道德性意义。[①] 江户时代以前的武士基本上是战士，主要以战争为职业，所以称他们为"执弓矢者"或"兵""武者"等。到了江户时代，长期的和平环境使武士的军事职能降低了，虽然他们依然是双刀阶级，但他们同时也是封建官僚，已成为行政人员了，所以在他们身上又增加了文质彬彬的士君子形象。正如近世儒学家室鸠巢在《士说》中所形容的那样，"君夫介胄横戈，洸洸乎趋于营幕之下，其勇武有如此者；峩冠束带，

---

① 橋本実：『武士道史』，雄山閣，1940年，第6頁。

堂堂乎立于朝著之位，其威望有如此者"，[①] 武士已具有战士和行政者
的双重身分。所以江户时代常用"士道"或"武士道"二词表述武士
的行为准则。而在镰仓时代表示此含义的"弓矢之道"和"弓马之道"
在江户时代已变成表示军事技巧的用词了。到了近代以后，"武道"也
变成一项传统的体育运动项目，一直沿用至今。

表 0.1　史书中对作为武士的规范及职责的武士道之表述[②]

表述	文献名	内　容
武士道	《加藤清正七条》 《尚武论》 《叶隐》	生于武士之家，应以手持长刀和刀而死为道之本意。常思考武士道，则可光荣战死、尽自己之职责。 我邦之武，以弓矢为重。邦人称武士道曰弓矢之礼。 武士道者，不可言败。
士道	《士道要论》	盖士道虽广，不过文武。
武教	《武治提要》	而后自觉武教与圣教其实同，其迹异也。
武士之道	《今川记》 《风雅集》 《常山纪谈》	通晓弓马合战之事对于武士之道而言，并非是稀奇之事。 轻生死重于义武士之道。 惜名重于惜命，此为武士之道应遵循之根本。
弓箭之道	《十训抄》 《竹崎五郎绘词》	我的生命只有最后中箭而亡之时才有意义。弓箭之道就在于此。 弓箭之道不仅表现在与敌人一决胜负上，其德也多闻于被打击之时。

---

① 室鸠巢：「士説」，井上哲次郎：『武士道丛书』（上），博文馆，1905 年，第 391
　　頁。
② 参考古贺斌：『武士道论考』，岛津书房，1974 年，第 59 – 65 頁整理。

续表

表述	文献名	内容
弓矢之道	《太平记》 《镰仓大草纸》 《应仁略记》	弓矢之道，以轻死重名为义。弓矢之道，以有二心为耻。 一门之沉浮就在此时。尊氏应与属下专心于弓矢之义，与义贞共同赴死。 见乱而弃非弓矢之道也。 从古至今，弓矢之道在异朝和本朝并非一种。每个人都在用一生侍奉主君。应该将生命奉献给主君，留名于后代。
弓马之道	《吾妻镜》	蒙右大将家恩，赐予数个之庄园，依右府将军，达升五品之位，纵虽重敕定，盖耻精灵之所昭，哉忽变彼芳躅、欲抚遗尘、颇非弓马之道歟之由。
武者道	《信长公记》	但武者道之仪，可为个别。如此之时，令分别胜负，遂一战者。

在近代以前，一直没有可以表述封建武士道德的统一词汇，"武士道"一词虽然在江户时代已经出现，但也只不过是各种表示武士道德说法中的一种，而这种说法在明治维新前期也并没有普及。根据日本学者村冈典嗣的调查，到19世纪后期，在日本和国外的各种辞书中尚未出现"武士道"一词。新渡户稻造的《武士道》一书于1899年出版后，日本开始用"武士道"来表述封建武士的伦理道德、尚武精神以及日本固有的民族精神。到日俄战争前后，"武士道"一词的文字表述和概念的使用基本统一和固定了。给"武士道"一词下定义，也是从接受过西方形而上学训练的新渡户稻造开始的。他在《武士道》一书中写道，"武士道"在字义上意味着武士在其职业上和日常生活中所必须遵守之道，用一句话来说，即"武士的训条"。也就是随着武士阶层的身份而来的义务。同样在西方学过哲学的井上哲次郎给武士道下的定义是："武士道是武士应该实行的道德，换言之，是武士的实践伦理。"而战前的武士道史学者桥本实从历史的角度进行定义："所谓武士道是经古代、中世及近世，通过武士及其实践生活乃至精神生活所涵养出的

实践的规范性的武士行为、精神思想，即意味着作为武士应行之道。"①
桥本实将武士道的形成提前到古代，其目的是为了把武士的道德说成是
日本民族所固有的道德。总之，他们都是从动态上把握武士道，注重它
的实践性，而不仅是把它作为一种知识和思想来认识。

在我国学者对武士道的界定中，汤重南先生的概括具有代表性：
"武士道，即武士精神，它既是日本武士的人生观和世界观，又是武士
应尽的义务和职责，包括效忠君主，崇尚武艺，忠勇义烈和绝对服从等
讲究'信义''廉耻'等封建道德规范及行为准则。导源于神道、佛
教、儒学及皇国迷信的日本武士道，经历了三大发展阶段，即江户时代
前的旧型武士道，江户时代的新型武士道和明治维新后转化为近代军人
精神及国民精神的武士道。"② 该定义明确了武士道的本质、内容及不
同历史发展阶段的不同特征，对于研究武士道颇具指导意义。在江户时
代的新型武士道中贯穿着儒家思想，成为武士的指导思想。但是武士信
奉儒家思想与中国士大夫不同，中国士大夫信奉儒家道德是为通过科举
考试进入仕途，以实现其"修身齐家治国平天下"的政治理想。而日
本武士是战士，虽然也有政治理想，但是固定的身份制度限制了他们的
发展，所以他们信奉儒家道德是以维护军事组织内部稳定和提高战斗力
为目的，注重道德的实践性和能力的培养。戴季陶曾认为在日本仁义、
礼仪等道德的表层下面，"含有不少的杀伐气"，所以日本的武士道崇
尚武勇而贬低文弱，是一种尚武精神、一种军事性的价值取向，包括忠
诚、集团合作、尊重传统、遵守纪律和积极行动等战争价值观。

2. 关于武士道的全民化

武士道原本是武士应该遵守的道德，但是到了近代以后，却被军国
主义国家通过教育等手段进行推广，从而成为国民道德。

武士阶级自形成以来，在其实践生活中，逐渐形成了各种习俗、惯
例和常规，既是作为个人的修养和作为武士的本分，也是作为规范武士
阶级之间的人际关系和社会关系的准则。在江户时代以前，武士道的内

---

① 桥本实：『武士道史』，雄山閣，1940 年，第 7 页。
② 汤重南：《日本军国主义思想是庞杂的思想糟粕》，《日本学刊》，2005 年第 4 期。

容作为实践性的武者之习，多散见于战记文学或家训之中，到了江户时代，出身于武士的儒学家以中国的儒学理论为指导，将前代武士生活中形成的各种生活准则和习惯加以系统地归纳和整理，成为带有原则性的一系列训条，构成了武士道的德目体系。这些德目包括武士必须肩负的理想抱负，必须遵守的行为规范，必须履行的义务，还有作为军人和统治者所必须具有的品格修养。

有关武士道的德目，江户时代儒学者兼兵学者山鹿素行在其所著的被称为武士道经典的《士道》中，总结了武士的道德规范、品格修养和情操，其内容为：

（一）立本：①知己职分②立志③力行其所志。

（二）明心术：①养气存心②度量③志气④温籍⑤风度⑥辨义利⑦安命⑧清廉⑨正直⑩刚操。

（三）练德全才：①励忠孝②居仁义③详事物④博学文。

（四）自省及自戒。

（五）详威仪：①勿不敬②慎视听③慎容貌之动④节饮食之用⑤明衣服之制⑥严居宅之制⑦详器物之用。

（六）慎日用。①

幕末思想家吉田松阴以山鹿流兵学为家学，尊山鹿素行为先师，对山鹿素行的武士道思想推崇备至。在其开设的松下村塾内讲授山鹿素行的兵学和武士道思想，并将山鹿素行的德目体系归纳为：1. 忠孝为本；2. 君臣一体，忠孝一致；3. 义勇；4. 光明正大；5. 读书尚友；6. 慎交游；7. 死而后已，坚忍果决。在松下村塾学习过的学生中，出现了高杉晋作、木户孝允、伊藤博文、山县有朋等许多维新志士和在明治政府历居要职的军政首脑人物。明治维新正是以萨摩、长州藩为中心的武士势力完成的，而萨摩藩在近世也一向以武士道教育严格著称，因此近代日本可以说是这些属于武士社会的人，通过向全体国民灌输武士意识

---

① 山鹿素行：『山鹿语类·士道』，田原嗣郎等校注：『日本思想大系·32·山鹿素行』，岩波书店，1970 年，第 55 頁。

而形成的国家。在这些人中，山县有朋成了近代日本军国主义的象征。他不仅主持确立了近代征兵制度，而且成功地将封建武士道转化为控制、教育近代军人和国民的思想武器。他主持制定的《军人训诫》和《军人敕谕》被称为近代武士道的经典，把封建武士历来所应遵守的道德规范转化为近代军人精神。前者将军人精神归纳为"三大元行"，即"忠实""勇敢""服从"，后者又进一步规定了军人必须遵守的五项道德准则，即"忠节""礼仪""武勇""信义""质素"，要把军人训练成勇于为天皇制国家和军队舍命的忠实工具，而且又强调这些德目是"天地之公道，人伦之常经"，使其具有了普遍意义。

新渡户稻造从为军国主义辩护出发，把武士道与儒家道德联系到一起，将其归纳为义、勇、仁、礼、诚、名誉、忠义、克己。

近代日本武士道学者大都将武士道与军国主义相结合，并认为武士道是军国主义的精神支柱。他们在研究武士道时归纳出一系列德目，希望人们遵守和实践，以为军国主义国家服务。田中义能在其《武士道概说》一书中，系统列举了武士道德目：忠节、礼仪、武勇、信义、质素、敬神、廉耻、克己、慈爱、好德等。

中国台湾学者林景渊将武士道德目归纳为忠诚、武勇、服从、名誉、礼仪、俭朴等。

上述武士道德目，其内容大体相同。从字面上看，基本上是以儒家伦理道德为主，其中也包括神道和佛教的思想内容。这些德目多是属于人类社会共同遵奉的普遍道德。但是在武家时代，武士道作为武士阶级的实践道德和意识形态，是只有武士才特别需要和有资格遵循的行为规范。由于日本封建社会所特有的身份制度和意识，使这些道德规范和普通的农、工、商庶民阶层没有多大关系。但在武士道德目内容中，毕竟包含了一些人类普遍共有的道德，体现了人类普遍的价值取向，这是武士道可以泛化为庶民道德的思想基础。而武士作为封建统治阶级，其地位高居农、工、商庶民阶层之上，其所遵循的道德规范，自然要像孔子所说的那样："君子之德，风；小人之德，草；草上之风，必偃。"近世士道论中就要求武士必须明白其所担负的三民道德楷模的"职分"。

武士的行为举止、道德观念和情操，必然为其他三民所景仰。"花是樱花，人是武士"这句话说明武士已成了三民所崇拜的对象。在江户时代，民众娱乐和民众教育的无数渠道——戏剧、小说等主题都来自武士的故事，源义经、织田信长和丰臣秀吉的故事无不令那些庶民子弟着迷，"就连女孩们的内心也深深爱慕武士的武勇和武德……如饥似渴地喜欢听武士的故事"。[1] 武士道尽管为庶民阶级所景仰、想象，其很多道德准则对庶民具有一定的感染力，并在社会上出现武士道"平民化"的趋势，[2] 但是庶民与武士有着不同的生活方式，武士享有军事特权，以战争为职业，而且他们在工作和生活上受主从关系的约束，对他们来说，忠于主君是最高的道德原则，为主君而死是最高的道德境界。江户时代的武士宫本武藏认为，在战争中取胜是武士道的根本，他在《五轮书》中强调：死的觉悟、知义理或知耻是百姓也能做到的，武士的本分是在战争中取胜，为主君、为我身、扬名立身是武士道的目标。[3] 因此，其军人本性所决定的身份意识、忠诚心、名誉心和尚武精神这些军事性价值取向，对庶民阶层来说没有普遍意义，因为庶民阶层既没有军事特权，也不当兵打仗，而且在日常生活中也不受主从关系的束缚。所以，这些军事性价值取向对庶民阶层没有太大的约束力，充其量不过为他们所想象和崇拜，为他们茶余饭后提供一些遐想和娱乐而已。因此，在近代以前不能说武士道是日本的全民道德，它只不过是武士阶级的特殊道德。它虽然向庶民阶层渗透，有"平民化"的趋势，但毕竟是有限的、自发的，而不是由政府主导进行的。

明治维新后，"日本在推行西方式资本主义海外扩张时，利用了传统的神道和武士道精神，抑制了自由民权主义的发展，结果导致了比西方扩张更急暴的现代军国主义发展道路"。[4] 正是在这一过程中，武士的思想文化开始向全民化展开。明治政府出于军国主义的需要，在明治

---

① （日）新渡户稻造：《武士道》，张俊彦译，北京：商务印书馆，2002 年，第 90 页。

② 关于武士道平民化问题，参考向卿：《试论江户时代武士道的平民化》，《日本学刊》，2004 年第 5 期。

③ 山本博文：『武士道』，中经出版，2003 年，第 130 页。

④ 罗荣渠：《现代化新论》，北京：北京大学出版社，1995 年，第 217 页。

中期以后，把武士道逐渐"泛化"为普遍的国民道德，并且把国体观念和武士道结合起来，其适用范围由武士扩大到全国国民，要求全体国民忠于天皇，并富有尚武精神，勇于为国、为天皇效忠献身。从此，武士道成为日本军国主义发动侵略战争的精神工具。所以，武士道的要害在于军国主义。正因为武士道的战争价值观以及它所提倡的实干精神深入广大国民之中，从而迸发出了巨大的能量，使日本从一个东方落后国家，经过西方文化的洗礼，在短短数十年间，跨入世界强国之列。日本敢于与世界人民为敌，发动侵华战争和太平洋战争，并且在战败后又急速复兴，在这背后都是因为有武士道精神发挥了重要的作用。所以，了解武士道在明治以后全民化的过程，是武士道研究的组成部分，也对了解日本这个民族的特性具有重要意义。

三、关于武士道的研究史与研究现状

在日本武士道研究史上，大体上有两个时期其研究相当兴盛。一是江户时代，二是明治末期到昭和前期。江户时代是滋养日本民族精神的时代，也是武士道思想成熟期。武家社会发展到江户时代已有五百多年的历史了，在长期的武家社会中形成了一系列社会准则和行为规范，即所谓"兵之道""弓马之道"，但此前一直没有完整的理论体系。德川幕府将儒家思想确定为统治思想，儒家思想注重上下身份秩序，崇尚名分礼节，为这一时代的身份制度和政治秩序提供了哲学基础。由于儒学取代佛教成为政治信念，从而促进了合理主义和现实主义思维方式的形成，这对文化繁荣产生了重大影响，为武士道理论体系的建立奠定了思想及理论基础。中江藤树、贝原益轩、山鹿素行、大道寺友山等儒学家，在总结武家社会历史的基础上，用儒家思想为武家社会和武士的统治地位树立了合理的依据，并用儒家思想来阐述武士阶级长期以来形成的普遍信仰和行为准则，将武士的行为习惯提高为理论原则，从而使武士对主从关系和政治秩序的忠、对家庭的孝的观念以及他们对武力的崇拜都被理论化和系统化了。这其中对构建近世武士道理论作用最大的是山鹿素行，其著有《武教本论》《武教小学》《山鹿语类》等。山鹿提

出了将人伦之道作为根本的士道理念，强调"道的觉悟"，对后世影响很大，在武士道的历史上，山鹿素行可称得上是武士道的集大成者，被后人尊为"武士道的祖师"。江户时代另一个对后世影响较大的武士道思想家是山本常朝，他的《叶隐》与山鹿素行强调的士道不同，是承继和发展了前代充满杀伐气的武士道思想，注重"死"的觉悟。江户时代的日本武士虽然接受了儒家思想，但是尚武精神依然备受重视，所以说江户时代的武士道思想是前代武士的行为习惯、尚武精神与中国的儒家思想相结合的产物。

武士道研究的另一个兴盛期是明治末期和昭和前期。明治维新实现了四民平等，武士阶级的特权被取消了，但是武士的政治意识和伦理道德却通过《军人敕谕》和《教育敕语》发展成为全民道德。随着日本国粹主义思潮兴起，武士道开始被尊为"国粹"，被奉为"忠君爱国"之道，成为国民道德实践的基础。日本在甲午战争和日俄战争中的胜利，也被归因于武士道精神的胜利并大加渲染，由此在日本学术界掀起了研究武士道的热潮，其特征是把武士道与军国主义结合起来，试图用武士道来教育和控制人们的思想，以便为军国主义国家服务。1905年，井上哲次郎和有马祐政合编的《武士道丛书》为武士道研究提供了基础文献。井上哲次郎认为，武士道是日本民族的精髓，忠孝节义是其要诀，其盛衰关系到日本的隆替，并且将武士道上升为以天皇为中心的民族精神和国民道德。编纂该书的目的就是弘扬武士道精神，这种编纂主旨为日后的武士道研究规定了方向。此后系统研究武士道历史，赞美和宣扬武士道精神及思想的著述不断出版，如重野安绎的《日本武士道》（1907），蜷川龙夫的《日本武士道史》（1907）等。20世纪30年代以来，随着日本法西斯势力的抬头和侵华战争的爆发，为弘扬忠君爱国精神，武士道开始成为显学，出现了"武士道学"。当时的史学界和伦理学界都从各自学科的角度阐述武士道精神，宣扬武士道思想，其中具有代表性的有田中义能的《武士道概论》（1932），清原贞雄的《武士道史十讲》（1934），桥本实的《武士道精神》（1943），花见朔已的《武士道与日本民族》（1943），神永文三的《武士道生死观》（1943），军史学会编的《武士道大义》（1943）等。在武士道研究史上具有重要地位的《山鹿素行全集》（1940）和《武士道全书》（1942）都是在这一时期编辑出版的。

这一时期的武士道研究虽然是用现代学术方法来论述武士道的形成史，阐述江户时代形成的武士道理论，但基本上都立足于皇国史观，其目的都是宣扬武士道精神，为日本军国主义侵略扩张服务。这些关于武士道的著述可以说都是鼓励对外扩张的宣传品，其学术价值并不大，但对于研究武士道与军国主义的关系，则具有一定的史料价值和参考价值。

战前日本对武士道的研究具有学术意义的是津田左右吉于 1901 年在《日本》杂志上发表的文章《武士道渊源考》。津田认为武士道是在早期关东武士的战斗生活中产生的，并与日本特有的家族制度密切相关。古贺斌的《武士道论考》运用历史学和社会学的方法对武士道的起源、本质及伦理体系进行系统的实证主义考察，因此具有很高的学术价值，此书于 1974 年再版。

日本军国主义在二战中的惨败使武士道同法西斯军人一道退出了历史舞台，而且随着战后日本民主化程度的提高，就连对武士及武士思想的研究也一度被认为是具有反动性和保守性的东西，几乎被排除在学术研究领域之外。因此战后的很长一段时间里，关于武士道方面的研究成果屈指可数。其中主要有日本伦理学家古川哲史的《武士道及其周边》（1957），该书系统阐述了武士道的内容，并认为不同时代武士道的内容及形式并不相同，并对《叶隐》和《武道初心集》的思想内容进行了系统研究。奈良本辰也的《武士道的系谱》（1971）也是一部关于武士道研究的重要著作。作者认为武士道是历史的产物，其在日本历史上的各个时代具有不同的形式和主导思想，其内容既有美好的，也有丑恶的，从思想史角度对武士道进行了重新评价。思想史学者相良亨的《武士思想》（1984）是研究战国时代和近世武士思想的论文集，作者认为武士在日本历史上长期掌握社会主导权，其思想意识和伦理观念在日本思想史上占有重要地位，如果抛开武士伦理意识，就无法认识日本的传统文化，因此对于武士伦理的研究应该给予足够的重视。高桥富雄的《武士道的历史》（1986），描述了日本国家的建立、武士的兴起以及直到明治时代的武士道的历史。其内容庞杂，涉及武士的历史，武士精神史，武士道的发展史，并运用实证主义的研究手法阐述了日本各个历史时期武士道的思想内容。笠谷和比古是日本研究武家社会方面很有影响的历史学者，其著作《士的思想》（1993）的研究主题是德川时代武家社会的组织结构和武士的行为方式。作者运用社会学、经济学、政治学等学科的研究方法，全面系统地研究江户时代武士的行为及思想意识。笠谷和比古的另一部著作《武士道とその名誉の掟》（2003），用通俗易懂的语言阐述了武士道的历史，武士道的思想言论及武家社会的行为规范，并把武士道分为作为思想的武士道和行为方式的武士道两个侧面，尤其是重点论述了江户时代武士道的主要内容。

在我国，研究日本的学者及其成果不少，但是武士道研究的并不多。戴季陶在1928年出版的《日本论》一书中专设"武士生活与武士道"一章，是新中国成立前中国人对武士道研究的最高水平。此后，一直到改革开放之前，有关武士道的著作和论文都很难觅到。这种情况产生的原因除了学术环境、条件限制等原因外，武士道给中国人所留下的罪恶印象从感情上阻碍了学术研究的发展，也是重要原因。80年代末90年代初，台湾学者林景渊相继撰写了《武士道与中国文化》（锦冠出版社1989年）和《武士道和日本传统精神——日本武士道之研究》（自立晚报文化出版部1990年），前者从文化渊源上讲述日本国民性和武士道的特性，并论述了武士道与中国文化的关系；后者是作者在中国、日本以及欧美学者研究成果的基础上，对武士道的定义、武士道与日本传统文化、武士道与中国文化的比较等方面都提出了独到的见解。这两部著作是很长时间以来出现的难得的武士道研究著作。

1994年，我国日本近代史研究专家万峰发表了"台湾学者的日本武士道观——评介林景渊著《武士道与日本传统精神》"（《世界历史》1994年第3期），就撰写林景渊一书书评的机会，谈到了当时国内外学术界关于武士道研究的现状。"放眼世界，各国和地区的日本史研究界，尽管程度有差别，但对日本武士道研究都不那么热心，有的甚至可以说是'冷落倍加'也不为过。不仅中国及其他亚洲国家的史学界很少对之问津，即使作为本国史的日本史学界，虽然相对而言情况好一些，但亦不尽如人意"。在谈到中国学术界冷落武士道研究原因时，万峰先生认为，当日本近代军国主义法西斯将面目狰狞、血腥残暴的皇军武士道形象深植于中国和亚洲各国人民心中，而后者至今对过去日本的侵略战争记忆犹新时，人们怎么能对武士道有什么好感呢？学术界对于这一课题的冷落，也就事出有因了。万峰在指出对日本侵略战争的记忆影响到国内武士道研究的同时，还指出武士道研究的要害在于把握好三点：武士道有其辩证的演变过程；要一分为二地看待武士道；要科学地、辩证地对待日本的民族精神传统和文化遗产问题。我想这实际上讲的是方法问题，而未能做到的原因恐怕主要还是在于感情上的障碍，此外研究条件的限制恐怕也是一个重要的原因。

20 世纪 90 年代以来，随着研究环境和研究条件的改善，由于人们的理性思考在增加，陆续有一些关于武士道问题的论文见诸杂志。其中比较有代表性的有宋成有的"武士道精神与明治时期的日本现代化"（罗荣渠主编的《各国现代化比较研究》，陕西人民出版社 1993 年），其中详细分析了武士道在明治时代的消长及其作用。此外还有李良玉的"略论近代日本的武士道"（《铁道学院学报》1998 年 3 期）；赵宝煦的"'和为贵''中庸之道'与'武士道'精神"（《北京大学学报》1999年 4 期）；杨绍先的"武士道与军国主义"（《世界历史》1999 年 4期）；娄贵书的"武士道嬗变的历史轨迹"（《贵州大学学报》2003 年 2期）；汤重南的"日本军国主义思想是庞杂的精神糟粕"（《日本学刊》2005 年 4 期）等。

近年来，出于批判日本军国主义的需要，还出现了一些研究武士道的著作。娄贵书的《"日本"刀刃上的文化——武士与武士道》（2002）一书，通过阐述武士与武士道的产生及武士道的思想内容，指出武士与武士道是日本独有的"双刃剑文化"，强调武士道是日本侵略战争的灵魂，军国主义的温床，同时也是战后日本经济发展的精神推动力。2005

年，正值中国人民抗日战争胜利 60 周年，蒋立峰、汤重南主编的《日本军国主义史论》一书由河北人民出版社出版。百万字的巨著集国内日本军国主义研究之大成，其中对武士道的形成、发展及其影响既有宏观把握，也有具体分析。以上两部著作代表了国内武士道研究的最高水平。

综上所述，日本对武士道的研究，战前主要是将武士道与军国主义相结合，重点强调对天皇的忠诚和以死奉公的精神，其目的是用武士道为军国主义张目，培养效忠天皇的忠良臣民。战后以来则多是研究武士道本身的精神结构和思想内容，属于思想史和伦理学的范畴。我国学者一般是把它定位为军国主义的思想根源进行研究的，即从武士道是日本军国主义的思想渊源和精神支柱这一认识出发，批判武士道的反动本质，认为武士道是维护天皇制和对外侵略的精神武器，同时从历史唯物主义出发，也肯定了它对日本民族精神的重要影响和作用。

总之，武士道在近代日本的作用主要是显现在它与军国主义的结合上，原本作为武士阶级的特殊道德，通过日本军国主义国家的改造，变成了普遍的国民道德。结果将日本变成一座充满尚武精神的兵营式国家，连日本的穷苦百姓都自觉地跨上军国主义战车甘受驱使，充当侵略战争的炮灰。而理清这一过程，揭示其原因，对于认识武士道的作用和日本军国主义的特征，具有重要的历史和现实意义。这是我选择"武士道及其全民化的历史过程"作为自己研究课题的主要原因。

四、本文的创新与不足

近年来，我国关于日本武士道的研究日益增多，对武士道产生的历史渊源、武士道的德目及其在近代历史上的恶劣影响等分析阐述得颇为透彻。本文在此基础上，首先从武士道的社会基础和思想基础出发，阐述武士道的形成。武士道作为武士阶级的意识形态，崇尚杀伐，以"不怕死、不要命"的觉悟为根本，有其强烈的原始性、野蛮性的一面，但它在形成过程中，也不断吸收以中国儒家思想为主的人类所普遍遵守的道德观念。没有这一点，日本近代国家是不可能产生的。武士道的两个重要特征是崇拜武力的尚武精神和注重实践的实干精神。到了近代以后，武力崇拜和天皇崇拜相结合，武士道成为军国主义对外侵略扩张的精神支柱。这是武士道的要害所在。本文正是以此为出发点，重点探讨武士道的思想特征及近代以后其由封建统治阶级的特殊道德转为全体国民的普遍道德的这一历史过程。笔者不敢侈谈"创新"，但在以下三方面进行了探索。

其一，日本虽然为儒家文化圈中的一员，但它的儒家思想包含着强烈的尚武精神。中日两国对"忠"和"武"的认识存在着巨大的差异，本文研究日本武士道是从它作为统治阶级的意识形态和道德规范来加以认识的，阐述它的文武两道观、尚武思想和武士道德观的内容及特征，以进一步加深对这种军国主义思想渊源的认识。

其二，关于武士道的全民化，这是日本军国主义能够全面发动大规模侵略战争，给人类社会造成极大危害的一个重要的社会基础。它的过程大体上按四个步骤展开的，第一，以四民平等为原则的征兵制，在此基础上制定的《军人训诫》和《军人敕谕》实现了军人武士化，使武士道具有了普遍意义。第二，《教育敕语》的颁布推进了全民武士化的进程。而以此为指导的国民道德教育，从学校教育和社会教育两方面展开。近代日本小学教育是军国主义教育的重要一环，而作为半军事化的在乡军人会则是军国主义国家的社会基础。近代日本武士道全民化的过程正是通过这种学校教育的实施和在乡军人会的活动而展开的。第三，政府和文化界关于武士道的宣传对它的普及起了相当大的作用。第四，武士道成了政府进行战时国民动员的思想工具。武士道的全民化使近代日本发展成一个十足的兵营式国家，武士道所崇尚的忠诚和勇武成为全民的核心价值取向，成了整个社会风尚，左右和控制着人们的思想和行动，最终使日本的广大群众能够自觉地成为日本法西斯政府发动的侵略战争的工具，从而给人类的和平和生命造成了巨大的灾害。

其三，武士道之所以为日本军国主义所利用有其历史背景和社会背景。综合性的家族制度、忠孝一致的家族伦理，将武士道与家族伦理统一，从而为武士道发挥作用提供了人文基础和社会环境。

　　本文在资料的运用和综合分析上存在着一些不足，例如，在对江户时代武士道思想的研究上，只阐述了山鹿素行、中江藤树、中村元恒及山本常朝等学者的思想和观点，而对其他思想家的观点，特别是武士群体的思想意识，在比较认识上几乎没有涉及。同时仅阐述了中日两国在历史和文化上存在的差异，而没有对西方骑士道与武士道的异同及西方军国主义对日本的影响做详细的探讨。由于资料有限，在武士道全民化上实证性研究不足，特别是只分析了小学教育的内容及在乡军人会的形成过程及作用等，而没有对其实施的具体过程做全面的分析和认识。

　　今后笔者将更多地向学界前辈同仁请教，希望通过不断地努力来加强自身的学术修养，以弥补论文本身及自身学力和研究水平的不足。

第一章

武士道产生的社会基础和宗教基础

武士道是一个历史范畴，它随着武士阶级的兴起而产生。道德归根到底是社会经济状况的产物，因此决定武士生活的两种人际关系——主从关系和家族关系是武士道赖以产生的社会基础。武士道尽管不受某种宗教支配，但在其形成期，神道和佛教为武士履行职责和义务提供了一定的制裁力和意志力。

第一节　武士的兴起

武士道是武士的行为规范，是武士在实践过程中发展起来的，了解武士的性格特征及其兴起的过程，对于认识武士道的本质有着重要意义。

1.1.1　武士与武士的性格

武士是指近代以前以武艺为业，并享有军事特权的统治阶级中的特殊阶层。《诗经·周南》有云："赳赳武夫，公侯干城。"《左传》也有"武夫力而拘诸原"。在日本文献中，"武士"最早出现，是在721年（养老五年）颁布的天皇诏书中，"文人武士，国家所重"。① 尽管"武士"一词在武士阶级产生以前已经出现，但其含义与用法并不固定。

---

① 『续日本纪』元明天皇养老五年正月条。

当时具有同样含义的词还有"兵""侍""武者"等，其身份或是指以习武和从事战争为职业者，或是指充当贵族警卫者及政权中的军官等。大约从院政时代开始，那些在地方拥有实力的习武者，大都被中央贵族雇用、调遣，并充当其保镖，当时的人们就称他们为"侍"。"侍"一词本身是指那些侍奉主人、与主人关系密切的近卫侍从。最初他们的社会地位并不高，但是随着律令制的崩溃，政治动荡，战争频仍，各地的武士不断反叛中央政府，而一些武士又担当镇压反叛的重要角色。在这一过程中，他们的称呼和身份逐渐被统一称为"武士"，也称为"武家"。[1] 由此武士的社会地位得到提高，到了 12 世纪末最终导致了从公卿贵族到武士、从中央到地方的权力转移。

武士的性格大体上表现在以下几方面。

其一，他们是拥有武艺的专门职业者。据日本平凡社《大百科事典》对武士的定义，武士是指那些以武艺，即弓射骑马为专业者，或以武勇侍奉主人在战场作战的人。在日本历史上，武士出现在平安时代中期。在 10 世纪到 11 世纪这段时间内，武士原本是当时贵族社会中的一员，只不过其地位较低，属下级贵族。在日本由古代社会向中世社会转型的过程中，贵族社会也一再发生分化，其成员分别具有特定的职能，儒学、和歌、仪式和法律等分别作为各贵族的家职，父子相传。在这种职业家族化和世袭化过程中，武士以其世代相传的武艺为家职，作为担当国家军事、警察任务的特殊阶层，开始从贵族社会中分化出来。武士在其形成之初被称为"弓马之士"，作为武士，必须掌握射箭和骑马两种基本技能，因此射箭和骑马就成为武士这一新兴社会阶层所固有的身份标志。

日本国土狭小，又多为山地。这种地理环境使大规模的集团作战难以展开，所以当时武士之间的战争多是采用骑马和射箭为内容的一对一的"一骑打"的作战方式。这种作战方式决定了精英武士的作用远胜于征兵制下的农民兵。因为这种作战方式要求每个战士必须具有娴熟的

---

[1]　关于武士的产生、定义和分类参见沈仁安：《武士阶级形成史论》，沈仁安：《德川时代史论》，石家庄：河北人民出版社，2003 年。

骑术、精湛的箭法，并要求在疾驰的马背上准确地射中目标，同时还要求武士具有好战精神，在与敌人作战中要有视死如归的胆量和勇气。这些战争技术和精神需要专门的训练和培养，而在社会教育制度还没有产生以前，只有那些将武艺作为家业的家族，于家族内部由家长将这些技术传给子弟并培养其尚武精神。这样武士在军事训练和技术上就同其他贵族和普通农民产生了距离。从9世纪中期起，随着征兵制的崩溃和健儿制的采用，这种以武艺为家业、以战争为职业的武士，开始从贵族社会和农民中分离出来，成为一个独特的军人阶层。

其二，武士在经济上是领主。武士作战所需要的战马和弓箭、甲胄等，在当时价格非常昂贵，如果没有一定的财力是很难购置的，这也是普通农民无法承担兵役而最终使征兵制破产的一个重要原因，所以武士家族要有一定的经济基础。可以说以弓马之术作为专门技能只是武士性格的一方面，而构成武士性格的另一个重要侧面是拥有领地和领民的土地领主。领地是武士赖以生存和发展的物质基础。武士同时也是在乡领主。

其三，武士以掌权为政治目标。中央政府管理职能的削弱，地方混乱与冲突为这些以武艺为职业的武士阶层登上政治舞台创造了机会。自10世纪以后，这些既拥有武力又具有经济实力的武士团逐渐成为包括中央贵族在内的社会各方面所公认的武装力量。于是他们把掌握政权成为自己的政治目标。12世纪末，武士的栋梁源赖朝终于在东京附近的镰仓建立了武家政权，揭开了日本近七百年之久的武士政权的序幕，从此武士成为日本中世和近世封建社会的统治阶级和政治权力的主体。

其四，以武士道为行为准则。武士和公卿贵族相比，尽管野蛮粗俗，但他们作为一个社会阶级之所以能够产生和发展壮大，除了拥有武力和经济实力外，主要还应归因于他们能够团结到一起，而使他们能够团结到一起的纽带，是土地领主与他们的侍从武士之间结成的封建主从关系，并由此组成了自我保护的、封闭性的军事集团。为了维护这种主从关系，巩固武士间的团结，保持武士的身份地位，武士们在战争和社会生活中遵循着一套行为准则和道德规范，即"武士道"。这种武士道德不仅是维护封建主从关系的道德基础，也是武士在日常生活和行为上区别于公卿贵族、商人和农民的重要标志。

综上所述，以武艺为立身之本、以战争为职业；以领地为经济基础；以掌权为目标；以武士道为行为准则。这四点基本上构成了日本封建时代武士性格特征的全貌。武士的这些性格特征既适用于武士的形成期，也适用于武家掌握政权期。虽然武士政权几经更迭，武士的成分变得复杂化，武士的性格也相应地发生了变化，但在整个武家时代，武士的性格基本上没有超出这些特征。特别是武士道始终作为武士的意识形态指导着武士的行为和思想，而且在思想内容和体系上不断发展和完善。到了江户时代，其影响已经超出武士，开始向平民化的方向发展。明治维新后，武士道并没有随着它的母体——封建制度和武士阶级的消亡而消失，而是转变为近代军人精神和国民道德，成为日本军国主义的精神支柱。

1.1.2　武士兴起的时代背景

武士阶级作为时代的产物，其出现有着深刻的历史背景。根据德川时代水户藩编纂的《大日本史》，武士最初被定义为"住人"。简单地说，就是中央政府派遣到地方任职，卸任后依然定居在地方的贵族及其子孙们。虽然武士未必全是来源于这些"住人"，但是从这个定义中，我们可以看到武士产生的端倪，可以说这些"住人"是"构成武士阶级的基干"。[①]

大化改新后，日本政府为了巩固政权，加强军事力量，在收回私家兵器，取缔私人武装后，效仿中国唐朝的军事制度，在中央设立五卫府，在地方每国设数个军团，军团受地方行政长官的指挥监督。在九州设大宰府，以防外敌的入侵；在陆奥设镇守府，以防备虾夷。同时确立了兵农合一的征兵制度，农民每三个正丁出一名士兵，平时从事农业生产，在一定时期到军团服兵役。

---

① 山本七平：『日本人とは何か』（上）、PHP 研究所，1989 年，第 176 頁。

大化改新后建立的这种军事制度可以说是日本政府所实施的一项最不成功的制度改革。一方面日本是个岛国，并不像中国那样因为有很长的内陆国境线而经常遭到境外游牧民族的侵扰，正如美国学者赖肖尔所说："日本人有海岛做防守的屏障，不需要庞大的步兵队伍。"① 782年，大宰府曾下令裁减兵员，其理由是"现今国外无事，仍如以前设置大量兵士，只能肥贪官之私欲"。另一方面，根据规定，贵族五位以上者及其子孙、六位到八位者及其嫡子可以免除兵役，因此兵役基本上是班田农民的义务。虽然一般士兵被免除庸、调、杂役等，但被征去服役的正丁是各家的主要劳动力，而最使农民难以承受的是服役所用的武器装备和粮食必须自备。当时规定每个服兵役者要先向官府交纳一年的口粮和食盐，再加上弓、刀和马匹等价格昂贵的武器，这些负担给班田农民带来极大灾难，所以当时有"一人被征，全家沦亡"的说法。②

征兵制不仅给农民造成很大负担，使农民大量逃亡，而且这样征集来的士兵纪律松弛、士气低落，在奈良时代几次征讨虾夷的战争中，证明了征兵制不是获取精兵的好办法。到8世纪后期，随着公地公民的班田制的瓦解，这种建立在班田制基础上的兵农合一的征兵制已行不通。公元792年，桓武天皇下令废除征兵制，而代之以从郡司子弟和富裕者中招募的"健儿制"。健儿的数量，各国按其大小和军事上的重要性从20至200人不等，其任务是维护社会治安和警卫国衙。另外在九州和陆奥置大量兵力，"以防御外敌入侵和镇压虾夷人的反抗。③

征兵制的废除和健儿制的采用，为武士阶级的产生提供了制度上的条件。虽然征兵制的实施解除了地方贵族的私人武装，但是军人这一行，在很大程度上仍是贵族的职业。在奈良时代，贵族中那些有雄心的子弟依然把习武从军看成是最具吸引力的职业。因此公元792年征兵制废除后，地方贵族的子弟马上成为"健儿"的主要来源，"精英武士的

---

① （美）赖肖尔：《日本人》，孟胜德等译，上海：上海译文出版社，1982年，第47页。

② 吴廷璆：《日本史》，天津：南开大学出版社，1994年，第67页。

③ 吴廷璆：《日本史》，天津：南开大学出版社，1994年，第124页。

观念又复活了"，① 从此开始了地方贵族和在乡领主武士化的历史过程。

征兵制的瓦解为私人武装合法化提供了条件，而班田制的崩溃、以土地私有为基础的庄园制度的确立则是武士阶级产生的经济基础。

大化改新后，日本效仿唐朝的土地国有制度，推行班田制，以此作为建立中央集权制政治的经济基础。根据《大宝律令》和《养老律令》中的田令推测，政府每六年向农民授田一次，获得土地的农民要向国家交纳一定的粮食、布匹并服徭役和兵役。但是，日本的班田制和唐朝的均田制一样，都面临着人口增加和土地数量之间的矛盾，而且在分配上的不公和不合理，使官僚贵族按职位和功劳可以获得大量的土地，并以各种手段把这些国有土地变成私人财产。所以班田制虽然在一定程度上促进了生产力的发展，但 8 世纪后开始动摇，由于人口的增加，土地的不足，尤其是土地的私有化和阶级分化的发展，使班田制事实上已很难实施。

政府为了增加财政收入，便奖励开垦荒地，并给予新田以免税等许多特殊权利，以此来鼓励人民开垦荒地。随着班田制的无法实施和私人开垦田地的增加，公元 743 年，政府发布"垦田永世私财法"，该法令规定不把新开垦的田地纳入班田系统，承认私人开垦的田地永久私有，从此土地公有的概念没有实际意义了。这一制度促使封建土地国有制向封建土地私有制转化，即由班田制向庄园制转化。

所谓庄园是指不向政府纳税的私人领地。最初，贵族、寺院不论是通过开垦所得的私人领地，还是通过其他各种方法获得的私人领地，都必须向政府纳税。但从 9 世纪中叶起，土地的拥有者们就捏造了各种借口，从政府那里争取到了"不输不入"的特权。这样，庄园就成了完完全全的私人领地，成了既不向政府纳税，也不受政府法令约束的地方了。

可是，当庄园得到了这种独立性时，作为领主的贵族和寺院反而失去了对庄园的控制力，因为这一控制力，事实上转移到了庄园的管理者

---

① （美）约·惠·霍尔：《日本——从史前到现在》，周一良等译，北京：商务印书馆，1997 年，第 62 页。

——庄官手中。庄园的贵族领主们为了管理庄园派遣了大量的庄官，但这些庄官都逐渐在庄园扎根，成了事实上的庄园统治者。另外，地方贵族和土地开发领主为了使自己的领地获得"不输不入"的特权，名义上将土地捐献给中央贵族，而自己则以领主、庄官的名义，作为领地的实际所有者来统治农民。这样，中央贵族虽然被称作"本家"和"领家"，但他们大多只是名义上的领主，从庄园中收取定额的年贡而已，而充任庄官的土地开发领主才是庄园的实际拥有者。他们不仅掌握庄园经济、行政、司法等权利，而且也是庄园武装力量的组织者。庄园领主能不能顺利地调动庄园武力，完全取决于庄官的态度。在这种背景下，这些庄官逐渐发展为武士，可以说正是这种私有化的庄园为武士的形成提供了经济基础。

1.1.3　武士兴起的过程

在地方治安混乱、庄园之间争端频发的形势下，那些随着征兵制瓦解而出现的以武艺为业、以战斗为职的"兵"开始在地方和中央的政治生活中崭露头角。他们接受雇佣，以武力解决纷争，其角色成为"纷争解决承包人"。如前所述，由于国家征兵制的瓦解和私人武装的产生，使古代的精英武士观念复活了。由于武艺的训练要有充裕的时间，战马、甲胄、兵器的准备需要有较好的经济条件，而在生产力低下的农业社会，这些都不是普通农民所能承担得起的。这种军事技术和军事资源上的差距，使那些拥有一定经济实力的贵族和在乡领主具备了武装自己的可能，因此，他们成了"兵"的主要来源。

"兵"以"纷争解决承包人"的身份出现在地方社会，特别是在远离京都的关东地区，用武力解决各种矛盾，由此"'兵'成为乡的长者，即处于左右人们生命、财产的地位"。[①] 根据我国学者的研究，"从9世纪中期起，强大的庄官（往往是在乡领主）逐渐组织起以自己的一族为骨干的私人武装力量，借以镇压庄民，反抗国司，保卫庄园和扩大

---

① 入间田宣夫：『武者の世に』，集英社，1991 年，第 75 頁。

庄园，所谓武士和武士团就是以在乡领主为核心组建的武装组织。① 这种观点即是说开发领主经过武装而成为武士，而根据日本学者入间田宣夫的研究，"兵"是凭借武力才使大规模的水田开发成为可能，即先有拥有武装能力的"兵"，然后才能凭借其武力进行大规模的水田开发，而不是相反。②

以上两种观点都说明武士的前身——"兵"产生过程的复杂性，可以说"兵"正是通过这两种过程产生的。即 10 世纪以后，随着以公地公民为基础的班田制度的崩溃，土地制度开始在全国范围内向以私地私民为基础的庄园制发展，而随着限制土地私有的制度的放弃，使那些在地方上有实力的"兵"开始大规模地开发水田也成为可能。在东国地区（关东、奥羽地区）拥有大面积的未开垦荒地，而这里又远离中央政府，治安混乱，处于"凶猾成群，群盗满山"的状态。在这种条件下，进行土地开发和经营，如果没有像"兵"那样的武力，开发和经营土地是难以想象的。这样，拥有一定武力的"兵"带领其一族，并雇佣农民及流浪民在广阔的东国地方进行开发荒地，并通过整顿用水灌溉系统，建成水田，如果开发顺利，就可以将其租给农民和流浪民耕种，向他们征收地租。于是"兵"就成了土地领主。这些领主为了保护自己的领地及统治领民，在领地的中央建起用壕沟和石墙围起来的"领主之馆"。这种"领主之馆"是他们生活居住的家，同时也是"作为暴力装置的家"。根据《一遍圣绘》所描绘的当时"兵"的家的外部构造是：家的周围是壕沟和石墙，一过吊桥便是带箭楼的门。在箭楼上常备有弓、矢和盾。鹰和犬是狩猎之友，是兵家不可缺少的成员。在马厩中有猴，猴被认为是马的守护神。马厩铺有地板，其待遇比仆人还要好。院中有练习骑射的场地。

可见"兵"的家就是一个完整的军事设施，日本学者称之为"暴力的据点"。这一点也说明在武士家族制度中，"家"的概念既是生活场所，也同时是军事组织和社会组织这种双重含义。领地是"兵"的

① 吴廷璆：《日本史》，天津：南开大学出版社，1994 年，第 104 页。
② 入间田宣夫：『武者の世に』，集英社，1991 年，第 23 – 79 頁。

经济基础，因为在荒芜的原野上开发领地是一件非常艰苦的工作，所以领地对领主来说可谓一生拼命之所，据说日语中"一所悬命"（一生悬命）一词就来源于此。领地作为家业对"兵"来说，具有生死存亡的意义，因此维护自己的家就成了武士们的生存目标。

随着律令制的瓦解，公家权力的衰弱，在地领主们为了保卫自己的领地，将同族子弟"家子"和随从"郎党"组成私人武装组织，其中"家子""郎党"大多也是在地领主。这样在各地陆续成立以自我保护为目的的武装组织，他们为了获得更多的领地和更大的安全感，又往往依附于更有实力和名望的豪族，通过某种契约结成主从关系，结成更大规模的武装组织——武士团。总之，武士阶级是沿着兵—开发领主—武士—武士团—武家政权这样的过程发展起来的。

大体上在整个 10 世纪是"兵"向武士成长的时期，在这一转变过程中，起主要作用的是在中央政府中不得志的皇族和贵族。在 9 世纪开始，以摄关家为中心的藤原氏的势力在中央占绝对优势之后，在中央的政界不得志的藤原氏以外的势力（包括皇族的子孙）及藤原氏的旁系势力，大多作为国司等地方官下到地方。他们在担任地方国司任职期满后，继续留在地方，逐渐"土著化"，并发展成地方军事贵族。后来成为豪族的首领即武家之栋梁的大多是这些人的后代。[①] 如桓武天皇的曾孙高望王被赐平姓，列入臣籍，后为桓武平氏的始祖；清和天皇的孙子经基也被赐姓源氏，列入臣籍，后成为清和源氏的始祖。这些皇族的后代在关东地方盘踞下来，作为国司的副职或庄园的管理人，他们既有军事头衔又有贵族地位和声望，地方豪族无法与他们匹敌。"由于日本人对世袭权力特别看重。因此没有什么人比皇族的后代更有威信了"。[②] 这些扎根在地方的军事贵族利用其地位和名望，既组织大规模开垦荒地，又可以通过"寄进"获得许多庄园，从而成为庄园领主。他们为

① （日）依田憙家：《简明日本通史》，卞立强等译，上海：上海远东出版社，2004年，第43页。
② （美）赖肖尔：《日本人》，孟胜德等译，上海：上海译文出版社，1982年，第56页。

保护和扩大自己拥有的庄园，当然需要扩充武力，而在他们管辖和保护的地区内通过收养养子等方式征兵是件比较容易的事。那些拥有武力的地方豪族也憧憬荣誉和地位，他们希望在国司机构中得到与武艺有关的下级官职。在这种背景下，如果扎根在地方的军事贵族中出现勇武的领导者，就会将中小地方领主作为武装集团的成员组织起来。这种人被称为"武家的栋梁"，如 10 世纪中期的平将门就是其中最杰出的一个，此人是弓不离身，以战斗为职业的典型武士，而且性格刚强，胸怀大志。作为桓武天皇的五世孙，平将门以下总地区（今千叶县）为根据地，乘同族内讧之机而扩大了势力，后又纠集武士势力，反抗京都朝廷，于 939 年攻占关东大部分地区，并自称新皇。平将门叛乱，在京都派兵镇压前已为平贞盛和藤原秀乡等人率领的东国地方武士团所消灭。与此同时，伊豫国（今四国爱媛县）的武士藤原纯友也率领濑户内海的海盗在西部地区发动了反抗朝廷的叛乱，这次叛乱也同样为清和源氏之祖源经基所镇压。这两次叛乱在日本历史上称为"承平·天庆之乱"。镇压这两场叛乱的不是军团兵，精锐的健儿制军队也没有发挥作用，而是隶属于私人的"兵"。本来国家是禁止私人拥有武装的，但在东西兵乱的危机中，私人的"兵"已成为"国家公的军事力量的一环"，[①] 从此军事贵族的私人武装得到公认。在平定平将门之乱中立了大功的平贞盛，使平氏在关东地区成为最有势力的武家栋梁。自 11 世纪开始，关东地区又发生了一系列叛乱，这些叛乱又为清和源氏提供了发展势力、博得声望的机会，通过平定这些叛乱，源氏在关东地区建立了强大的地盘，成为最有势力的武士集团。10 世纪和 11 世纪，各地的武士不断反叛中央政府，而另一些武士又充当镇压叛乱的主力。这些地方叛乱充分暴露了中央政府威信的丧失和软弱无力，从而加速了律令制国家体制的瓦解。在平定这些叛乱过程中，地方武士团却得到了进一步发展壮大，典型的以战争为目标的武士团形成了。

最初，地方军事贵族作为"兵"，以"解决纠纷承包人"的身份成

---

① 福田豊彦：『平将門の乱』，岩波书店，1981 年，第 186 頁。

为地方首领，他们的家虽然是作为"暴力的装置"，具有武装团体的性质，但尚不是一种纯职业性的军事集团。而这些"兵"的侍从既是战士，也是农民，具有很强的亦农亦兵的性质，平时从事农业生产，战时从军。但是经过几次地方军事贵族之间的战乱，不仅壮大了地方军事贵族的力量，而且他们又随后掌握了地方的治安权。在这种情况下，那些在地领主再也不能依靠政府，只有加强一族的内部团结，或托庇于有势力的军事贵族的保护。"总之是要通过私人关系以求得自身的生存，这样公权的私权化，公的关系向私人关系的演变，也就日益发展下去"。①在这一过程中，以私人的主从关系组成的以战争为职能的军事组织——武士团形成了。在这种武士团中，以平氏和源氏两个系统的力量最大。随着武士团在地方上的发展壮大，他们开始以武士的身份卷入中央政府的政治斗争中。大约从 10 世纪开始，垄断摄关地位的藤原氏就开始起用来自地方的"兵"做警卫，以保护他们人身和财产的安全，"兵"开始受到朝廷公卿贵族的利用。这些"兵"尽管在中央贵族眼里社会地位很低，但是他们通过为中央贵族做侍从，打开了走上政治舞台的大门。10 世纪中期以后，中央贵族之间的斗争开始使用武力，在京都不断发生武力冲突。摄关藤原氏和太上皇院所分别利用源氏武士团和平氏武士团，作为争夺中央最高权力的工具。从此武士开始介入中央政府内部的权力之争，利用贵族之间的斗争发展壮大了自己的势力。到了 12世纪，皇室和中央贵族由于内部宗派主义的斗争和不理朝政，结果使朝廷逐渐失去了控制政治事态的能力，朝廷的利益只有依靠武士团来维护，贵族力量日益衰弱。1156 年，退位的崇德天皇和当朝后白河天皇之间发生利益冲突，双方在长期的斗争中都将自己门下的武士团做武力后盾，最后使宫廷之争发展演化成军事冲突，史称"保元之乱"。在1156 年到 1160 年之间，双方打了两场短时间的战争，结果支持后白河天皇的平清盛打败源氏取得胜利，从而确立了平氏武士团的霸权地位，平清盛本人当上了朝廷的太政大臣，武家栋梁跻身于朝廷高级贵族行

---

① （日）坂本太郎：《日本史概说》，汪向荣等译，北京：商务印书馆，1992 年，第136 页。

列，这在历史上是第一次。"保元之乱"标志着武家①政权的初步确立。

然而平氏政权并没有持续多久。平氏以武士身份跻身公卿，其贵族化倾向日益加强，逐渐不能代表作为其权力基础的武士的利益，因而引起了各地武士的强烈不满，而平氏的武力统治又遭到皇室、贵族和僧侣阶层的反抗。1180 年，后白河天皇的儿子以仁王向全国武士发布了讨伐平氏的檄文，清河源氏的首领源赖朝立即响应，在关东地区举兵讨伐平氏。源氏和平氏之间的战争从 1180 年持续到 1185 年，史称"源平争乱"。结果源氏彻底消灭了平氏，将全国的武士统一于源氏一家。1192 年，天皇正式任命源赖朝为征夷大将军。源赖朝考虑到平氏失败的原因，为防止武士贵族化，决定在他经营多年的镰仓开设幕府。正是源赖朝的这一决定使日本历史走上了一条新的发展道路，从此开始了一个武士统治的新时代。沈仁安教授指出，源氏武士政权的确立使日本最终脱离了东亚历史的常规，成为例外的异常存在，即尚武而非尚文的国家。也有学者认为，这种野蛮而崇尚暴力的武家政权的建立，对日本历史产生了极大的负面影响，其尊武轻文的国风，即使到了近代也无法拭去，反而成了侵略战争的"催化剂"，"即使到了现在也可以看出其又有复苏的迹象"。②

武士作为一个阶级，其出现与发展并最终掌握政权，与由于吸取外来先进文明而高度发达的中央和极端落后的地方相并存的状况有着密切关系。大化改新后，日本接受中国唐朝的先进文化制度，确立了高度文明的律令制国家。但其范围大体局限在西日本，而广大的东国地区及边境地方依然处于荒蛮落后状态——"未开化社会"。在这种"未开化社会"中，不仅文化落后，而且律令制国家的法律和秩序无法发挥作用，因此生活在这里的人们只有依靠武力和私人的主从关系求得保护。而在中央的公卿贵族，富裕而优雅的生活使他们变得日益文弱和腐败，政治

---

① 日本武士在当时有"武家"和"兵""侍"等称呼，虽然三者有共同性，但"武家"指身份高的武士，常指掌握政权的武士。而"兵"是指拥有武艺的战斗者，"侍"则是指贵族的警卫侍从，两者都是指身份低的武士。

② 野口実：『武家の棟梁の条件』，中央公論社，1994 年，第 6 頁。

上更是无所作为。长此以往，律令制国家的瓦解在所难免，国家陷入混乱。在混乱中农民和中小领主无所依赖，便纷纷投靠强有力者，以寻求保护。于是在保护者和被保护者间，建立了私人性的主从关系，后来这种关系逐渐扩大到整个社会。在这种状态下，国家也不再依靠法律，而依靠直接的武力了，这使那些来自东国地方的蛮勇武士开始走上政治舞台。此外，与贵族浮华空虚、流于文弱不同的是，武士生于乡间，具有"武骨质朴"、勤俭尚武的品质。这也是他们取代公家，确立武士政权的一个重要原因。于是，以武力和私人主从关系为核心的武家社会在日本中世出现了。在西欧，日耳曼蛮族的入侵彻底摧毁旧的罗马政府和法律制度，而新的国家法律和秩序的建立又尚需时间。在这种情况下，封建制度就生长出来。而日本则是由于律令制国家的法律不再发挥作用而被抛弃，社会只能凭借武力和强者与弱者结成私人主从关系来维系，从而形成了类似西欧的封建社会。日本的这种封建社会与中国的封建社会不同，中国自秦汉以来所确立的是中央集权的封建国家，主政的是文人士大夫，他们有着很高的文化修养，其理想是治国平天下，其统治原则是抑强扶弱，平均地权，打击豪强，并将以"仁"为核心的儒家思想作为道德基础。日本的封建社会确切地说是野蛮化的社会，其政治主体是拥有武力的地方豪强，其统治原则是建立在强者保护弱者、弱者依附强者的私人关系基础之上，而维系这种关系的物质基础是武力，道德基础则是保护与效忠的主从道德。因此，崇尚武力、崇拜强者、恃强压弱和事大主义构成了日本武家社会的主要传统。

第二节 武士团的内部结构

武士是凭借武力的结合发展壮大并最终获取政权的，而作为武士生命的武力结合是根据两个方向组织起来的，一是横向的族的结合，二是纵向的主从结合，维系这两种结合所必需的规范则构成了武士道德的重要内容。

1.2.1　武士家族制度

戴季陶在《日本论》一书中，将封建时代日本武士阶级的生存目的概括为为了主君和自己的家系、家名而奋斗。武士为保存家系、家名而努力的事实和奋斗精神，为武家社会所称道，认为是"道德的极致，人生的真意，宇宙的大法"。① 戴季陶此语并非言过其实，实际上，武士的"家"确实是武士道赖以产生、赖以存在的社会基础。日本武士的这种"家"不是指以婚姻和血缘关系为纽带的具体家庭，而是以家业为中心、以家产为基础、以家名为象征的家族共同体。也就是说在具体家庭之上，还有一个"超越个人生命、祖孙一体的永远的生命体"，②是"托依于祖先之灵的、纵式的、连续的观念式存在"。③ 所以"家"对武士来说，不仅是男女结合、生儿育女的具体家庭，更是从祖先到子孙纵式延续下去的一种存在形式，而且前者是为后者服务的。这种"家"的观念在现实生活中可以激发武士在生活和工作中有一种上对得起祖先，下对得起子孙的责任感和基于祖先和家族荣誉的名誉心。"唐土之虎惜毛，日本的武士惜名"，武士不仅是珍惜自身的名声，而且更重视从祖先到子孙这种所谓的连绵传承的家名。"人是一代，名至末代"，在纵式永恒的"家"观念下，家的名誉高于人的生命。武士凭借"死于忠义之道，扬名于后世"的信念驰骋战场，"必死趋战，破敌制胜，扬名归国。而辱名求生者则无颜面对妻女"。④ 所以对武士来说，这种"家"既是其安身立命的场所，也是其生存的理由所在。武士的责任感、对主君的效忠精神和牺牲精神的动力都是源于为了"家"的名誉和"家"的永续。

武士生存的"家"是武士道产生的社会基础。武士道作为一种武士阶级共同遵守的道德体系，也包含在武士家族伦理道德之中。因此要

---

① 戴季陶：《日本论》，海口：海南出版社，1994 年，第 44 页。
② 福尾猛市郎：『日本家族制度史概説』，吉川弘文館，1972 年，第 1 頁。
③ 福島正夫：『日本資本主義と〈家〉制度』，東京大学出版会，1967 年，第 6 頁。
④ 橋本実：『武士道の精神』，明世堂，1943 年，第 54 頁。

了解武士道，就要先了解武士的家族制度及其家族伦理道德。

随着武士和武士领主的出现，在日本历史上具有特殊意义的武士家族制度也就产生了。"古代氏族制度的复活"是日本学者丰田武对武士阶级产生时武士家族内部关系和结构的一种认识。这是因为武士的族的结合与大化改新之前氏族制度非常相近。日本在大化改新以前一直是以"氏"为社会基本单位的，"氏"指有血缘关系的一族。人类在原始社会阶段都是血缘团体，而以氏族为生活基础。到了血缘团体进化到地域国家时，血缘关系也尚未完全脱掉。由于日本是一个封闭的岛国，是在中国大陆先进文化的影响下才迈进文明社会门槛的，而且日本接受中国先进文化时带有很强的自主性，将有利于维护社会统治的那些原始社会遗风都保留下来。就如同在明治维新后，在接受西方先进文明时，却有意将封建时代的儒家思想及武士伦理道德保留并加以再利用一样。所以尽管"氏"是国家统治的基本单位，却与原始社会自然发生的血缘氏族有着本质的不同。"氏"作为大和国家的社会组织，其内部既保有血缘关系，同时也包括地缘关系，是以父系权威作为结合纽带而形成的大家族。

"氏"之所以成为一个系统的社会组织，首先是因为氏的所有成员共同信奉守护神——"氏神"。"氏神"被认为是氏的祖先，是维系氏内稳定和统一的精神权威，氏族内部的同族意识正是建立在这一共同信仰的基础上。其次，氏的成员都必须服从在血缘上是长者，同时又具有宗教权威的"氏上"。"氏上"即首领之意，被认为是"氏神"的直接后代，他是氏族内部主持拜神仪式的祭司，同时又管理氏内的生产、生活并负责与外界交涉，代表氏承担对大和国家的义务。当时大和国家的土地、各种生产资料和生产者都分别由各个"氏"所垄断和私有。

大化改新后所确立的律令制国家体制是以公地公民为原则，将土地和生产资料及生产者都收归国家所有，天皇和国家官吏直接统治土地和人民，私权力、私地私民至少在制度上是不被允许的，而且统治的对象是户和个人，不再是由众多户组成的"氏"了，于是带有原始社会遗迹的氏族制度瓦解了。氏族制度作为一种社会制度虽然消亡了，但是在氏族制度下所形成的集团统治和模拟血缘关系的传统习俗却难以销声匿迹。在政治生活和社会生活中，利用血缘关系和模拟血缘关系进行统治和管理的方式在后来的日本历史发展过程中一直被统治阶级充分运用。

以中央集权为特征的律令制国家，以公地公民为内容的班田制是其经济基础，同时又用政府制定的法律和制度来保障人民的生命和财产，或规定人与人之间的相互关系。但是这种律令制度实行不到百年就由于中央官僚贵族的腐化而日益形式化了。中央官僚贵族的腐化和律令政治的形式化，说明律令制政府的软弱无力和其威信的丧失。在这种情况下，"人们再也不能依靠政府，只好加强一族内部的团结，或托庇于主家或有势力的家族，以求得到他们的照顾，总之是要通过建立私人关系以求得自身的生存"。① 在律令制度下，当初的地方氏族首领大都被任命为地方郡司，而成为地方豪族；那些从中央派到地方的皇族子弟及留在地方的国司也都发展成"有势力的家族"。随着律令制的崩溃，国家公权力丧失威信，人们为求得生命和财产的保障，只能托庇于这些有势力的地方豪族。如此一来，公权力的私权化，公的关系向私人关系的演变也就日益发展，于是地方社会出现了与氏族时代相似的社会状态。它的表现形式就是一个强有力者或是强有力的家族与许多弱者或小家族联合起来，共同持有一大片土地，拥有一支私人武装，共同保护他们的生命和财产。这是一种弱者和强者通过缔结一种私人契约关系，弱者服役于强者，强者保护弱者的社会状态。这种社会状态普遍出现在中世纪的欧洲，也是流行于日本律令制国家解体后的封建社会的一种状态。

但有所不同的是，日本是通过建立模拟家族关系的方式结成这种私人保护关系的，即用模拟家族关系来结成主从关系和保护关系。这种以强者为核心组成的自我保护组织，被称为武士团。日本的武士团同西欧的骑士团不同，它不仅是弱者依附于强者而形成的自我保护组织，也是以血缘家族为核心，以主从关系为纽带而形成的武装组织。从内部结构来看，武士团是由若干个武士家族以主从关系的形式依附一个更大的豪

---

① （日）坂本太郎：《日本史概说》，汪向荣等译，北京：商务印书馆，1992 年，第132 页。

强家族，复合而成的大家族，是武士阶级产生后最初的组织形态，有"一族""一党""一门""一流"之称，实际上是广义上的族的结合。武士团既是战斗组织，也是生产组织，它以庄园为经济基础，在组织生产的同时，又建立武装，训练庄兵，并且随着家族家长权威的确立，最终形成了一种按血缘关系结合在一起的家族式军事集团。在这种主从关系中，血缘关系、家族关系是核心。家族关系的范围相当宽泛，不仅包括有血缘关系的直系亲族和旁系亲族，而且由收养关系和保护关系结成的模拟家族关系成员也是族内的重要成员。"时尚武竞争，多养他人子以固党羽"，① 以收养子的方式来招集党羽和扩大势力是武士团发展的重要手段。武士团以家族或模拟家族关系为基础，又融入了武力联合的性质，使无数分散的武士聚集在一个地区内最强大的豪强军事贵族的门下，并以模拟血缘关系的形成结成主从关系，既求得其保护，又为其服役。这种融血缘关系、家族关系和主从关系于一体的族的结合是日本武士阶级的显著特征，也是构成武士团的基本要素。

武士团虽然与古代氏族集团有相似之处，但二者的内部结构截然不同，氏族集团如大伴氏、物部氏、中臣氏、源氏等都是源于同一祖先，是通过血缘同族组成的复合型氏族集团，内部结构是家族间的横向结合。而武士团是按照血缘结合和主从结合这两种关系组织起来的。作为武士重要来源的在乡领主往往都是一门庞大的家族，在这个大家族中，在乡领主本身是"本家"。"本家"就是族长，当时称之为"惣领"（总领），分家称为"庶子"。"分家"尊"本家"为大家长，听从其指挥，一旦有事，一族便团结起来投入战斗。总领在战时任指挥，在平时主持生产。当时武士团的这种基于血缘关系和模拟血缘关系的主从关系是比较牢固的。家长同没有血缘关系的从者结成主从关系，所谓"从者"，是家长从非家族子弟中挑选的有能力者，家长对"从者"要给予其土地并予以庇护，"从者"在战时和平时都必须承担军事和其他义务，家长与从者的关系是一种纵向的主从结合，这种纵向的、有组织的

---

① 黄遵宪：《日本杂事诗》（广注），钟叔河：《走向世界丛书》，长沙：岳麓书社，1985年，第688页。

主从结合最大的作用就在于可以组成一个强大的军事集团，并能形成独立的政治力量。

通过家族关系组成的武士团，可以说是在当时律令制国家丧失了统治能力、社会动荡混乱的情况下，人们的社会关系依据强弱上下之别进行的一次重组。武士团和古代氏族集团在形式上虽然相似，而且都依靠集团式管理方式对族内进行统治，在政治上和经济上是相对独立的社会组织。但由于时代的不同，社会背景的差异，武士团内部横向的血缘关系相对淡薄，基于血缘的亲情关系也相对淡化，而纵向的主从关系不断被强化，其内部现实的利益关系日益具有重要意义。虽然如此，其内部却仍用亲子关系来表示主从关系，仍然模仿血缘关系进行组织。

武士的家族关系在日本封建社会中占有极其重要的地位，在一定程度上把日本封建社会说成封建家族社会也不为过。武士为了保持和继承其所拥有的领地，便在其表示血统出处的氏族名称之外，又分别拥有由其所开发和占有的领地而得到的"苗字"。如著名的武士家族足利、新田、佐竹、武田等，都是出自清和源氏血统，但武士的"家"和家名都是以领地为基础而存在的。以庄园制的形成为契机，古代氏族制度彻底消失。而以土地为经济基础，以保护和继承领地为目的家族集团便成为社会的基本单位。

正是由于古代氏族社会的彻底解体，在此基础上，日本以东国地方为核心形成了以农耕和军事两大机能为主体的"家族社会"，① 武士的"家"则构成了这一家族社会的基本单位。

武士的"家"与现代家庭概念不同，它是以家产为基础，以家名的连续性为象征的家族共同体，是领地和武士的身份、职能等通过父—子—孙直系家族永久继承下去的独立的社会单位。从"家"的概念中，我们可以看出它的"永续性"在武士家族中具有十分特殊的意义，因为它决定了武士的生存和目标就是保住领地和家名，使自己的家系永远存在并发展下去。

---

① （日）源了圆：《日本文化与日本人性格的形成》，郭连友等译，北京：北京出版社，1992年，第67页。

"家"既是武士生活的基础，也是决定其生存的目标。对那些身兼土地领主和"兵"的双重身份的武士来说，只有维系家族内部的团结与秩序，才能有效地组织农业生产，才能在对外战争中立于不败之地。如前所述，武士阶级之所以能够发展壮大，就在于他们能够团结在一起。这种团结力的形成并不是武士之间、武士家族之间横向的、平等的联合，而是家族式的、父子式的纵向联合，也正因为如此，才能形成一支以武士首领为核心的团结有力的军事组织。

祖先崇拜是武士"家"意识的道德基础。日本人普遍认为，作为其生活基础的"家"是祖先的恩赐，祖先是维系家族团结和保持家族延续的精神源泉与动力。武士为家名、家系而奋斗就是为家的名誉和繁荣而尽力，以显祖先之名，对他们来说，做孝顺祖先的子孙，成为后代子孙出色的祖先是其人生最大的成就。因此对于武士而言，维护家族的永久存在，不仅是要保护家族的物质利益，更重要的是维护家族的名誉。"惜名不惜死"是武士道中的主要内容，这种"名"不是武士个人的名誉，而是其家族的名誉。武士向主君效忠，在战场上拼死而战，既是为了获得主君的恩给，也是为了显扬祖先之名，把光荣传给子孙，从而使家族永续。因此，"不辱家名"，扬名显亲，对祖先尽义务，是武士道德的出发点，也是他们为主君效忠，追求立身出世的精神动力。

从社会学角度而言，人类经常面临着在现实世界中如何去适应生活环境的问题。人类的适应性导致他们发现或发明种种方法去对付大自然，对付其他的人，从而形成政治组织、社会组织和军事组织。在生活中形成的、并为人们共同遵守的习俗、惯例和常规在不同程度上使人们牢固地结成相互联系的集团组织，这是人们适应内在和外在环境的最重要方式。日本的封建武士团和武士家族制度也正是地方武士领主们为适应律令制崩溃后的动乱的社会环境，为求自保而结成的社会组织。与此同时，在生活中形成的有利于维护组织稳定和发展的一系列习俗、惯例和常规发展成规范其成员行为及思想的伦理道德。因此日本武士的家族制度可以说是武士道德规范——武士道产生的社会基础。

1.2.2 武士的身份关系

武士道一词常常用于表述武士阶级的身份伦理，即它是一种基于双方身份上的差异而形成的一种服从道德，是下属对上级的无私奉献及严格履行其职责的道德规范。新渡户稻造在《武士道》中将武士道界定为一种随着武士阶级的身份而来的义务。因此把握日本封建社会的身份等级制度及其意识，对认识武士道具有重要意义。

日本封建身份制度可以说建立在武士之间的上下主从关系结构之上，最初是从土地寄进开始的。地方开发领主为得到权力的庇护，并借助这种权力使自己的庄园获得"不输不入"的特权，往往将自己开发的土地在名义上进献给中央贵族和大寺院，奉其为领主。此领主称"领家"，而自己则作为庄官成为领地的实际管理者。如果"领家"以自己的权势仍不足以抵抗地方政府国司的压迫，就把土地再贡献给更有权势的贵族，奉之为"本家"。于是"本家"成为更高一级的领主，而土地所有者则以"预所""下司"等庄官的身份，仍然继续掌握庄园的实权。这样，在庄园内部就形成了"本家职"—"领家职"—"下司职"这种层层分享土地收成的等级所有体制。本家、领家和下司层层重叠，都是掌握土地权利的人，他们处于一种互相依存、互相帮助的上下等级关系之中。这种关系是在律令体制瓦解、国家公权力衰落无力的情况下，在公的秩序中发生的一种私人关系。各级领主依靠这种相互重叠、相互依存的权力关系求得自身的生存与安全。这种依靠以土地为媒介的私人关系来维系生存与安全的经济制度就是庄园领主土地所有制。

经济基础的变化必然产生新的社会关系。这种新的社会关系就是依据各自身份的不同，豪强贵族与依附他们的地方领主之间所建立的封建主从关系。这种庄园领主等级制度只是在进献者与受献者之间结成的寄进契约关系，这种关系主要是保证作为进献者的开发领主在庄园中的实力地位和经济利益，而在最初并没有建立以武装组织为基干的严格的身份主从关系。

平安时代后期，朝廷权力式微，甚至丧失了维持地方治安的能力，庄园领主之间争夺土地的斗争日趋激烈，武士团正是在这种形势下产生的，作为以领主为核心的一个战斗组织，在其内部形成了封建式的、金字塔形的等级身份制度。武士团是在庄园制度下产生的军事团体，因此，其结合方式包含庄园制度中所具有的身份关系，武士团的产生使这种身份关系变成军事等级关系。作为一个军事组织必须有一个严格的制度来制约其内部成员的关系，这就是等级身份制度，而武士道就是维护这一制度的道德基础。

随着庄园制的发展，特别是由于庄园内部、庄园与庄园之间，庄园与国司之间矛盾和争端日益增多，武力的结合即以武力结成上下依附关系显得越来越重要。这种武力结合是按两个方向组织起来的，"一是基于血缘的、地缘的关系形成的族的结合，一是根据主从的契约关系形成的纵式主从结合"。① 主从结合是指众多中小武士以其家族为单位，结集在一个地区内最为强大的豪强贵族的旗帜下，与其形成主从隶属关系，受其保护，听其指挥。而这种结合方式是作为在地领主的武士将属于自己的土地和人民通过某种方式寄进给豪强贵族，并奉其为主君，自己则作为其侍从，为其效忠，从而双方形成了具有军事性的封建依附关系，主君对侍从给予保护与恩顾，侍从在平时和战时为主君奉公。于是地方武士凭借这种依据不同身份形成的保护与被保护关系，并在此基础上组建成保护各自利益和进行对外争战的武士团。这种主从性身份关系是在乱世中维护集团的稳定和保护自身安全的一种社会关系。

地方武士通过将土地寄进给豪强贵族，从而使双方形成身份等级关系，这种身份关系同早期开发领主寄进领地给中央贵族不同，后者没有形成人身依附关系，也不具有军事联盟的性质。而前者却是通过将土地和人身寄进托身于强有力的地方武士，并以模拟血缘关系的形式成为其家族的一员，按家族结合的方式结成的以保护和战争为目的军事组织。从这个意义上说，日本身份制度是一种军事性的身份制度。

如前所述，武士团是以血缘、家族关系为核心、以主从关系为纽带

① 家永三郎：『日本道德思想史』，岩波書店，1977 年，第 89 頁。

而形成的军事化大家族。它虽然表面上以家族的形式组建，事实上是用血缘亲情关系来掩盖上下等级之间的权力关系，这种武士团的产生进一步印证了家族式统治的传统在日本人政治生活和社会生活中的作用。将家族关系、血缘关系（私人关系）与主从关系（政治关系、社会关系）巧妙地结合在一起，组成一个巩固而强有力的社会组织，与其说是当时武士阶级的独创，不如说是日本历史和社会传统的产物。正如美国历史学家霍尔所说："只要可能，这个权力阶梯总是由家族关系维系，不论是否是真正的家庭关系……权威关系总是用家庭关系来维持，而这种以家庭为基础的权威是得到公认的。"① 这种依靠家族关系或模拟家族关系来确立首领或主君同属下侍从之间的权力关系，以及对集团利益的认同和尊重的传统，在日本武士团的建立和发展过程中得到充分体现。

武士团不仅是一个纵向的大家族，同时也是一个上下等级秩序严格的军事组织，其内部的身份关系作为军事性身份关系，是通过战争得到巩固和加强的。其产生的时代背景是日本平安时代后期社会长期动乱和战争不断的时代。日本自 10 世纪中期以后，地方叛乱接连发生，战争频仍，如公元 959 年的"平将门之乱"，1028－1030 年的"平忠常之乱"，1051－1062 年的"前九年之役"，1083－1087 年的"后三年之役"，都是历时数年甚至是十几年的混战。这些战乱都是地方军事贵族发动的，而中央政府平定这些叛乱也是依靠和借助地方武士的力量。随着地方战乱状态的长期化，军事性组织必然要随之产生。于是那些原本就是以武艺为家职的武士，为求自保和发展，便以地方最有实力的、权威的武士为核心，以族的结合和主从结合两种关系组织起来。这样，武士团因战争而产生，又在战争中发展，特别是武士之间的主从关系得到巩固。平贞盛因镇压平将门之乱有功，被朝廷委以将军职位，源赖信借平定平常忠叛乱之功取代关东地区的平氏，成为关东地区最强大的武士集团。11 世纪后半期源赖义、义家父子以"前九年之役"和"后三年之役"的战功为契机，在长期的战争生活中同关东地区的武士结成了

① （美）约·惠·霍尔：《日本——从史前到现在》，周一良等译，北京：商务印书馆，1997 年，第 27 页。

牢固的主从关系，在当地确立起自己的家族势力。最后源赖朝也正是凭借这种主从关系在失败中崛起，最终击败平氏武家势力，从而建立了以主从关系为政治基础的武家政权。

1.2.3 家族道德与主从道德

道德归根到底是社会生活、社会关系的产物，是维系社会组织及人际关系稳定的规范和准则。武士道作为日本武士所特有的道德规范，同样是武士在生活中体悟到的直接经验的实践道德，以及以此为基础的人生观和世界观。而武士们所生活的"经验世界"不外乎是家族、武士团和军阵生活。因此我们必须从这些社会组织和由此而产生的各种社会关系中去把握武士道的内容及特质。

如前所述，武士生活的目标和责任就是为自己的家和主君的家（武士团）而浴血奋战，并以此获得终身及子孙后代的荣誉。对武士来说，武士对自己家的责任，其道德表现就是"孝"，对主君家的责任，其道德表现就是"忠"。"孝"是指对与自己有血缘关系的先辈、祖辈的行为规范，"忠"是对身份高于自己、必须服从其指挥、为其效力的主君的行为规范，是一种基于身份——责任而形成的道德准则。

"忠"与"孝"无疑都是来自中国儒家思想的德目。尽管文字表达相同，但是在日本武士的心目中，对"忠"与"孝"的含义及二者关系的认识却与中国不同。在中国"忠"与"孝"常常发生"不能两全"的矛盾。而在日本武士那里却可合二为一。中日双方对忠孝认识上的差异，其产生原因在于使这种道德规范发挥作用的社会组织不同。日本的社会基层组织——"家"，不论大小，都具有超越血缘关系的集团性和超越世代关系的永续性，而且大家族是由一些小家族按纵向结构组成的"家族一本"的共同体，与中国强调血缘的纯洁相比，具有非血缘性和社会性。对武士来说，对家族首长的服从是"孝"，而由于家本身所具有的超血缘的社会性，使这种"孝"本身就又带有"忠"的成分。"家"的联合体是"族"（武士团），对族长的服从，其道德表现本是"忠"，而由于武士团是按模拟血缘关系组成的，因此这种"忠"

也具有"孝"的含义。于是在"家族一本"的基础上形成"忠孝一本",结果是强化了下属对上级的服从意识,增强了这种集团内部的凝聚力。再有,在没有法律,武力就是一切的乱世,武士的家族只有依靠更强大家族的保护,才能得以生存,因此,对武士来说,向主君效忠比在家尽孝具有更重要的现实意义,所以武士的"孝"常常包含在"忠"内,这是武士阶级主张"忠"重于"孝"的社会背景。

武士团是日本封建社会中的基本社会组织和政治组织,而主从关系和家族关系则是其内部最重要的人际关系。规范这种关系的道德观念,便是对主君的"忠"和对家长的"孝"。社会存在决定社会意识,主从关系和家族关系必然制约和规范武士的行为和意识。武士团是一个封闭性的军事共同体,这个共同体的一个普遍性的秩序规则就是"内外有别"。武士认同的儒家道德,如《北条重时家训》中提倡的"忠孝""贵和"等都是适用于共同体内部的行为规范,用来调和内部矛盾,保持内部稳定的,而对共同体外部,则是残酷打击,野蛮杀伐。

对武士来说,自己的家和主君的家是在以武力竞争的社会环境中安身立命的基础,因此,对主君的献身精神,重视一家一族的名誉和知耻的态度等一系列道德意识,都是直接或间接地基于维系家族关系和主从关系稳定这一生存目标而产生的。

第三节 武士道的宗教渊源

西欧的骑士道有为基督教教义献身的精神,而日本武士道则是世俗的,正如戴季陶所说,对于武士而言,"道德的极致,人生的真意,宇宙的大法"是为保存家系而奋斗的精神和由此而获得的名誉。而神道和佛教等宗教的作用只是坚定他们为此目的而献身的诚意和决心,同时为他们提供了一些行为准则。

1.3.1 神道与武士道

新渡户稻造在《武士道》一书中,将神道视为武士道的重要思想来源。他认为，神道包含了日本民族感情生活中两个压倒一切的特点，即"爱国心和忠义"。因此神道作为宗教或作为日本民族的感情方式，"彻头彻尾地给武士道灌输了忠君爱国的精神"。[1]

日本人对神道的信仰包含两个层面，一是相信神的保护作用和惩罚作用；二是对祖先的尊敬与崇拜，相信作为神的祖先是联系个人与家族、家族与社会之间的纽带。正是通过对共同信仰的神的崇拜，加强了他们对集团的凝聚力。"中世武士团是以氏神信仰为中心保持其团结"。[2] 因此，就神道与武士道的关系而言，与其说神道直接为武士道提供了行为准则，不如说神道为这些行为准则更具约束力而提供了宗教性的基础。

神道是什么？要回答这样的问题，即便对日本神道学者或神社的神职人员来说也是个令人头痛的问题。其原因是一方面神道与日本人的日常生活关系太密切，甚至被认为是日本人的生活方式；一方面是由于神道同基督教、佛教不同，它是一种原始性宗教，尽管对日本人日常生活具有重要意义，但却没有经典和教义，它是依靠庄严的宗教仪式和神秘性来左右人们的行为和思想的，所以很难用精确的语言来概括和界定神道的含义。

关于神道是什么的问题，日本平凡社编的《大百科事典》是这样解释的：神道是日本固有的民族宗教。对于日本人的信仰和思想以很大影响的佛教和儒教传入日本之前，本土神观念的宗教性实践及以此为基础的生活习惯，一般用神道一词来表示。可以说神道是在日本民族固有的神信仰基础发展起来的宗教行为和生活态度。

神道在日本有着悠久的历史，经历了原始神道—神社神道—国家神道—神社神道与教派神道并存的历史发展阶段。

神道渊源于原始宗教（万物有灵信仰），其产生的历史，最早可以追溯到距今一万年以前的绳纹时代。从早期人类的自然崇拜、祖先崇拜及图腾崇拜及其祭祀活动中可以看到其形成的端倪。原始神道大约形成

---

① （日）新渡户稻造：《武士道》，张俊彦译，北京：商务印书馆，2002 年，第 20 页。
② 竹田聽洲：『祖先崇拜』，平楽寺書店，1957 年，第 173 頁。

于弥生时代前期，这时的日本列岛已经开始种植水稻，产生了农业文明。在这种以水田为中心的农耕生产和生活的基础上，产生了重视与自然协调，重视人际关系"合和"的农村共同体社会。在这种共同体社会生活中，人们为了祈求各种神灵保佑农业丰收和免降灾害，以及在丰收后感谢神灵恩惠的祭祀活动中，以农耕礼仪为核心，而且随着祭祀场所的固定化，形成了祭祀各种神灵的现世主义宗教即原始神道。

原始神道与日本人的现实的经济生活、政治生活紧密相连，是一种实践性的、礼仪性的宗教。既没有道德性教义，也没有完善的宗教组织，不具有像佛教、基督教那样系统化的宗教形式。但它对日本人日常生活的影响却相当大，也正是因为如此，才使它在受到外来新兴宗教冲击和挑战时表现出顽强的生命力，并通过吸收外来文化形成了自己的理论体系，产生了神道的诸派别，如伊势神道、吉田神道、两部神道、垂加神道及儒学神道等。神道注重现实利益的精神及多神信仰，使其能够与外来文化和宗教相融合，如随着佛教的传入，8世纪以后出现了因吸收佛教思想而形成的神佛习合神道——本地垂迹思想；中世以后随着儒学思想的广泛传播又产生了儒家神道——神儒习合思想；到江户时代又出现了排斥中国儒学和佛教，而以日本固有文化即所谓国学为中心的复古神道。这种复古神道强烈排斥外来文化，推崇固有的民族文化。在幕末尊王攘夷运动中，复古神道成了日本民族主义运动的思想基础。

明治维新后，复古神道发展成为国家神道，相对于其他宗教，它处于统治地位，成为维护天皇制统治的思想工具。在日本军国主义发动侵略战争过程中，神道与武士道相结合，使靖国神社成了日本军国主义的精神支柱。战后，国家神道被废除，神社神道与教派神道并立成为与其他宗教平等的民间宗教。如今神道在日本人的日常生活仍然发挥着不可或缺的作用，被称为是日本人的生活方式。①

神道概念虽然难以用语言界定，但是神道的本质未必就难以把握。日本神道学者安苏谷正彦认为，神道尽管没有经典和教义，但可以将祭

---

① （日）梅棹忠夫：《77把钥匙》，彭前旭等译，上海：上海文化出版社，1990年，第51页。

祀的传统、神社的历史、神道古典、神道思想、神道艺术等作为研究神道的素材，以此来把握神道的本质。① 由于神道是一种基于神观念的宗教实践和生活习惯，因此为进一步弄清神道的内容及作用，首先应该对日本人自古以来所具有的神观念和祭祀仪式加以认识。

日本人的神观念产生于原始社会。到 8 世纪时，作为研究神道重要素材的神道古典已出现，通过这些神道古典，可以认识日本人的神观念。在古日语中，"神"具有"畏"和"上"之意，顾名思义，就是说其具有可敬畏的或可恐怖的神秘，是超自然的存在。此外"神"还具有以下多种意义，比如神不是唯一的存在，而是多数的存在；神没有具体的"姿"和"形"；神漂移不定，常以神灵附体的形式存在；神分别领有和支配各自的场所；神是具有超人威力的一种可怕的存在。② 江户时代国学家本居宣长将神的特性归结为：创造力、作恶力和改变力。③ 日本学者村冈典嗣和宫地直一将日本的众神归纳为三种类型：自然神、人格神、观念神。

所谓自然神，即把山、石、海、水、动植物以及风雨雷电等自然现象神格化。在众神中，自然神为数最多，这些神都是在原始社会的万物有灵和自然崇拜观念中，随着农耕仪式的发展而形成的，如山神、火神、海神等都是具有威力的自然神。人格神是英雄、伟人、统治者等人的神格化，与祖先崇拜一样，都是由于人的神格化而塑造的神灵。观念神是指掌管人类思考力、生成力和生产力等抽象力量及观念的神。

在古代社会，最重要的神是作为社会生活和生产基本单位——氏族的守护神即氏神。氏神是以水稻耕作为中心的农业共同体的祖先神，随着农业生产力的发展和社会的分化，祖先神对各氏族来说，既是血缘神或拟制的血缘神，同时也具有地缘神的性质。在当时的日本人看来，所有的神都具有两面性，在平时具有"和魂"（表现为和平、仁慈、稳定、调和），在非常时具有"荒魂"（表现为勇猛、强暴、奋发），而且

---

① 安蘇谷正彦：『神道とはなにか』，ぺりかん社，1994 年，第 37 - 38 頁。
② 大野晋：『神』，三省堂，1997 年，第 9 - 14 頁。
③ 大野晋：『神』，三省堂，1997 年，第 64 頁。

可以分别祭祀。

历史唯物论认为，神的信仰是原始人与自然斗争和与社会斗争时软弱无力的产物，神不过是支配人类日常生活的外部力量在人头脑中的幻想和反映。原始人也正是有意或无意地依靠这种力量，来解决适应生活环境过程中所遇到的各种问题，并用这种力量去对付大自然，对付其他人，而且最重要的是对付人的观念，这可以说是神产生的思想根源。

由于岛国而又多山的自然环境，使早期日本人生活在狭小而封闭的自然状态中，共同生产、协同合作是他们赖以生存的条件，他们祭祀共同的神，通过对祖先神（氏神）的崇拜而形成同族意识，并以此来维持共同体的稳定。因此这种基于神观念、基于共同的信仰而形成的共同体意识，逐渐沉淀到民族性格的底层，成为日本人维系共同体内部稳定和团结的精神纽带，同时也是对抗其他社会组织的精神武器。

日本人的神观念表现在祭祀活动中，祭祀在日本的神道信仰中具有重要意义，神道本身就是通过祭祀活动来发挥作用的宗教。神道祭祀的第一个特色是同日本的农业生产方式密切相关，祭祀多以农耕礼仪为主。年初的丰收祈祷仪式，春天的农耕开始仪式，夏天的病害驱除仪式，秋天的感谢收获仪式等都是神道祭祀活动中最重要的活动。敬畏神灵的日本人通过祭祀活动来表示他们对神的敬畏并感谢神的庇护。这些祭祀活动都不是个人行为，而是以从家族的祭祀到各种社会组织的祭祀形式展开的，是以集团的形式来祈祷整个共同体的平稳与繁荣。在向神宣读的祈祷文中一定要有祈念共同体"弥荣（意为更加繁荣）"一词，而在现实生活中，共同体的成员为了共同体"弥荣"，必要时能够牺牲小我。在近代日本发动侵略战争中，日本政府利用了日本人的神道信仰，使很多军人为了"神土弥荣"而战死。如一个海军中尉在遗书中这样写道："祖先们默默地祈祷神土弥荣，默默地为其献身。和平时，在政治、经济、社会、艺术所有方面，通过日本文化的建设而祈祷弥荣；战争时，应成为大君的御盾，作为神土的防人，极尽忠诚。不论和平与战争，都要默默地祈祷神土弥荣、相信其弥荣，并为其献身。"①
因此，祈祷共同体的稳定与繁荣是神道祭祀的一大特色。

神道祭祀的第二个特色是表现为一种集团性的宗教活动。这种祭祀
活动在共同体内都是超越个人意志和自由的宗教仪式活动。祭祀的准备
和执行对共同体内的每一个成员来说都是重大的事情，而正是在这种准
备和执行过程中"可以增进共同体的协力体制和团结力"。在这种意义
上说，祭祀活动本身具有"统合共同体的功能"。②

神道祭祀的第三个特色是在祭祀过程中表现出强烈的排外性。共同
体内部所举行的祭祀活动，不论其祭祀方式如何，祭祀对象为何，都决
不允许非共同体成员参加，所以祭祀常被称为同族祭祀。这种同族祭祀
不是以个人信仰为依据，其祭祀的对象和目的是作为维护共同体团结纽
带的祖先神或守护神，其参加者必须是同族成员，即必须有共同血缘
（或模拟血缘关系）。例如，如果稻荷神是祖先神的话，同族成员以不
信仰稻荷神为理由而不参加祭祀活动，那是绝不允许的。相反，也决不
允许非同族成员以笃信稻荷神为理由来参加祭祀活动。因此祭祀活动不
仅是维系共同体内部团结的精神纽带，也具有自我保护的排外功能，这
可以说是日本传统的内外有别的共同体意识的思想根源。

神道祭祀的第四个特色是祭政一致。在古代氏族社会，氏族首领
"氏上"被认为是氏神的直系后代，他既是氏族集团的首领，也在祭祀
活动中任主要祭司，其在政治上的权威建立在共同体成员对氏神信仰的
基础上。在平安时代后期出现的武士团的首领既是家长又是战场上的指
挥官，同时也作为祭祀活动的领袖，带领一族举行祭祀祖先及氏神，其
军事统领权和政治支配权经过这种宗教信仰的认可得到进一步强化。当
时，在武士的庄园中都建有神社，神社不仅是祭祀神的场所，也是地域
共同体统合的象征。一般武士团首领都有自家的神社，这种神社对他来
说既是门第高贵和财富与力量的标志，也是使其权力、权威正当化的象
征。武士团首领以神社之威来行使权力，通过掌握祭祀权来统管和支配

① 真继不二夫：『海軍特別攻撃隊の遺書』，KKベストセラーズ，1994 年，第 204 頁。
② 安蘇谷正彦：『神道とはなにか』，ぺりかん社，1994 年，第 60 頁。

下属的侍从武士，所以武士团正是以这种氏神信仰为中心强化了团结，[1] 它是武士实践忠义的精神支柱。

神道祭祀的第五个特色是祭祀祖先和祖先崇拜是神道的重要内容。在古代氏族社会里，有血缘关系、有共同祖先的氏族都有整个氏族共同信仰崇拜的守护神即氏神，在特定的日子里，氏族全体成员都集中在神社里，在氏族首领的率领下，进行祭祀，或是祈求祖先神的保佑，或是感谢祖先神的恩惠。随着武士家族制度的形成及其永续性"家"观念产生后，这种祖先崇拜变得更具有现实意义，祖先崇拜成了"家"的精神纽带。武家政权建立后，敬神崇祖成为武士日常生活的重要内容，在武家第一部成文法典《贞永式目》中，第一条就是强调武士要崇敬神社，规定："修缮神社，专心祭祀。"[2] 神由人虔敬而增威，人由神恩泽而走运，表达了武士与敬神崇祖之间的互利关系。幕府以法律的形式要求武士崇拜神社，就是通过强化武士以一族的氏神为中心的族的结合，把武士家族的祖先神或氏神作为维护家族团结的精神支柱。而作为武士伦理道德直接体现的武士家训，也多把强调敬神崇祖列为主要内容，以此来加强对子孙后代的教育。在北条重时写的两部家训《六波罗殿御家训》和《极乐寺殿御消息》中，都是在开篇即强调崇敬神佛。"应敬畏神、佛、主、尊"（《六波罗殿御家训》），"朝夕礼敬神佛，敬意存于心，得人礼敬，神增威仪，得神眷顾，人保其运。佛神前祈祷，当求正直心"（《极乐寺殿御消息》）。[3] 神道为武士制定家训，构建家族伦理提供了一定的宗教基础。在《伊势贞丈家训》中更是明确强调："怠慢了先祖，先祖之魂灵将作祟，使各种灾害不断，身家子孙都要面临危险。"日本武士除了对祖先有一种敬仰之心，同时也有一种畏惧之感，作为子孙后代只有以正直之心，精诚祀之，祖先之灵才能保佑其生活平安，家族永续。

---

[1] 竹田聽洲：『祖先崇拜』，平楽寺書店，1957 年，第 173 页。

[2] 石井進校注：『日本思想大系·21·中世政治社会思想』（下），岩波書店，1978 年版，第 9 页。

[3] 小澤富夫編：『武家家訓·遺訓集成』，ぺりかん社，1998 年，第 37 页。下文所引用的关于武家家训的内容除特别注释外均引自此书，故省略注释。

神道祭祀和崇拜祖先虽然是一种宗教行为，但日本武士的道德意识正是存在于这种神道信仰和祖先崇拜之中。在现实生活中，武士首领希望其子孙和侍从要尽孝和尽忠，要作战勇敢，但又担心其不肯为或不诚心为之。这样，就必然要造出一种人生行为的监督，而对于一向就有敬神崇祖传统的武士来说，祖先崇拜及神所具有的威力，可以直接用来规范人的行为和思想的制裁力。

祖先崇拜是联结人和家、家和族以及家族与地方社会的纽带，使人们产生共同体意识。尽管神道没有关于"孝"与"忠"的教义和经典解说，也不像佛教和基督教那样为信仰者提供详细的道德准则，但是它通过集体参加的祭祀仪式，通过崇拜共同的神，强化了个人与家族，家族与地域之间的凝聚力。在这种祭祀活动的过程中，"忠"得到了强化。这种通过共同信仰所形成的道德意识要比通过说教或利害关系结合的"忠"更加直截了当，更加有效。

在武家时代，武士保存自己的家系，维护自家的荣誉是其重要的生存目标。而这种对家的荣誉的重视在道德上正是源于对祖先的崇拜之情。在近代小学修身教科书中有这样一段话可以说明崇拜祖先与家的名誉的关系，"家乃我等祖先经营之所，我等父母继承祖先之志而治家，故敬祖先，厚祭祀乃极其重要之事。家中一人无德则损害家的名誉，故一家之人应相守本分，慎品性，为家的名誉和繁荣尽力，以显祖先之名。昔上毛野形名为虾夷所围，计尽欲逃，其妻谏曰：'良人之祖先以武勋扬家名，而今临难而逃，污祖先之名，可耻也'"[1]。小泉八云也曾评价说，"在神道教各种道德的情思之中，最特殊的便是对于古人的眷恋态度"。[2] 祖先崇拜的传统使日本武士认为"污祖先之名"是最可耻的，这种建立在对祖先眷恋感情之上的荣誉感和羞耻感是增加勇气以及各种道德的土壤。孟子曾说过，"知耻近乎勇""羞恶之心，义之端

---

① 汤泽雍彦：『日本妇人问题资料集成·第 5 卷·家族制度』，家庭出版，1976 年，第 411 页。

② （日）小泉八云：《日本与日本人》，胡山源译，海口：海南出版社，2002 年，第 221 页。

也"。轻生命而不失先祖之名，对祖先的崇拜，成了武士勇武轻生、爱名尚义的精神源泉。

神道中的明净观是日本人用来辨别正邪善恶之原始道德观。在中国文化尚未传入日本前，日本人还没有抽象的道德词汇，他们只是简单而明了地用明净和污秽作为区分是与非、善与恶的道德标准。这种思想体现在神道祭祀仪式"禊祓"之中。所谓"禊"是祭祀仪式上的最重要的神事，参加祭祀的人在通过鸟居进入神社后，必须在神殿左侧的"手水舍"洗手、漱口，然后才能进入拜殿，这种仪式是脱去衣服在海水或河水中清净全身的古老祭祀仪式的简化。因此"禊"的目的就是用清水除去身体上的污秽，使身体清净，这样才能使心灵明净，从而表现对神信仰的虔诚。所谓"祓"是在正式拜神前，祭司用神木左右摇动，以此来表示除去人们身上的污秽，这种宗教习俗反映了日本民族重视清洁的生活习惯。"不仅是身体的清洁，心灵的清洁纯净也极受尊重"。① 在神道观念中，只有保持身体和心灵的清明，神才可以保佑其幸福，而污秽不论是身体上的还是心灵上的，都会遭到神的惩罚。所以，身体的清洁和清明心的尊重都是出于对神的敬畏。也就是说必须本着一种清明之心去拜神，有了这种清明心，说明敬神是真实的。这种真实就是在敬神中应有的"明净直诚之心"。这里所谓"明"含有合理性之意，所谓"净"含有纯洁之意，所谓"直"含有率真之意，而以明、净、直为基础构成"诚之心"。② 贝原益轩在《神祇训》中指出，"神道以诚为本"。

神道是一种没教义的礼仪宗教，如果没有这种"诚之心"，其礼仪便是一场闹剧和演戏，所以"诚"是古代日本人最具普遍意义的道德基础。也是约束武士社会关系的道德基础。写下"如果有谎言就会受到神的惩罚"的誓约文是武士之间缔结主从关系时所必须履行的手续，这种形式的起请文（誓约文）使中世武士之间私人主从关系的形成成

---

① （日）源了圆：《日本文化与日本人性格的形成》，郭连友等译，北京：北京出版社，1992 年，第 57 页。

② 叶渭渠：《日本文明》，北京：中国社会科学出版社，1999 年，第 65 页。

为可能，也使不依赖血缘关系的社会关系的形成成为可能。"如果不服从主君的命令，神罚是非常恐怖的"，"如果背叛集团，就会受到非常恐怖的神罚"。① 这种神罚表现在不论是现世还是来世，都是无房、无食、沿路乞讨，总之是丧失作为生活基础的家。这对当时的日本人来说是最可怕的。如果没有敬神意识和神罚意识，在那种动荡的社会环境中，武士团作为一种私人性的主从关系是难以得到有效保证的。

对武士来说，只有正直和诚心才能避免可怕的神罚。北条重时在家训中告诫子弟，敬神不只是为了消灾祈福，而且还是因为神佛能给人以"正直之心"。武士有了"正直之心"，才能在现世中获得尊重，家业才能稳定和长久。战国大名北条早云也在其家训中说："虔诚礼拜，固然当行。然更为紧要者，乃正直和平之心。敬上怜下，去伪存真，有便是有，无便是无，方合天意。即便不求，但有是心，必有神明护佑。存心不正，则为天道所弃，当谨慎。"

总之，武士对神的信仰及由此而产生的神罚意识使他们把诚心和正直视为应该遵守的道德规范，使他们能以"正直之心"来履行伴随其身份而来的各种义务。"神道以诚为本"，源自神道信仰的"诚"成为日本人履行各种道德义务的基础，如在近代的《军人敕谕》中就把"一意诚心"规定为忠节、武勇等五条军人精神的核心。

1.3.2　禅宗与武士道

神道作为世俗宗教，是日本人精神生活和社会生活中的重要内容，他们认为人的存在取决于神灵的恩惠与庇护，他们向神灵祈祷，表示对神灵的忠诚。人们通过对共同信仰的神的祭祀强化了彼此的一体感，强化了个人对集体的认同和忠诚。但是，神道是一种集团信仰，而不是个人的信仰，它对于武士个体精神上的拯救及道德修养上的帮助则作用甚微。神道未能给予武士的东西却由佛教提供了。镰仓新佛教的兴起并与武士结合，对武士道德及武家文化的形成产生了重要影响。

---

① 入間田宣夫：『武者の世に』，集英社，1991 年，第 262–263 頁。

　　武士阶级伴随着社会混乱和战争而兴起，在战乱中，武士不知何时失去生命，可谓朝不测夕，因体验到人生的无常和现世的苦恼而深感不安。由于武士以战争为职业，野蛮粗俗，嗜杀成性，在佛教看来，他们是"杀生的罪人"，① 因此对他们来说，佛教深奥的教义和不杀生的戒律无论如何与他们也没有半点缘分。但随着武士政治地位的提高，那些目不识丁、穷兵黩武的"兵"和"侍"一变而成为统治者。这种社会地位的变化，使他们迫切需要具备与自己政治地位相适应的文化，因此开始在佛教中寻求新的内容，而镰仓新兴佛教正好适应了这种要求，为武士们打开了皈依佛教的大门。

　　早期佛教所强调的是为摆脱现世的痛苦或罪孽，要经过严格的学问修养和长期的修炼，因此武士为了得到拯救，就必须出家，如源赖朝的八代先祖源满仲经过承平、天庆两次大战乱，成为京城赫赫有名的"京侍"。由于他接受了僧人的说教，突然决定出家，退出"兵之道"，在出家前他将甲胄、弓箭等武器全部烧毁，多年侍从他的郎党五十余人也随同其一起出家。② 源满仲出家是个别现象，而当时佛教那种清规戒律和研习经书对目不识丁的武士来说是无法接受的。为了适应武士阶级对宗教上的需求，法然（源空，1133－1212）发展了前代以来流传的佛教净土思想，使其成为带有民族特色的宗教即净土宗。法然告诫人们，一切众生皆可成佛，即使是犯了忤逆重罪的人只要专心念佛，反复诵念"南无阿弥陀佛"，就可以消除罪孽，往生西方净土。法然的弟子亲鸾（1173－1262）又进一步发展了净土思想，提出"恶人正机说"，认为"恶人"才是拯救的对象，只要坚信佛法，即使犯了大罪，死后也可以往生净土。亲鸾还反对禁欲主义和出世主义，主张即使不出家，不食素，过世俗生活，但只要诚心念佛，依靠佛力也能往生成佛。

　　由于法然和亲鸾的教义通俗简单，无须诵经和过禁欲生活的严格修行，因此在当时"非常适合武士的精神倾向"，而"恶人正机说"更是可以满足被视为"杀生的恶人"的武士在精神上的需求。根据净土教

---

①　入間田宣夫：『武者の世に』，集英社，1991 年，第 38 頁。
②　入間田宣夫：『武者の世に』，集英社，1991 年，第 39 頁。

义，只要口念"南无阿弥陀佛"就可无所顾忌地奔向战场，肆行杀戮。曾有这样一个传说：一个武士想到，若从佛教徒来看，在战场上杀人是下地狱之"因"，而不上战场又违背武士的本分。为此而处于进退两难境地的武士便去请教法然和尚。法然回答说，即使在战场身亡之际，若能成就念佛之行，亦可得往生。于是这个武士便安心地上战场了。[①] 净土宗虽然没有为武士提出什么道德规范，但它否定现世，鼓吹彼岸的净土思想，对培养武士为主君效死的精神起了很大作用。而它提倡的无欲之心，慈悲之心，也有利于涵养武士的道德修养和情操。北条重时的家训《极乐殿御消息》就是以因果报应和极乐往生思想为基础，写给其子孙及家臣们的道德训诫。

然而较之净土宗，日本佛教禅宗对镰仓和室町时代的武士们的影响更大些。

禅宗是 12－13 世纪从中国归国的日本僧侣荣西（1141－1215）和道济（1200－1253）引进的。坐禅本是佛教徒修行的一种形式，自古以来各个佛教宗派都采用，佛教徒通过静坐敛心，专注一境，久之达到身轻心安，观照明净的状态。但是禅宗却把这种修行方式作为教派的主体。荣西曾两次到中国，回国后传播临济派禅宗，著有《兴禅护国论》，强调禅是佛法的最高境界。禅宗虽然遭到日本传统佛教宗派的抵制，却得到了镰仓武士们的欢迎。执权北条时赖召宋禅僧无学祖元（1226－1286）、大休正念（1215－1289）等来镰仓，宣扬禅宗，以与京都的佛教诸宗相对抗。禅宗以朴素寡欲为宗旨，北条时赖及镰仓武士多热心参禅，禅宗从此成为武家佛教，"武士好禅"成为镰仓武士的一种风尚，禅宗对于日本武士在精神上的影响颇大。当时，中国信奉禅宗的多是文人士大夫，而到了日本，其信徒却是以武士为主。那么，以慈悲为怀，反对杀生的佛教，是如何成为崇尚杀伐的武士的宗教呢？

首先，禅宗推崇的修炼方法简单，认为只要坚持坐禅冥想就能消除"妄念"而成佛。禅宗提倡"不立文字，教外别传，直指人心，见性成

---

① 叶渭渠：《日本文明》，北京：中国社会科学出版社，1999 年，第 190－191 页。

佛"，① 不主张诵读经文，崇拜佛像，因而这种修炼方法很适合那些目不识丁的武士的口味。但禅宗对坐禅则要求严格，要有极强的耐力，能使坐禅者修炼出排除一切杂念，山崩地裂无所畏惧的胆气。用禅宗的话说，就是要达到"击碎生死牢关，便见过去心不可得，现在心不可得，未来心不可得。所谓一念不生，前后际断，方可出生入死，如同游戏之场。纵夺卷舒，常自泰然安静，胸中不挂寸丝。然立处既真，用处得力"。② 通过这种严格的长期修行可以锻炼武士的胆力和气魄，使其在战场上置生死于度外。这种戒律式的倾向适应武士阶级的生活方式和心理状态。武士以战斗为职业，驱驰矢石之间，出入生死之门，所以他们需要有一种支撑其不计生死，追随主君的精神支柱。日本历史学家井上清曾说，禅宗这种"武士宗教""不用文字来说明的，而是以自己的体验和修炼来取得趋死的觉悟，在这一点上，对于只从事于战争的武士的气味是相投的"。③

其次，禅宗"不立文字，以心传心"，不主张崇拜佛像，提倡以简便易行的"顿悟"成佛，这也适应了武士文化水平较低且无暇读经拜佛的生活状态。不仅如此，禅的修行通常在山林之中，通过修禅可以亲近自然，武士生长在乡间，喜好亲近自然，性格质朴，因此许多武士接受禅宗，坐禅求悟。

最后，禅宗之所以能成为武士的宗教，还在于其符合武士的心理需求。在这一点上，禅宗与早期武士道的形成有着密切关系。日本学者铃木大拙在其所著的《禅与日本文化》一书中，对禅与武士道的关系做了如下论述："禅的修行单纯、决断、自恃、克己。这种戒律的倾向同武士的精神是完全一致的。作为武士，就应直视眼前厮杀的对象，而绝不能左顾右盼。为了粉碎敌人，他必须勇往直前，而决不能有物欲、情爱以及任何理智方面的邪念。因为在武士心中，哪怕是理智的微小浮泛

---

① 朱谦之：《日本哲学史》，北京：人民出版社，2000 年，第 17 页。
② 王辑五：《一六○○年以前的日本》，北京：商务印书馆，1983 年，第 41 页。
③ （日）井上清：《日本历史—国史的批判》，阎伯纬译，上海：三联出版社，1957 年，第 74 页。

也会阻止前进，至于缠绵的情爱和物质的占有欲则更是他在决定进退之际的巨大障碍。真正出色的武士，应是一个严格的修道者的苦行僧。而禅正是在他需要的时候，授予他这种钢铁般的意志。"① 日本哲学家永田广志也认为："禅的主观唯心主义即说教'即心是佛'，把可以叫作知的直观的那种恣意而空洞的真理感看作至高无上，和以灭绝人性使人心如木石为特点的克己主义，确实适合武士阶级的心理。在镰仓时代以来开始形成的武士道中所以发现不少禅宗的影响，这绝不是偶然的。"②

禅宗对武士产生了重大影响。首先表现在帮助武士克服对死亡的恐惧，增强战胜敌人的勇气。武士道作为一种实践道德，其核心价值是忠诚与武勇。要做到这两点，就必须在实践方面坚持清戒苦修，在道德和哲学上为其找到精神上的支持。忠诚和武勇让武士在一旦决定进路之后，就勇往直前，决不后退。③ 佛教观念又让武士知道生死并无差别，禅宗认为"死生一如"，以为只要否定了作为执迷根源的自我，进入无我、忘我的境地，完全断绝生死的羁绊，就可"见性成佛"。他们勇往直前，视死如归的精神自然是来自对禅宗"死生一如"的信仰。禅宗打破了死生的"关门"，超出死生之外，武士修禅就是想达到这样一种境界："若能空一念，一切皆无恼，一切皆无怖。犹如著重甲入诸魔贼阵，魔贼虽众多，不被魔贼害。掉臂魔贼中，魔贼皆降伏。"④ 日本伦理学家相良亨认为镰仓时代的武士道是"死的觉悟"的武士道。"无畏而死"成为武士们最高的精神境界。在镰仓幕府即将灭亡之际，北条仲时率领的六波罗幕府军在近江遭到敌军夹击时，在突围无望，败局已定的情况下，北条仲时手下432名武士全部切腹自尽。在新田义贞攻陷镰仓时，幕府执权北条高时及同族诸将皆切腹自尽。这两件事曾被后世

---

① （日）铃木大拙：《禅与日本文化》，钱爱琴等译，上海：三联出版社，1989年，第37页。

② （日）永田广志：《日本哲学思想史》，陈应年等译，北京：商务印书馆，1992年，第18页。

③ （日）铃木大拙：《禅与日本文化》，钱爱琴等译，上海：三联出版社，1989年，第36页。

④ 宋代临济宗僧无学祖元（1226—1286）著：《佛光国师语录》，王辑五：《一六〇〇年以前的日本》，北京：商务印书馆，1983年，第41页。

赞美武士道的学者称为镰仓武士所做的最光彩的事。①

武士道崇尚武勇，视死如归，为主君效命战场，这是武士作为战士的本分。禅宗没有为武士提出伦理道德，但是通过对禅宗的信仰，可以使武士克服对死的恐惧，这对每天面临死亡威胁的武士来说尤为重要。在禅宗看来，生死观乃是参禅悟道的第一要旨。"生不可喜，死不可悲"，"生为梦幻，死为常住"，这种"死生如一"的思想给予每天生活在矢石之中的武士们难以估量的影响。战国时代是日本历史上战争频繁的时代，当时日本处于军阀割据、四分五裂的局面，武士们为了在战争中保存自己，消灭敌人，要不断地强化自身意志力，参禅悟道是他们自我磨炼的主要方式。著名的大名武士上杉谦信和武田信玄都是皈依禅宗的信徒，谦信和信玄都是他们的法名，他们通过学禅认识了生死的关系，克服了对死的恐惧。谦信告诫家人说："欲生者必死，欲死者必生。"信玄也在其家训中谈及禅与死的关系，"参禅无秘诀，唯思生死切"，在这些话中我们可以看出禅与武士生活状态和心理状态的密切关系。

禅宗给予武士另一个重要影响是行动主义。正如铃木大拙所说："禅所关心的，不是同武士们讨论什么是灵魂不灭，神道的正义以及伦理行为，而是要告诉他们，不管结果是合理的还是荒谬的，只要别人能达到的，你就要一往无前去奔向它。哲学可以借助理性去躲进安全港，禅则直接诉诸行动……在这一点上，可以说禅是一种武士的宗教。"②自镰仓后期到江户时代，武士中间尊禅者很多，其对以后的武士道思想也产生很大影响。山鹿素行强调常"把死放在心中"，《叶隐》主张，"武士道就是觉悟到了死"，都是受了禅宗"生死一如"思想和行动主义的影响。总之，武士道在漫长的发展过程中，大量吸收了禅宗的生死观和人生观，提倡"克制忍受，不事浮华，排除杂念，摒弃欲望"，将此作为武士的道德修养，从而也成了武士道中的重要内容。

---

① 花見萠巳：『武士道と日本民族』，南光書院，1943 年，第 153 页。

② （日）铃木大拙：《禅与日本文化》，钱爱琴等译，上海：三联出版社，1989 年，第62 页。

禅宗作为一种意志宗教，对于加强武士个人修养、培养武士的胆气、满足其精神需要起到了重要作用。但是随着武家政权的建立，武士阶级也不再只是从事战争的战士，开始兼有执政者的身份了。如何处理武士阶级的内部关系，如何解决武士与农民等被统治阶级之间的矛盾，则成为武士阶级所面临的重要课题，禅宗却根本不能为武士提供解决这些问题的政治理念和道德观念。"禅在本来意义上不是武士的政治理念，武士在建构自己的政治理念时正是他们与禅宗诀别之时"。① 到了江户时代，禅宗便让位于儒学了。

禅宗虽然没有为武士提供治国理念，但是作为禅宗附庸的宋学，即朱子儒学随之一同传到日本，宋学与汉唐训诂学性质的儒学不同，主张名分论，强调五伦五常。在江户时代以前宋学依附于佛教势力之下，只作为禅僧的文化教养而为其所垄断，但是由于"镰仓武士与禅结合，禅与儒结合，武家好禅，禅好儒学，于是乎遂使宋学伴随着禅而入武家时代"。② 这样宋学经过长期流播、浸润，其影响逐渐扩大，到了战国时代，地方大名开始尝试把儒家思想用作在领地内进行统治的理论基础，从而为江户时代儒学上升为官学，成为统治思想准备了条件。

---

① 守本顺一：『日本思想史』，新日本出版社，1981 年，第 193 页。
② 朱谦之：《日本的朱子学》，北京：人民出版社，2000 年，第 43 页。

第二章

武士道与儒家思想

德川幕府成立后，德川家康以新的统治者资格掌握了日本政治的主导权，确立了以武力为基础的幕藩体制。德川家康知道以马上打天下，不能以马上治天下，治理国家应当依据某些道德原则，而不仅仅靠武力等物质力量。因此德川家康需要一种武力以外的思想统制力量，作为维护幕府统治的御用学说。于是他选中了来自中国的儒学，尤其是朱子学。在这一过程中，起重要作用的是儒学家林罗山。林罗山的贡献在于用朱子学的"名分论"将作为德川幕府统治支柱的等级身份制度理论化、正当化。同时，林罗山又改造了中国儒家的忠孝伦理观，提出以忠为本、忠重于孝的日本化的伦理观，从而开创了儒学与武士道的结合，而后中江藤树、山鹿素行、贝原益轩等儒学家辈出，他们将传统的"弓马之道"与儒家思想相结合，主张"文武一途"，既要做百姓的道德楷模，又要保持尚武精神。经过他们的理论加工，武士道由习俗发展成为理论原则。

第一节 近世儒学对武士传统文武观的改造

日本武士阶级自产生以来，提倡文武两道，追求文武兼备的理想人格。在战乱年代，他们强调武道为主，文道为辅。到了江户时代，儒学成为官学，经过儒学的改造，日本传统的文武两道观发展为以仁义之道为基础的文武合一论。而江户时代后期，由于承平日久，社会流于文弱，武士的文武观开始强调以尚武为主，认为统治阶级保持尚武精神是国家长治久安的关键。

2.1.1 传统的文武两道观

武士道是武士在为主君效命疆场过程中形成的道德规范，是一种战争道德。武士最初被称为"执弓矢者"或"兵者"，野蛮武勇，惜名知耻，把为主君舍命献身视为最高道德。他们鄙视平安贵族优柔文弱的习气，当他们针对贵族的这种生活方式，意识到自己独特的生活方式时，就形成了"执弓矢者之习"或"弓马之道"，这既是武士的生活方式，也是左右他们言行的道德规范。

武士虽然粗俗野蛮，崇尚杀伐之功，但是随着武家政权建立，武士成为统治阶级后，他们开始注意加强自身修养，逐渐认识到文道的作用。在镰仓时代的史书《吾妻镜》中已出现"文武兼备之士，殊至要之旨"的词句，[①] 在《北条重时家训》中也已将武士的弓马之道与辨别是非善恶的文道比作"车之两轮"。室町时代的大名家训《今川了俊制词》更明确提出"不知文道武道终不得胜利"，充分肯定了文道的价值，反映了武士对文武两道关系认识的提高。

战国时代，原有的旧秩序、旧权威已丧失作用，武士凭借武力就可以成为领国的大名。战国大名多是凭武力"下克上"的成功者，而在他们成功的同时也成了"下克上"的对象。因此，武力虽然是战国大名赖以生存的基础，但是他们也认识到要维护自己的统治，控制来自内部的"下克上"，不能只依靠武力这种物质力量，更需要大名自身的"器量"。这种"器量"是指大名的政治能力，也指大名的人格魅力，它必须通过学习文道来培养。在大名家训中要求武将要兼备文武两道，并认为这是加强大名家臣团的结合和内部稳定的证治要诀。战国群雄中以实力成为大名的北条早云在其晚年写给子孙的家训《早云寺殿二十一条》中，总结一生的经验，告诫后代要把读书习文当作日常的生活

---

① 小澤富夫编：『武家家訓・遺訓集成』，ぺりかん社，1998 年，第 3 頁。

习惯，要"夜以继日，手不释卷"（第12条），"所求之益友，乃学问之友也，所去之恶友，将棋、笛、尺八之友也"（第17条）。对于一名既指挥作战，又统治领国的武将来说，"文武弓马之道乃常然之道也，以文为左，以武为右，古之法，须兼备"（第21条）。

但是北条早云的文道观仅局限于大名的个人修养，目的是想以此来提高大名在家臣团中的威信，而并没有把文道同治国安邦联系起来。战国大名由于身处乱世，其所赖以生存的是武力和实际经验，因此北条早云在家训中更多强调的是充满现实经验和武力色彩的实践训，他所提倡的文道，只不过是一种基于经验主义和实用主义的用于自身修养的文道。

进入战国后期，战国大名的文道观又有所发展，文道已不只是实用性的知识和学问，开始成为辨别善恶是非的能力，同时，文道逐渐成为大名治理领国的理想。以勇猛善战著称的武将多胡辰敬在写给子孙的教训中，一改过去武士鄙视京都贵族文弱无能的作风，在训条中有很多以公家教养为内容的条目。对多胡辰敬来说，文道已成为辨别是非的政治能力和治理家国的目标——人伦之道。这种被其称为"算用"的文道超越了天文、地理、历法、度量衡等实用性知识，强调"知算用，则知道理，而知道理则不惑"（《多胡辰敬家训》），文道已成为治国齐家的政治智慧。

战国大名既是领兵打仗的武士，又是治理领国的政治家，这种双重性格使他们认识到了文武兼备的价值，看到了文道对于巩固家族团结，维护领国政治稳定的作用。在《武田信繁家训》中，除了强调"弓马之道"，也谆谆告诫子孙不可疏忽文道，而且在99项训条中几乎每条都引用了中国古典兵学和儒学经典，其中引用的以《论语》为主的儒家经典就多达31处之多。这一方面反映儒家思想开始在武士中间传播，也反映了战国武将在日常的战争与政治生活中，认识到武士的行为准则和道德规范与中国的儒家道德有许多共性，开始有意识地将儒家道德作为约束武士行为规范的理论依据。当时中国的儒家思想在两方面对战国大名产生影响：一是他们认识到利用以儒家思想为主的文道统治可以掩盖赤裸裸的武力统治，从而可以缓解阶级矛盾及统治阶层内部矛盾，以加强领国的政治稳定；二是他们开始在实现武道的基础上，追求修身齐家治国平天下的政治思想。

战国末期，在大名中文武两道观已系统化，这在《黑田如水教谕》有突出体现。黑田如水出身于下级武士，文武双全，本能寺之变后作为丰臣秀吉手下的得力武将立有赫赫战功，因此升入大名行列。在《黑田如水教谕》中，黑田如水系统地阐述了文武两道并用对家的存续、国的治理的重要意义。"文武如车之两轮，不可或缺，治世用文，乱世用武，然治不忘武，乱不忘文，尤为重要"。黑田如水根据自己在战国乱世中的体验，认识到"乱世舍文则不知军理，法制不定，国家混乱，因无爱家人国民之实，人民多恨，呈血气之勇而无仁义……纵令一时取胜，其后必亡"，充分肯定了文道的政治价值，反映出战国末期大名已意识到以文道守天下、治天下的道理。黑田如水又分别对文道和武道加以界定。他认为所谓文道并不是指多读书、作诗、记故事、习文字，而是"求诚之道"，包括明辨是非，赏罚分明的政治能力；所谓武道，也并非是说武士专好武艺，而是指用兵之道、练兵之道和治军之道，其关键在于"无事之时不可忘合战"。总之，不论是在治世还是乱世，"失文武之道则国家难治"。

随着战国武将政治家性格的形成，他们的文道也由最初的知识修养转变成治国安邦之道。战国末期，文道的价值日益重要，得到了大名的充分肯定，文武两道也接近平衡。但综观这时的大名家训，可以看出武道一直居核心地位，武道的成功是武士的最高目标，文道的价值在于为武道获得胜利服务，处于"内包于武道之中"的地位。如在《武田信繁家训》中，虽然大量引用儒家的经典名言，但整部家训的指导思想是告诫家人要"专习武勇"，"修习弓马，至关紧要"。再如《黑田如水教谕》完成于1587年，此时战国乱世已将结束，而黑田如水特别强调的仍然是"生于武将之家，片刻不可忘武"，强调武道是武士的立身之本，并一再告诫子孙治世忘武的危险性。

总之，无论战国武将如何提倡文道，重视文武两道并用的价值，武道始终是他们的"家职",尚武精神依然是他们的指导思想,武道胜利是他们的人生目标。但他们对待文道的实用主义态度,使他们开始接受中国的儒家思想,并为江户时代儒家思想上升为统治思想奠定了基础。

2.1.2 近世儒学家的文武合一思想

德川家康建立的近世国家是封建军事国家。统治阶级武士代表武力,他们历来崇尚霸道,而代表思想力量的儒学则崇尚王道,二者在中国向来是势如水火,但在日本儒学家看来,二者并非难以相容。儒家的政治理论不仅要为幕府的身份统治提供理论依据,而且还要为幕府的武力统治提供理论依据。于是,江户时代的儒学家和兵学家们以儒家理论为指导,改造了传统的文武两道观,将武力和以儒学为代表的文化力量结合起来,形成了文武合一论。这其中最著名的是儒学家中江藤树(1608 – 1648)。在其所著的《文武问答》中,系统地论述了儒家伦理与日本武道的关系,从而为日本的武道披上了儒家道德的外衣,其强调文道的价值对于制止战国以来的杀伐遗风,促进幕府实行文治统治起了重要作用。中江藤树关于文武关系的思想有如下表现。

第一,对文武关系的理论诠释。针对江户时代以前日本武士基于经验形成的将文学艺术、性格柔弱称之为"文",将兵法武艺、性格刚毅称之为"武"的文武两道观,中江藤树认为这是世俗的误见,并根据儒学理论提出文武一途论。他首先用儒家的阴阳关系来解释文武关系,"如天地造化,一气而有阴阳之别;人性之感通,一途而有文武之别,故无武之文非真实之文,无文之武非真实之武"。儒学中的阴阳关系不是矛盾对抗而是同一互补的关系,因此,中江认为,"如同阴是阳之根,阳是阴之根那样,文是武之根,武是文之根",文武互为根本,形成和谐性、互补性力量,最后合而为一,用文武合一的力量才能实现儒家的治国平天下的政治理想。在中江藤树这里,所谓"文",既不是公卿贵族的诗词歌赋,也不是战国大名认为的是帮助武道胜利的智慧,而是指儒家所提倡的五伦之道和实践五伦之道的政治行为。所谓"武",是指当有邪恶不逞之徒欲妨碍文道时,或以刑罚惩之,或兴军讨伐的武力行为。所以"乃是欲行文道的武道，故武道之根乃文也；乃是以武道之威而治的文道，故文道之根乃武也"。① 这样，中江藤树以儒家的政治道德为媒介，将原本属于不同本质社会行为的文武两道融为一体，合而为一了。

第二，文武之道与仁义之道。中国自古就有以文武为"仁义之具"的观念，认为文武是实现仁义的工具。这种观念也广泛流传于日本近世。但是，中江藤树不仅认为文武是实践仁义之道的工具，而且又进一步将文武与仁义之道合而为一，增加了文武的内涵，并提高了文武的政治价值。中江藤树在文武合一的基础上，又将文道分为文德和文艺，将武道分武德和武艺。"文乃仁道之异名，武乃义道之异名。仁与义同为人性之一途，文武也同为一途，非分别也"。而违背仁义的文武不是真正的文武，中江藤树认为，仁是文道的主宰，文道之中有本末，即文德和文艺之分，文德即是仁，是文道的根本，文艺是指"文艺礼乐书数"，是文道的枝叶。同样，义是武道的主宰，武道之中有本末即武德和武艺之分，武德即是义，是武道的根本，武艺是指"军法射御兵法"，是武道的枝叶。因此，作为一名真正的武士，"第一应学根本之德，第二应习枝叶之艺，做到本末兼备，文武合一，这才可以说是真实的武士，真实的儒者"。这样，中江藤树就将镰仓时代以来武士所追求的文武兼备的人格理想提高到通过文武合一来实现治国平天下的理论高度。在中江看来，只学武道者，不是真正的武士；只学文道者，也不是真正的儒者。只有做到文武合一才是真正的武士、真正的儒者，这是近世武士阶级在接受中国儒学后所要求达到的理想境界。

第三，仁义之勇。武士自产生以来，作为其道德规范的"执弓矢者之习"就是毫无保留地为主君献身，作为战斗者应痛快地为主君去死。"死得干脆"之勇是其最高的道德品质。这种轻死之勇可以说是武士道的标志。近世社会，武士阶级虽然成为立于农工商之上的统治者，但他的职业身份依然是战斗者。因此，"勇"在武士的道德观念中依然

① 中江藤樹：「文武问答」，井上哲次郎：『武士道全書』第二卷，時代社，1942 年，第 247 - 248 頁。

占有重要地位。用儒家思想赋予勇以政治价值是近世武士思想家的重要课题。孔子在《论语》中，从反面给勇下的定义是："见义不为，无勇也"，把这句格言换成正面的说法就是，"勇就是去做正义的事情"。①这样的勇，中江称之为"仁义之勇"。在回答"仁义之勇"和"血气之勇"的区别时，中江认为真正的武士除了仁义之外，别无所求，因此能够立义行道，为主君舍命如弃弊履。因为是去做正义的事情，所以"丝毫不惧死，无贪生之念，故能立于天地之间而无所畏惧"，这样的勇存在于仁义之中，故称之为"仁义之勇"，也称为大勇，而能够达到文武合一的武士，他的勇是"仁义之勇"。反之，不知文武之道，不知什么是义与不义，呈私欲，凭血气，虽无所畏惧，也不过是小勇，即"血气之勇"。

中江藤树的弟子熊泽蕃山（1619－1691）继承了其老师的文武一途论，而且对文武和仁义之间的关系也有相当深刻的见解，提出了"武士道即儒道"的思想。他认为在和平的环境下，武士已不再是从事杀伐的战士，而是立于农、工、商三民之上的统治者，因此武士应该履行的天职是"爱人"，而所谓"爱人"就是行仁义之道。有人问熊泽蕃山，武士"欲以何为爱人之事业乎"？熊泽蕃山回答道："做学问而正心修身，上待贤君奋起，下解凡夫之困惑，善为武事以防凶贼，警固天下，此乃文武二道之士，是爱人之事也。"②在熊泽蕃山看来，学问是武士履行职责的基础。"学问之道乃文武，文武有德艺之本末。文之德，仁也，武之德，义也。仁义之本已立，学弓马、书数、礼乐、诗歌。弓马、书数、礼乐、诗歌乃助文武之德者也"。③他明确告诫作为统治者的武士，应该以学问为本，体得文武之道，然后在一系列的社会实践过程中，通过文道和武道两种途径，把仁义之道推向天下国家，以实现"治国平天下"的政治理想。

---

① （日）新渡户稻造：《武士道》，张俊彦译，北京：商务印书馆，2002年，第26页。
② 本村光德：『日本の思想家』（4），明德社，1978年，第208頁。
③ 熊泽蕃山：「集義と書抄」，井上哲次郎：『武士道全書』第四卷，時代社，1942年，第123頁。

中江藤树之后，用儒家思想论证文武两道关系的是贝原益轩（1618－1682）。贝原益轩是近世初期著名的儒学家和教育家，著有《家道训》《大和俗训》《童子训》及《文武训》等，这些都是用当时平实易懂的语言写成，用于普通武士和平民的教育。他的武士道思想主要集中在《武训》中。在文与武的关系上，他也主张文武一途，"文中有武，武中有文，犹如阴阳互为其根，故无文之武非真正之武"。① 而在文武之道与仁义之道的关系上，贝原益轩提出仁义为体，文武为用的思想，这种思想是建立在将中国的儒学与日本的弓马之道相结合的基础上的。贝原益轩在《武训》中认为，天地之大，只有一道，无论是弓马之道，还是儒者之道。无论是中国的武道，还是日本的武道，其道是相同的，都可以归结为人之道。而仁义之道是人道的根本，正如天道没有阴阳互动就不能运行那样，没有仁义之道，人道也难以成立。因此，文武之道也自然包含在仁义之道内，"以文悯人抚民乃仁也，以武制敌静乱乃义也。文武二道，如车之两轮，鸟之两翼，缺一则难以修身治国平天下；故仁义为道之本，体也，文武乃行仁义之用也。仁义之外无文武，文武之外无法治无兵术"。② 日本传统武士道在神道的影响下，一向把正直与诚实当作重要的道德信条。益轩认为仁义之道就是正直无伪，是诚信。如果没有了诚信，无论古今中外，人道都不能确立。"人道不立，武道难行"，这样即使有百万之兵，也不能取胜。"故兵之道，以仁义为本，以信服诸人之心"，③ 进而强调武士如不以仁义学问为本，在战场上就不可能为主君行忠义，舍命死节，如此何谈武道。

总之，贝原益轩在阐述文武两道的关系时，完全抛开中国之道与日本之道、儒家之道与兵之道之间存在的具体差异，也不重视形成于镰仓时代，发达于战国时代，并为江户时代所继承的武士的尚武风尚，而是

---

① 贝原益轩：「武訓」，井上哲次郎：『武士道全書』第二卷，時代社，1942 年，第263 頁。

② 贝原益轩：「武訓」，井上哲次郎：『武士道全書』第二卷，時代社，1942 年，第274 頁。

③ 贝原益轩：「武訓」，井上哲次郎：『武士道全書』第二卷，時代社，1942 年，第275 頁。

"站在儒家圣人之道是天地宇宙普遍之道的思想立场上",① 用中国的儒家道德来规定日本的武士道。

中江藤树和贝原益轩用儒家的知识和理论，将武士基于经验形成的文武两道观改造成武家用以治国安邦的政治理论，形成文武合一论，特别是他们以儒家的仁义之道作为武士的行为规范和安身立命的基础，从而将经验的、粗浅的弓马之道、武者之习纳入儒家思想体系之中。

但是，武士在本质上是行动的，他们在信仰儒家道德的同时，也注重实践能力"艺"的培养。这与中国的士大夫不同，中国的士大夫往往注重高尚的道德和理论，喜欢空谈义理，而对于"艺"，不论文艺还是武艺常视为雕虫小技，不屑一顾，结果使很多读书人成为缺乏实践能力的"书生"。中江藤树等人作为武士思想家，在他们的文武合一论中，虽然把仁义之德作为武士的修身立身之本，但是却丝毫不忽视"艺"的价值和意义，尤其是武艺的价值和意义，这是其武士的性格和武士治国的本质所决定的。

中江藤树虽然肯定了文德、武德在文武两道中的核心价值，但对于认为如此就不需要文艺、武艺的想法，他认为是非常错误的。因为对武士来说，文武两道不仅仅是理论问题，更重要的是如何去实践。这样就要求武士在仁义之道的基础上，须精通文艺武艺，成为"本末兼备、多能的君子"。中江藤树又把作为实践能力的"艺"具体化为"眼目手足功夫"。他认为中国战国时代的赵括尽管精通兵法，却打了大败仗，成为天下的笑柄，就是因为没有实践能力，缺乏"眼目手足功夫"。于是他告诫武士要"先入真儒之门，懂文武合一之明德而立根本之后，学军法之书，强化眼目手足功夫最为重要，此实乃武家第一急务也"。②

和中江藤树相比，贝原益轩进一步强调了这种"艺"在文武之道中的价值。贝原益轩的《武训》主要是用于普通武士的教育，所以对

① （日）藤原文亮：《圣人与日中文化》，北京：社会科学文献出版社，1999年，第960页。
② 中江藤樹：「文武问答」，井上哲次郎：『武士道全書』第二卷，時代社，1942年，第252頁。

能够激发武士去实践和行动的"勇"以及实践能力的"艺"格外重视。中江藤树在《文武问答》中只解释了血气之勇和仁义之勇的区别，贝原益轩则从消极方面给勇下了一个定义："误解勇的人，不应死而死，是背仁轻生，不孝也；无勇之人，应死而不死，是背义惜命，不忠也。"他认为知仁勇是武德，"无武德则武道不立"，但是在实践武道过程中，如果没有不怕死的勇气，那么"知仁之道"就都不起作用了。而且仅有武勇而没有武艺也是不行的，虽然武德是本，武艺是末，但是"没有武艺则难以与敌战"，"不知弓马刀枪之艺，虽有德，难以临战取胜，故用兵作战，大将、士卒都不可不知武艺"。[1] 这种对"末"的重视，体现在武士的才干上，就是强调"术"的作用，武将领兵打仗必须具备义、术、勇、知，这就是武德，是武士的道德基础。而建立在道德基础上的"术"对战争取胜往往具有决定作用，"为战必有术，所谓术乃布阵迎敌之法，不知战之术，难以胜敌。万事皆量术而成，战乃死生存亡之地，尤应知其术。无术战则必败"。[2]

这种对"艺"和"术"的重视，反映了武士注重实践，注重学习和培养与实践躬行一致的技能的观念。而同为统治阶级，中国封建士大夫由于科举制度的消极作用，"所产生的人才都是些与实际完全脱离关系能说不能行的书生"，这也是中国历代封建王朝对外患毫无积极办法的一个重要原因。[3]

总之，中江藤树等儒学家用儒家的政治理论重新解释了日本传统的文武两道观，把仁义忠孝规定为武道的根本，从而将武士所信奉的武道和作为庶民道德楷模所要求的文道合而为一，并确立了以文道为优位的文武合一论。在理论上完成了中国的儒家思想与日本尚武传统的结合，为武士道理论的形成奠定了基础。日本化了的儒学对统治阶级的要求是文武兼备、文武合一，这符合日本武人统治的实际情况，也反映了德川

---

① 貝原益軒：「武訓」，井上哲次郎：『武士道全書』第二卷，時代社，1942 年，第 283 頁。

② 貝原益軒：「武訓」，井上哲次郎：『武士道全書』第二卷，時代社，1942 年，第 295 頁。

③ 雷海宗：《伯伦史学集》，北京：中华书局，2002 年，第 466 页。

幕府成立后对武士阶级的客观要求。

中国自战国以来文武殊途，产生了以读书为生的士大夫集团。这些读书知识分子，在汉代以后成为政治舞台上的主角，由他们组成文人政府即"崇尚文治的政府"。① 他们既精通治国安邦之道又文弱保守，战乱时或隐居或依附于武人，而天下稳定后他们又取代武人掌握政权。封建时代的日本由于国小人少，农业经济和社会文化又不发达，所以没有从武士阶级中分化出这样的士大夫集团。因此武士马上夺天下之后，不能不立刻下马治理天下。武士道要求武士都要一身二任，不仅能够从事征战杀伐，而且必须能够从事政治管理、处理各种政务。战国时代，武士以武道为主，文道为辅。江户时代，战乱结束，武士治国，形成了文道优位、文武合一的文武两道观。幕府的基本方针《武家诸法度》的修改体现了这一点。1683 年，幕府修改了《武家诸法度》，将原来的第一条"文武弓马之道，宜专精习"改为"励文武忠孝，肃正礼仪"。文武弓马之道变成文武忠孝和礼仪，第三条才是"人马兵具"等武艺的学习，居次要地位。

但是，日本近世儒学家不论多么崇尚中国儒学，提倡文道，但在他们的思想中始终包含着尚武精神和独立意识。中江藤树坚持把"不惧死，无贪生之念"作为武士的重要品德；贝原益轩虽然认为在文道上日本不如中国，但他认为国与国之间习俗不同，中国尚文，日本尚武，"日本应是世界上最优秀的武国"②。江户初期的儒学大家山崎暗斋极崇朱子学，甘愿"学朱子而谬，与朱子共谬"，但是他曾问群弟子："方今彼邦以孔子为大将，孟子为副将，率骑数万来攻我邦，则吾党学孔孟之道者，为之如何？"其弟子皆不知如何回答，山崎暗斋却语出惊人："不幸若逢此厄，则吾党身披坚手执锐，与之一战，擒孔孟以报国恩，此即孔孟之道也。"③

---

① 钱穆：《中国历代政治得失》，上海：三联书店，2005 年，第 15 页。
② 贝原益轩：「武训」，井上哲次郎：『武士道全書』第二卷，时代社，1942 年，第 278 頁。
③ 朱谦之：《日本的朱子学》，北京：人民出版社，2000 年，第 308 页。

2.1.3　幕末的文武两道观

江户时代，尽管实行以武力为重心的封建统治，但文治主义的兴起，加之长期的和平环境，使武士阶级沉溺于太平之中，"近世士风日下，先流于骄奢，终陷于懦弱，以至丧失礼义廉耻之心"。① 到江户后期，这种现象更趋严重。由于承平日久，武士怠于武艺，柔靡脆弱，如同女子；不修武德，见利忘义，如同商人，这样的武士何堪国家"干城之用"？对此，许多兵学家和儒学家都深感忧虑，他们为挽救这种衰退的士风，纷纷著书立说，主张在文武兼备中，加强尚武教育。其中较有代表性的是精通文武之道的武士教育家斋藤拙堂。

斋藤拙堂（1797－1865）著有《士道要论》。对于文与武的关系，拙堂斋藤认为："夫文武之道，二而一，一而二，有武才可施文德，有文才可建武功；流于文人之文，不知经纬天地之文，乃不知文也。偏武人之武，不知神武不杀之戒，乃不知武也，这都不能说是真正的文武之道。真正的文武之道，所谓如车之两轮，鸟之两翼，舍一则不能行飞也。"② 在拙堂看来，文人之文不是文道，杀伐之武也不是武道，而真正的文武之道是建立在圣人之道基础上，做到文武合一，文武并用，这种文武并用之道是武士阶级修身治国的依据。"工匠建房以规矩，医帅治病以药方；岂士大夫治己治人无法耶？依圣人之道，文武并用实乃长久之道也"③。显然，斋藤拙堂的观点与江户初期中江藤树的文武一途论有相同之处，但是中江藤树主张文武一途论的目的是制止战国以来的杀伐遗风，加强武士的文道修养。而斋藤拙堂所处的时代已承平二百年之久，社会流于文弱，士风不正，因此拙堂的文武一途是以武道为主导，意在强化武士的尚武精神。

斋藤拙堂认为：武士为四民之首，上侍奉主君，下管理百姓，"国以士立，士以气立"，因此武士的风尚、风气如何，关系到国家的盛

---

① 斋藤拙堂：「士道要論」，井上哲次郎：『武士道全書』第六卷，時代社，第 299 頁。
② 斋藤拙堂：「士道要論」，井上哲次郎：『武士道全書』第六卷，時代社，第 316 頁。
③ 斋藤拙堂：「士道要論」，井上哲次郎：『武士道全書』第六卷，時代社，第 317 頁。

衰。士风健康的标志，在于武士以礼义廉耻为宗旨。而当前之所以士风日下，是由于不知文武并用之道，尚文轻武，使很多武士变得文弱无能，胆怯无耻，从而丧失了礼义廉耻之心。"作为武士，在关键时刻，一步不退，在主君马前战死，是其第一职分，也是最高的荣誉"，[1] 武士为履行其职分，就必须经常保持质朴刚毅之风，涵养不怕死的勇气。"志士不忘在沟壑，勇士不忘丧其元"，拙堂告诫武士只要经常以孟子的这句名言为护身符，保持勇敢的尚武精神，就不会丧失礼义廉耻之心，而不失廉耻之心，则礼义之心可成。这样才能保持家国的永续，实现武家社会的"长久之道"。

在江户后期，将文武合一作为教育原则，并产生重大影响的还有幕末水户学"文武不歧"论。"文武不歧"是水户藩校学则《弘道馆记》中的重要内容。儒学家藤田东湖（1806－1855）在《弘道馆记述义》中，从治国之道和武士修养方面系统地阐述了"文武不歧"的真谛。

藤田东湖从日本独特的国体和尊皇论出发，认为天皇所以"照临六合，统御宇内者，未尝不由斯道也"。所谓"斯道"，即敬神、爱民、尚武。[2] 藤田东湖认为文武两道是日本的神圣建国之道。古代按"斯道"治国安民，"皆文能附众，武能威敌，国运之盛，赫赫如日之升也"。而中世以降，由于"斯道"衰退，"将相异职，文武背驰，公卿软弱，不知兵。源平互起，皇室陵夷，天下大权遂移于武人焉"。东湖认为只有以"斯道"治国，文武合一，才能实现国家的长治久安，"文武之于国家，犹天地之有阴阳，阴阳并行，而年谷丰饶；文武并举，而天下乂安"。东湖认为朝廷代表"文"，幕府代表"武"，这样，历来武士阶级所主张的文武合一论就为水户学的尊皇论和公武合体论提供了思想基础。

藤田东湖的文武论不仅注重治国的文武之道，而且也重视武士个人

---

[1]　斋藤拙堂：「士道要論」，井上哲次郎：『武士道全書』第六卷，時代社，1942 年，第 299 頁。

[2]　藤田東湖：「弘道館記述義」，井上哲次郎：『武士道全書』第七卷，時代社，1942 年，第 49－80 頁。下文中所有引用《弘道馆记述义》内容皆出自此条注释，不再另做注释。

修养的文武之道，虽然二者有大小之分，但却无轻重之别，"盖文武之道，各有大小，经纬天地，克定祸乱，是其大者。读书挟册，击剑奋矛，是其小者。然书册所以讲道义，剑矛所以炼心胆。心胆实，而后可以临难制变，道义明而后可以修己治人"。东湖的这种文武论进一步反映了日本武士注重实践、注重具体，在教育上注重实践能力培养的特征。

《弘道馆记述义》是幕末水户学的经典著作，为众多维新志士所爱读，它的尊皇论、文武合一论等思想不仅为明治维新提供了理论武器，而且为王政复古和实施征兵制做了理论上的准备。

总而言之，在和平的历史条件下，主张文武兼备，强调尚武精神是近世日本武士思想的重要特征，也是武士道论中的主要内容。尽管长达二百多年的和平使武士阶级出现了怠惰、文弱和丧失质素精神等现象，但是始终坚持文武兼备是武士作为统治阶级所具备的特点之一。特别是在思想领域，无论是正统的儒家思想，还是非正统的各思想流派，都强调文武兼备的价值，并认为保持尚武精神是武士阶级的本色。

第二节　近世儒学中的尚武思想

近世日本是建立在武力统治和身份统治基础上的封建家族国家，虽然它以中国的儒学为统治思想，强调文武兼备，但是统治阶级始终坚持尚武为立国之本，把尚武习武看成是执政者和有教养者的重要标志。

2.2.1　武士道与儒学的结合

日本是文明社会的晚进者，岛国的封闭性使日本人的血液中长期保留了原始氏族社会遗传下来的杀伐气和好战性格。日本在大化改新后，虽然接受中国唐朝的政治制度和儒家文化，效仿中国建立了文职政府，但依然强调"治国之纲在文武不可偏废"。在7世纪后半叶汇编的《万叶集》中，就曾歌颂尚武精神和军人气概。公元749年，诗人大伴家持写道:"在海与水共沉浮,在山与草同枯荣,为君尽忠节,我身何所惜。"① 这种尚武的岛国风气在日本社会长期存在。而且这句诗到了近代成了军人精神的象征。

大化改新之后建立的文人政府虽然取缔了私人武装,将军队改为国有,在长达四个世纪的时间里,压制了尚武传统,但到了平安时代后期,日本社会又重新出现了以武艺和战争为职业的武士,他们崇尚武力,以弓马之道自居,日本学者将这种现象说成是早期氏族社会尚武精神的"复活",② 而他们的战斗组织——武士团的内部结构也被史学家认为是"古代氏族制度的复活",③ 这样,日本社会又回到了野蛮状态。这种野蛮社会的主要特征首先就是崇尚武力,尚武成为武家社会的主要风尚。西方传教士利玛窦在 1602 年绘制的《坤舆万国全图》中,描述了日本武家时代的社会习俗,"其民多习武,少习文""尚强力"。④ 由血缘关系及模拟血缘关系构成的社会组织具有极强的团结力,也是这种野蛮社会的特征。武家的栋梁源赖朝正是凭借这两种力量,最终掌握了政权,于 1192 年建立了与中国式官僚政府截然不同的武家政权。从此日本列岛开始进入以庄园经济为基础、以武士为统治阶级的武家社会,这是一种以武力割据为特征的社会形态,尚武精神成为该社会主导的精神观念。

武士道是武家社会的道德基础,它的内容虽然大量借用了中国儒家的"德目",诸如忠孝、信义、廉耻、节俭等,但它毕竟是日本中世社会特有的战争形态和社会关系的产物,既是战争的产物,也是作为战争集团——武士团内部主从关系、家族关系的产物。因此日本武士所理解的儒家道德是以尚武精神为基础的,是为战争取胜服务的道德,是典型的霸道,完全不同于中国儒家所提倡的以仁义为核心的王道。

德川家康于 1603 年凭借武力消灭了自己最后的对手,在日本实现

---

① (日)森岛通夫:《透视日本》,天津编译中心译,北京:中国财政经济出版社,2000 年,第 11 页。
② 村冈典嗣:『日本思想史概说』,創文社,1977 年,第 334 页。
③ 豊田武:『武士団と村落』,吉川弘文館,1963 年,第 15 页。
④ 入間田宣夫:『武者の世に』,集英社,1991 年,第 331 页。

了全面的和平，并在江户城建立了新的武家政权——德川幕府，确立了以德川家为首的武士阶级对全国的军事专制统治。"随着幕府的成立，德川氏以新的封建统治者的资格来确确实实地掌握政权，就确确实实地需要在武力统制以外另有一种思想的统制力量，即幕府的御用学说"，①于是，就选中了尊重封建等级秩序的中国儒学，尤其是朱子学说。美国的日本学者霍尔认为，德川幕府之所以选中儒家思想为统治服务，在于它提供了思想与行动的统一、哲学与行政制度的统一。② 德川幕府力图通过信仰和宣扬儒家教义，把他们凭借武力所确立的封建身份秩序变成合乎自然规律的理所当然的道德秩序，③ 并通过儒家所提供的名分论，为包括武士在内的每个阶级规定了生活方式和行为模式。每个阶级都被赋予了自己的行为方式（所谓的"道"），例如武士道或者商人道。可以说，江户时代的武士道理论正是这种儒家理论同传统的武士行为规范相结合的产物。可以说，中国以朱子学为代表的儒家理学作为一种文化力量，为德川幕府提供了哲学基础和道德基础，成为肯定现存秩序，维护武士本位和政治统治的御用思想。

以朱子学为代表的中国儒家理学在日本的江户时代之所以受到尊崇，主要是源于当时日本社会自己内部的需要，特别是将军、大名等统治者的需要，而藤原惺窝和林罗山等儒学家个人的思辨能力和努力也起了重要作用。尤其是林罗山（1583－1657）深得家康的礼遇，并于江户幕府建立之初的 1607 年成为幕府的政治顾问，大受宠任，"起朝仪，

---

① 朱谦之：《日本的朱子学》，北京：人民出版社，2000 年，第 59 页。
② （美）约·惠·霍尔：《日本——从史前到现在》，周一良等译，北京：商务印书馆，1997 年，第 139 页。
③ 林罗山从宋儒的名分论中为日本身份等级秩序的合理性找到了理论依据。"鸢飞鱼跃，道在其中。盖上下定分而君有君道，父有父道，为臣而忠，为子而孝，其尊卑贵贱之位，古今不可乱，谓之上下察也。举鸟鱼之微小，而天地万物之理具于此矣。""天尊地卑，天高地低。如有上下差别，人亦君尊臣卑，分其上下次第，谓礼仪法度。"总之，林罗山把身份秩序说成像"鸢飞鱼跃"那样自然，像"天高地低"那样合理，等级秩序就是道德，就是"天理"，人们恪守现存秩序，才是"存天理"。（参见朱谦之的《日本的朱子学》和王家骅的《儒家思想与日本文化》）

定律令，大府所需文书，无不经其手"。① 这些都表明林罗山信奉的朱子学已受到德川幕府统治者的尊崇。

林罗山在理论上对朱子学说并无新的发展，也未能创造超出朱子学说的新概念和新理论。他在日本思想史上的贡献并不是发展朱子学说，构筑新的理论体系，而在于将中国儒学或朱子学说日本化，使之适应日本当时的国情。在忠孝观上，林罗山的朱子学具有浓厚的日本色彩。他认为孝虽重要，但比不上君国大事更重要，因此他特别看重忠，"夫身者父母之遗体也，而所以载道也。孝亦道也，忠亦道也，非他，只一心而已。若夫战阵无勇，则虽苟免而偷生，然此心之义既亡，与行尸视肉无以异也。奈何无羞恶哉！若无羞恶则不义也。不孝也，不忠也，曰'竭其力'，曰'致其身'，曰'为臣死忠，为子死孝'，然二者不可得而兼也，可舍轻而取重也"。②

林罗山在这里特别发扬了日本武士的忠君尚武精神，同时也反映了其儒家思想与勇武轻死、惜名知耻等日本传统武士道思想的结合。林罗山虽然没有用儒学理论来改造传统武士道使其理论化、系统化，但他致力于用朱子学说为建立在封建身份制上的武士道德服务，将武士阶级所代表的武力和朱子学所象征的文化力量这两种力量结合起来，以此来巩固德川幕府以武士为本位的封建统治。林罗山不仅专究儒学还研究兵学，既是倡导朱子学的儒者，也是一位卓越的兵学家，著有《孙子谚解》《军书题说》以及《楠木正成传》《日本武将传》《源义经赞》，更有《镰仓将军谱》《京都将军谱》《织田信长谱》《丰臣秀吉谱》等，通过这些武将的事迹和武功来宣扬日本武士道的尚武精神。

德川幕府虽然将中国的朱子学定为官方意识形态，大力宣扬文教，鼓励学问。但是，不论德川幕府的统治者如何信赖朱子学说，武士阶级的本性决定了其所实行的文治是以武力为重心的文治。在1615年（庆

---

① （日）丸山真男：《日本政治思想史研究》，王中江译，上海：三联书店，2000年，第8页。

② 林罗山：《罗山文集》第32卷，朱谦之：《日本的朱子学》，北京：人民出版社，2000年，第191页。

长二十年）幕府颁布实施的《武家诸法度》中，第一条即规定："文武弓马之道，宜专精习。左文右武，古之法也。不可不兼备矣。弓马者是武家之要枢也。兵号为凶器，不得已而用之。治不忘乱，何不励修炼乎。"① 这部大名及全体武士必须遵守的法典，着重强调了尚武精神与文化知识的结合，要求武士阶级即使在和平环境下，也要保持尚武精神，历练"弓马之道"。总之，他们把"弓马之道"当作安身立命、保持统治地位的"要枢"和基础。

德川时代的日本虽然同当时的中国一样，尊崇朱子儒学为官学。但是，应该看到双方的政治体制不同，双方统治阶级的性格也迥异。德川幕府确立了幕藩体制，实现了长久的和平，但以武士为本位的、以武力割据为特征的社会形态并没有从根本上改变，依然实行封建军事专制，立足于以武治国。而中国自秦汉以来，实行的是中央集权的官僚政治，立足于以文治国。虽然双方统治者集团都被称为"士"，但是二者之间存在很大的差异。中国的士即士大夫，几乎都是文人儒者，他们以学问之道为立身之本；日本的士即武士，基本都是军人战士，他们以弓马之道为立身之本。因此，尚文与尚武可以说是中日封建统治阶级"士"的主要区别。②

由于中日两国封建制度和统治阶级所存在的差异，日本儒学带有自己的特色是不可避免的。中日儒学的主要区别，或者说日本儒学的主要特征是其坚持主张尚武精神和以武治国。即使是在和平环境下，日本武士对弓马之道的强调，如同中国士大夫必须精通诗词歌赋那样，是立于被统治者农工商之上的有教养者的重要标志。

2.2.2 武家家训中的尚武观

德川幕府虽然把辨君臣父子之别，重上下秩序的以朱子学为代表的儒学引入日本，成为维护幕府武家政治的指导理念，但是不论德川时代

---

① 石井紫郎：『日本思想大系・27・近世武家思想』，岩波书店，1974年，第454页。
② （日）藤原文亮：《圣人与日中文化》，北京：社会科学文献出版社，1999年，第919页。

的统治者如何信赖儒家思想，与武士阶级相结合的日本儒学依然有其与中国儒学完全不同的特点，那就是始终坚持尚武精神。尽管处于长期的和平环境下，武士的军事职能已丧失殆尽，许多武士已经作为文职行政官员发挥作用，但是他们在家族教育中却始终视武道为家职，为武士安身立命的基础，并在日常生活和学习中努力将尚武精神与文道精神结合起来，从而不失其武家本色。这在反映近世武家思想的大名家训中表现得非常充分。

近世大名家训很多，最有名的当属《东照宫御遗训》。《东照宫御遗训》（以下简称《御遗训》）最初是德川幕府初代将军德川家康训话笔录，后来经儒学家贝原益轩于1681年（天和元年）补正和润色，去掉了粗俗用语，整理成文后开始在社会上流传。尽管有该书是伪书的说法，但对该书来说，重要的是在近世武家社会上产生的影响。特别是在享保年间（1716－1735）以后，人们普遍相信此书就是德川家康的真言，因而备受重视。"遵守此遗训，则君必保国与天下，臣必保家与自身，此乃日本之宝鉴也"，[①] 有的武家家训甚至要求家人"学问非仅读唐书，首先应该拜读的是东照宫御遗训"（《羽太家训》）。

《御遗训》是德川家康总结其一生从军从政的经验，作为"守天下之心法，传给其子孙和家臣的宝典"。该书重视武道，宣扬尚武精神，引起了大名等各级武士的共鸣，可以说是"从将军到普通武士的基本教训，是作为国训的统治阶级的宝典"，[②] 在近世武家社会具有广泛影响。该书主要从以下几方面强调武道。

其一，"武家的大宝乃武道也"。德川家康指出，祭祀是天皇的家职，文道是公家的家职，武道是武家的家职。所谓家职，是日本传统"家"制度中的重要内容。武士的家不仅是大名、武士生活的场所，也是构成幕藩体制的政治单位和经济实体。武士的家由家名、家格和家业，再加上必须履行的职责——家职所构成，其中家业是其核心与基

---

① 近藤斉：『近世以降武家家訓の研究』，資料篇，風間書房，1975年，第3頁。

② 近藤斉：『近世以降武家家訓の研究』，資料篇，風間書房，1975年，第38－92頁。下文中所有引用《御遗训》内容皆出自词条注释，不再另做注释。

础。家业对大名来说是经营作为政治、经济和军事实体的领国，对一般武士来说是通过向主君奉公，即为主君作战，为主君尽各种义务而获得俸禄，这种奉公也就是武士的家职。武士道正是武士履行家职的道德规范和行为准则。

《御遗训》指出，武道是太平之世武士存在的依据和价值，"于太平之世丧失武道如同用木刀，木刀形似刀而无真刀之用，武士疏于武道则不如百姓町人，故武家达于武道者是为知家职，此乃天下之宝也"。在《御遗训》中，德川家康还把疏于武道的武士比作逮不住老鼠的猫，更严重的是生于武家"怠于武道，成公家之风，以贮金银代刀剑，不佩刀往来世间，就如同失去生命"。因此生于武家者应该知道"武道绝是身命的死脉"，历史的教训是一个武士如果荒废武道，性格柔弱，缺乏武勇的话，就会在战争中失败，结果累及无罪的家人，使家门断绝。因此德川家康一再强调武道乃武家的第一家职，是武士安身立命的基础，甚至指出作为武士"武道之外无他事"，"武家行住坐卧，不忘武道，家乃繁昌"。总之对武士来说，履行家职，"不忘武道乃至要之道"。

德川家康在《御遗训》中，还强调武道是治国安邦的基础，也是建构武士伦理道德的基础。"武家之风若如公家那样柔弱，忘武道，专务诗歌，家业废时，家必亡也。不知此理者如近代西国大内、东国上杉、今川等皆效仿公家失武道而亡。因此，"我家不专武道者，大小不可用之。大凡不习武道者不知耻，不知耻者无义理，无义理者虚言多，虚言多者臆病也"。不专武道对大名来说，必亡国、亡家，是武士最不能容忍的缺点，因为丧失武道，必柔弱、卑怯，这样的武士就等于丧失了作为武士的资格。

其二，"治世达于武道者为真武士"。随着幕府统治的稳定，儒家文治主义抬头，幕府的统治原则开始倾向文治，在1683年修改《武家诸法度》时，第一条变成"鼓励文武忠孝，肃正礼仪"。但是德川家康在《御遗训》中强调："武家不论治乱，不可舍武道……若不知此理，轻视武道则天下必乱"。治世用文，乱世用武，这就如同"冬防寒夏求风"一样，是很自然的道理，所以在治世，统治阶级能够做到治不忘乱，保持尚武精神是最可贵的。通读《御遗训》，会使人感到该家训重点强调的主题就是治世不忘武道，德川家康认为乱世习武不可贵，治世习武可谓真好武之人。诚如《司马法》云："国虽大好战必亡，天下虽安忘战必危，太平之时不忘战者乃知武道之人也。"

《御遗训》的治世不忘武道这一思想，一方面具有鼓励武士保持尚武精神，维护武家政治统治的意义，另一方面则是为实现日本自古就有的"大陆情怀"，以使日本"武德炫耀于外"，即向中国大陆扩张积蓄武备力量。"不舍武道乃我朝之本意，日本太平怠于武道时，异国窥伺日本；又异国太平怠于武道时，鞑靼日本窥伺大明，秀吉侵明之军是也"，"汉和相争，败是日本国之耻辱，胜乃是日本国之荣誉，大事莫过于取异国之事"。透过《御遗训》中的这些言论，人们不难感觉到，在当时日本武士阶级的尚武思想中跃动着向国外扩张的军国主义情绪。

其三，"武道是将军之心"。有的日本学者认为，近世日本社会是一个地地道道的"兵营国家"。如高木昭作指出："近世的军队，将所有的集团，不论武装非武装，均作为其构成要素置于将军的统治下，在这个意义上，即使说国土本身就是一个巨大的兵营也不为过。"① 近世日本社会是按军队组织的编制原理组成的。就构成近世社会两大基础支柱的身份制度和家族制度而言，身份制度是按军制排列的，即武士的身份是根据其在战场上的地位和作用确定的。而武士的"家"本身就是一个战斗集团，决定其地位的家格也是根据在战场上的作用和军功来确定的。在这个"兵营国家"中，幕府将军理所当然是国家元首，以职业军人构成的武士阶级占据国家的统治地位，武力是武士统治的主要手段。在《御遗训》中，将这种"兵营国家"比作"将军的身"，而"武道是将军的心"，② 武道成为这种"兵营国家"的核心价值取向。

在日本神道信仰中，三种神器镜、玉、剑，分别代表智慧、正直和勇敢，其中剑代表征服，是日本民族尚武精神的象征。《御遗训》写

---

① 前田勉：『近世日本の儒学と兵学』，ぺりかん社，1996 年，第 32 頁。

② 近藤斉：『近世以降武家家訓の研究』，資料篇，風間書房，1975 年，第 7 頁。

道："此三种（神器）乃神玺宝剑内侍所也，神玺为神之印，其理正
直；宝剑叫村云之剑，其理慈悲；内侍所为镜，其理智惠"。这里将代
表武道和尚武的"宝剑"表征为"慈悲"，但慈悲即"仁"，日本自古
就有武国即仁国的说法。这种以剑为代表的"慈悲"在三种"神德"
中居核心地位，起决定作用。"先以慈悲为万事之根源，出自慈悲的正
直是诚的正直，无慈悲的正直是刻薄而不正直，出自慈悲的智惠是真的
智惠，无慈悲的智惠是邪智"①，可见表征尚武精神的"剑"在神道信
仰和政治统治中的地位。这种"慈悲"在治理国家中也居中心地位，
"以慈悲为政道的根源"，为政者应该"举能勤家职者，去奢以慈悲为
本，方能治理天下"。以宝剑代表慈悲，并将其作为行政的根本，这一
观念反映了近世武士阶级以武道为本，崇尚武力，以武治国的政治
观念。

　　《御遗训》具有浓厚的军国主义色彩，篇中充满尚武精神。"治世
达于武道者为真武士"，即使在和平时期，武士阶级存在的主要意义依
然是军事上的。同《御遗训》一样，在众多的近世大名家训中，几乎
每部家训都强调武道的重要性，都把告诫子孙重视武道，保持尚武精神
作为家训的主要内容。如：

　　　　家中之士不可忘武备。须精习弓马剑枪军学等武道。——
《酒井赞岐守殿家训》

　　　　公私之勤有暇时学文，凡弓马武道之事可昼夜专精习之。——
《训诫书》

　　　　武备不可怠。——《保科正之家训》

　　　　武事之义一日片刻不可舍。——《大关增业家训》

　　　　武事乃治国第一之要具。——《冈氏家训》

　　　　百石士之嫡子、二百石以上之子弟、十一岁始习弓马诸礼、十
六岁以上应学文义理之讲习，武芸之稽古，不可间断。——《津
轻家诸法度》

---

①　近藤斉：『近世以降武家家訓の研究』，資料篇，風間書房，1975 年，第 6 頁。

> 武是重要之职分，可第一学武，第二学文。治世不忘乱，此重要之道，故万事应以专励武事为先，此乃第一职分。——《羽太家训》
>
> 弓马步枪以下，家职之道不可忘。——《藤堂高虎遗训》
>
> 昼夜不可忘却武道。——《井伊直孝遗训》①

武道既是武士生存的基础，同时也是武士生存的目标。在近世最长的武家家训《羽太家训》中，作者在以洋洋数万言告诫子孙要"尽忠孝修身磨炼德性"之后，道出了武士生存的理想目标，"至千代万代，武运长久"。江户时代的中期典制学者、幕臣伊势贞丈在其家训中告诫他的子弟说，武艺就是武士的家业，"生于武士之家，应精通武艺。武士而不知武艺，如同猫不捕老鼠，何用之有"？②这说明作为武士，保持武士本色，不忘武道，历练武艺对于维持其存在价值具有重要意义。

2.2.3　近世儒学中的尚武论

近世日本儒学的一个重要特征是肯定尚武精神，认为这是作为统治阶级的武士有教养的标志之一。主张以尚武为立国之本的近世思想家以山鹿素行和中村元恒为代表。

山鹿素行（1622－1685）名高与，字子敬，号素行，通称甚五右卫门，是一个浪人的儿子。据其自传《配所残笔》记载，其六岁随父移居江户，拜林罗山为师学习朱子学，后又跟小蟠景宪和北条氏长学习兵学。素行自幼聪明过人，长于学问。据《先哲丛谈后编》记载："十一岁，为讲说《小学》《论语》《贞观政要》等书，论辩殆若老成……十八岁从北条氏长学韬略，小蟠景宪高足之弟也，从学之五年，诸弟子无出于其上者"。③在35岁时，素行完成了山鹿流兵学，著有《武教本论》《武教全书》《兵法惑问》《孙子句读》等书。山鹿素行继承了其

---

① 近藤齐：『近世以降武家家訓の研究』，資料篇，風間書房，1975年，选自第65—98页。

② 石井紫郎：『日本思想大系・27・近世武家思想』，岩波書店，1974年，第94页。

③ 朱谦之：《日本的古学及阳明学》，北京：人民出版社，2000年，第18页。

老师北条氏长的军法，不只是战技、战术，而是士法、士之道的军事思想，同时构建了以儒家思想为基础，以武士的行为规范为核心的山鹿流兵学，并称其为"武教"。山鹿流兵学的特征在于兵学既是战争学、战术学，也是政治学，简单地说就是文武合一，这种军事理论是针对德川时代武士既是军人，又是行政官僚这一性格特征提出来的，希望他们具备"文武之德知"。所以山鹿兵法被称为"兵儒一致的山鹿流"。① 其兵学闻名于当世，"称门人者殆四千有余人，声价振于朝野"。② 素行的名望和影响成为他日后被幕府流放的主要原因。而其被流放的直接原因是他著《圣教要录》公然批判朱子学，招致热心朱子学的幕府老中保科正之的忌恨，遂于 1665 年被幕府流放到赤穗藩。1675 年，素行被幕府赦免，回到江户，此后他废弃经学，专倡兵学，十年后在江户去世。

日本武士阶级在接受儒学为统治思想时已使这一思想带有了杀伐气。关于对儒家"仁"的认识，日本儒学家感兴趣的不是"仁者爱人"，而是"杀身成仁"。曾跟林罗山学过朱子儒学的山鹿素行在《士道》里说，"孔孟之教人曰'守死善道'，曰'舍生取义'，曰'杀身成仁'。夫死生者，人之大事也。至道义之当守，生不足恋，死不足顾"。这段话充分说明了武士道与朱子儒学的关系。日本武士所崇尚的"武"，一向以杀人和夺取领地为主要内容，对武士来说，野蛮无畏就是"道理"，这与儒家所提倡的"仁"完全是相反的，而日本儒家由于其阶级属性所决定，始终把死难尽忠作为武士的最高道德境界，然后用儒家的伦理和道德来论证其合理性，从而为武士的杀伐职业披上了儒家"仁义"和"道义"的外衣。这样，过去野蛮粗陋的"武者之习""弓马之道"等在实践中形成的行为规范，经儒学的伦理化、系统化而成为精致的武士道，其价值也由最初的武士自我意识和团体意识上升为社会意识和国家意识。

山鹿素行在以儒学来思考武士的行为规范并使其理论化的过程中起了关键作用。他从儒学中找到"理论根据"，接受了儒家伦理观的核

---

① 佐佐木杜太郎：『山鹿素行』，明德社，1978 年，第 55 页。
② 朱谦之：《日本的古学及阳明学》，北京：人民出版社，2000 年，第 19 页。

心——"五常三德"① 思想和儒家修身齐家治国平天下的政治理想，并将遵循、维护和实践儒家政治理想作为武士的"职分"，构成其士道论的核心。山鹿素行所建立的士道绝不是中国的士大夫之道，他虽然立志将只知杀伐的武士改造成实践天理人伦的"士"，但却坚决反对他们成为像中国士大夫那样的文人儒士。其弟子在为《武教小学》写的序言中，说明了山鹿素行既反对武士以"怒臂按剑为俗"，又反对武士模仿中国士大夫以"记诵词章为教"的思想主张。山鹿素行尤其反对弃本国之学而习异国之教，"居阖国而慕异域之俗，或学礼义用异风，或为祭礼用异样。皆是不究理之误也。学者为格物致知，而非为效异国之俗也。况为士之道，其俗殆足用一异俗乎"。② 在这里反映了武士阶级对外国文化所表现出的自我意识，而这种自我意识又体现在保持武士阶级本色即独特性上。

山鹿素行虽然学习朱子儒学，但是并不模仿和照搬朱子儒学。他尊奉儒家的伦理和政治理想，但却认为实现儒家伦理和理想的主体即统治者集团——"士"的理想标准与中国士大夫的标准截然不同，"士"应该是保持尚武传统、文武兼备，具有实践能力的武士，而不是只知记诵词章、读书作文的文士。而在如何实现儒家伦理和政治理想的途径上，素行就与中国的儒学分道扬镳了。针对儒家的文治主义政策，素行于1668 年写了《谪居童问》一书，提出以"尚武"为"治国平天下之法"，认为这是武家政治的当然法则，"古者，朝廷之政以武为后，今者，武家之政以武为先，乃当然之法则"。③ 素行在其流放时所著的《谪居随笔》中系统地阐述了尚武思想。他先从"制治于未乱，保邦于

---

① 所谓五常三德，按《礼记·中庸》引孔子的话，"天下之达道五，所以行之者，曰：君臣也，父子也，夫妇也，昆弟也，朋友也，五者天下之达道也。智、仁、勇三者，天下之达德也，所以行之者一也。"五达道即五常，三达德即三德。

② 山鹿素行：「武教小学」，井上哲次郎：『武士道全書』第三卷，時代社，1942 年，第 38 頁。

③ （日）山鹿素行：《谪居童问》，潘俊峰：《日本军事思想研究》，军事科学出版社，1992 年，第 95 页。

未殆者，武威之道也"出发，① 明确了尚武的意义；又从批判前代的杀人掠地、穷兵黩武立论，肯定了尚武的合理性，"武者，所以止戈也。止戈者，求天下安宁也。安宁则天下人心归之。人心所归，天以与之"。关于尚武与黩武的区别，他认为前者应以武德为出发点，"武者，起于有事，而期于无事。必以不杀不死于未发也，惩天下之人心已发也"，② 这种以武德为基础的尚武的价值在于实践"武之道"，即"勤王敌忾禁暴戡逆"，而不基于这种"武之道"的武就是黩武。

《谪居随笔》虽涉猎广泛，但主要内容是治国安民，并强调以武治国、保持尚武传统。山鹿素行的尚武论大体上具有以下三方面内容。

其一，从日本的民族神话和神权观念来论证尚武的渊源。素行把日本的民族神话当作民族的历史，极力鼓吹日本主义。他说"天神谓伊奘诺尊、伊奘册尊曰：'有丰苇原千五百秋瑞穗之地，汝宜往行之'。乃赐天琼戈。于是二神立于天上浮桥，投戈求地。戈锋垂落之潮，结而为屿……高皇产灵尊，遣经津主神、武瓮缒神，平中国③，天孙降临之日，天忍日命戎装先启。神武帝之东征建极，未有不以武德。久而亡古，士狃于治，武威不振者，亡乱之机，殆非神圣经营于中国之遗则也"。④ 素行把日本美化成是天神用"天琼戈"建立的，把以武建国、以武治国说成是天神创立和经营日本的"遗则"。

山鹿素行最后又把天神以武建国同日本的自然环境硬是牵强地结合到一起，这样就使尚武观念显得既神圣又自然。"水土之天险，自用武之象也"，"往古之神圣，投戈求地，戈锋垂落之潮，结而为州，是乃

---

① 山鹿素行：「谪居随笔」，井上哲次郎：『武士道全書』第三卷，时代社，1942年，第279页。

② 山鹿素行：「谪居随笔」，井上哲次郎：『武士道全書』第三卷，时代社，1942年，第279页。

③ 山鹿素行对当时儒者盲目崇拜中国，自视为岛夷的民族自卑思想，坚持民族优越论，《中朝事實》和《谪居随笔》中，将日本称为"中国"或"中朝"，而把中国称为"外朝"，构筑以民族神化为基础的日本中心论。素行的日本主义思想后来成为近代日本煽动民族主义情绪，推动大国沙文主义的一个理论依据。军国主义分子乃木希典曾自费出版《中朝事實》，并在其临死前，呈献给皇太子。

④ 山鹿素行：「谪居随笔」，井上哲次郎：『武士道全書』第三卷，时代社，1942年，第280页。

琼矛之所成。故其形似戈矛，而号细戈千足国也。其水土最长用威武，宜哉"。① 素行将尚武说成既是遵循天神的遗训又是日本的自然环境使然，对自古就有崇拜神权、崇尚自然的日本人来说，这种尚武教育是非常有说服力的，成为无须证明的统治者必须遵守的神启和自然法则。

从山鹿素行的神权尚武论中我们可以清楚地知道，日本的尚武思想决不是来自中国的思想，与重文治的儒家伦理更是无任何直接关系，正如戴季陶在《日本论》中认为的那样，"纯是由日本宗法社会的神权迷信来的"。②

其二，尚武关系到武家统治的兴衰存亡。尚武本身是一种危机意识的体现，素行说，"武者，兢惕之道也。兢惕则有戒慎，有戒慎则无不虞之悔。人不存危厉之心，遂安肆狃近逸，而威武不震。故制治于未乱，保邦于未殆者，武威之道也。"③ 关于武备与国家兴亡的关系，他又进一步说，"威武不震，则戒慎不备，数则弊。自古由以兴，由以亡，可不省乎？"武备关系到国家的兴衰，是尽人皆知的道理，而素行是从反对文治主义和文华之风的角度出发，来认识这个问题的。

素行在《治平要录》中，对当时幕府的文治主义发出警告："唯武乃今日柳营（幕府）当务之急。如不力守武道，则必生怠惰。况生平日久，人心皆安于文治而疏于武功，故宜尽心竭力于此。我朝以武兴，以武治，忘武则弃本失基。考其上古，本朝之最初即以武立，人皇之治中朝即以武治。久之，朝廷遂疏于武事，视为卑贱。从此，治承、建武之乱后，武家伸张武力以守护朝廷，终使天下政事归于武家。然以升平日久……群臣皆以赢得冠带为荣。由此，装饰姿容，以优美为事，终致忘乎职守，是为常见之弊端。"④ 素行认为王朝政治因尚文而衰，武家政治以尚武而兴。同样，如果武家政权不力守武道，忘乎职守的话，也

---

① 山鹿素行：「谪居随笔」，井上哲次郎：『武士道全書』第三卷，时代社，1942 年，第 287 頁。
② 戴季陶：《日本论》，海口：海南出版社，1994 年，第 47 页。
③ 山鹿素行：「谪居随笔」，井上哲次郎：『武士道全書』第三卷，时代社，1942 年，第 279 頁。
④ 潘俊峰：《日本军事思想研究》，北京：军事科学出版社，1992 年，第 95 - 96 页。

会招致败亡。

山鹿素行在《谪居随笔》一文中，又重点提出了尚武与否是武家政权存亡的关键。平氏虽然一度建立了武家政权。但是由于其"子孙族叶"追求奢华，尚文弃武，结果是文弱招败，"竟息肩于源氏"。① 至于"平信长、丰臣秀吉，共效平帅之例，罗朝臣挟冠盖，虽得一时之荣望，不正守成之业，故倾败相踵，子孙扫地而尽矣"。②

应该说日本王朝政治的衰败及平氏政权的灭亡是多方面历史原因造成的，而仅将其归咎为尚文忘武则未免过于片面，但是对于统治阶级，如果能保持尚武传统，不因文废武，具有文武兼备的人格和精神风尚的话，这对政权乃至民族的兴盛来说，都具有重要的意义。素行提高尚武在历史中的价值，意在批判幕府的文治主义倾向，指出尚文忘武对维护武士阶级统治的危害。在和平的社会的条件下，素行大谈尚武，自然会遭到统治阶级内部不少人的反对，有人提出了"武招乱"的观点。对此，素行始终坚持认为没有武治的文治的政策，将招来国家的败亡。在晚年写的《章数附》中，强调"圣人出也，必以武治天下，文武之重，乃用以治理天下人民，故文武唯依时而有先后……忘武治而以文教治，则败亡"。③ 针对"武招乱"的说法，他断言："武修礼，文招乱。"素行的以武治国的思想，代表了统治阶级以武士为本位，贯彻武家政治的意识形态。

其三，民族优越感中的尚武论。素行自幼接受中国儒学教育，喜读中国书，羡慕并崇拜中华文化。但是在他写的《中朝事实》中，其观念却发生了180度的大转弯。正如在他的自传《配所残笔》中所看到的，该书是他转向日本主义，展示自己国粹思想的纪念碑。④ 在序言中他对自己过去"生于中华文明之土，未知其美"却喜读"外朝"经典，

① 山鹿素行：「谪居随笔」，井上哲次郎：『武士道全書』第三卷，時代社，1942 年，第 281 頁。

② 山鹿素行：「谪居随笔」，井上哲次郎：『武士道全書』第三卷，時代社，1942 年，第 281 頁。

③ 潘俊峰：《日本军事思想研究》，北京：军事科学出版社，1992 年，第 96 页。

④ 田原嗣郎：『日本の名著』12，中央公論社，1975 年，第 17 页。

崇拜其人物进行了反省,认为这是"放心""丧志""好奇"和"尚异"。而他经过反思重新认识的日本却是"万邦无比"的,"夫中国之水土,卓尔于万邦,而人物精秀于八纮,故神明之洋洋,圣治之绵绵,焕乎文物,赫乎武德,以可比天壤也。"① 这里所说的"中国"也就是指日本。在书中,素行利用编造的开国神话,赞美日本的自然环境,特别对中日历史的主观比较,来认证他的日本主义观,即只有日本才有资格称为是"中国之地","本朝之为中国,天地自然之势也。神神相生,圣皇连绵,文武事情之精秀,实以相应,是岂诬称之乎?"②

在山鹿素行自我感觉良好的民族优越性中,令其感到自豪的,除"皇统"外,就是所谓日本的"武威"了。"大八州(日本)之成,出于天琼矛,其形乃似天琼矛,故号细戈千足国,宜哉,中国之雄武乎,凡开辟以来,神器灵物甚多,而以天琼矛为初,是乃尊武德以表雄义也"。③ 在素行的民族优越论中"武"的价值占有非常重要的地位,在他看来这种"武威"和武德正是民族优越性的体现。

山鹿素行的日本主义是日本针对中国所形成的独特意识的反映。虽然素行自认为在自然条件、历史和政治制度上日本比中国优越,但在"文物"即文化上,对于曾是儒家弟子,尊崇孔子和周公的素行来说,就感到底气不足了。为了掩饰日本在文化上的劣等感,素行极力强调日本的"武威"和"武德"。认为在武威方面,日本远远胜于中国,"中朝之文物,更不愧于外朝,如其武威,外朝亦不可比伦,故外朝之海防,唯要倭寇,倭寇者何?西州(日本西部)之边民房掠于彼也,非官兵之寇,而其落胆战股然,大明太祖三遣使于我国,请强寇之禁……

---

① 山鹿素行:「中朝事實·自序」,广濑豊编:『山鹿素行全集』13,岩波书店,1940年,第226页。

② 山鹿素行:「中朝事實」,广濑豊编:『山鹿素行全集』13,岩波书店,1940年,第234-235页。关于中日历史的对比,素行认为:中国"易姓,殆三十姓",其间乱臣贼子,不可胜数。而日本"自开辟至人皇垂二百万岁,自人皇迄于今日,过二千三百岁,而天神之皇竟不违。其间杀逆之乱屈指可数"。日本的皇统是万世一系,而中国则是易姓革命,此为素行日本优越论的历史依据。

③ 山鹿素行:「中朝事實·武德章」,广濑豊编:『山鹿素行全集』13,岩波书店,1940年,第341页。

是恐其威武之余风也"。① 作为一代儒学家和兵学家的山鹿素行竟然把烧杀虏掠的海盗看成是日本武威的表现，以证明日本胜于中国，这样其披着"仁义"外衣的武德实质上是什么货色也就昭然若揭了。他把这种对外烧杀虏掠也看作是武力的优越，并作为民族光荣的象征加以赞扬，从而反映了日本武士道本身所具有的侵略主义本质。山鹿素行在他写的记述武家历史的《武家事纪》中，大肆赞美丰臣秀吉征伐朝鲜的事迹，因为它在"异域"显示了日本的"武威"。素行的侵略光荣论正是以他的日本优越论为基础的。他的思想在明治以后，为日本军国主义者所推崇，也正是因为他的民族优越论和尚武论为煽动民族主义情绪，推行对外侵略扩张提供了理论指导。

山鹿素行的尚武论是针对幕府的文治主义，基于以武治国的本质和日本的独特意识所提出的。到了江户后期，长期的和平环境以及外来危机的压力，很多儒学家开始大力提倡尚武精神。这其中，颇具特点的是中村元恒的《尚武论》。中村元恒是德川时代后期的儒学者，生于1778年（安永七年），自幼攻习儒学，精通士道之学，曾任高远藩儒官。中村元恒在日本近世思想史上几乎名不见经传，但因著有《尚武论》一文，使其在武士道史上占有一席之地，具有一定影响。此文写于江户时代后期，具体时间不详，大体上是19世纪前期，正是日本内忧外患，危机四伏时期。

《尚武论》继承了山鹿素行的民族优越论和尚武思想。但是，山鹿素行的思想形成于江户前期，针对当时文治主义的抬头，意在强调尚武传统的保持；而《尚武论》成书于江户后期，近二百年的和平，使统治阶级上下沉溺于"太平"之中，社会流于文弱，同时又面临西方列强入侵的危机。对此，中村元恒"唯恐太平之久，人就逸乐。流骄奢，忘义求利，去实务虚，丧诚怀诈……其极至失武德"，② 故此著《尚武

---

① 山鹿素行:「中朝事實·武德章」，广濑丰编:『山鹿素行全集』13，岩波书店，1940年，第351—352页。

② 中村元恒:「尚武論」，井上哲次郎:『武士道全書』第六卷，時代社，1942年，第334－343頁。

论》，其意在希望尚武精神的恢复。在江户后期有很多儒学家强调尚武的意义，比较有名的有斋藤拙堂的《士道要论》，该书是从士风、士气、士道等武士修养方面来涵养武士刚毅勇猛的尚武之风。而中村元恒的《尚武论》则是从日本的独特意识和日本历史兴衰的角度来批判当时日本社会流行的尚文风气，强调尚武的重要意义，是一部兼具政论和史论的著作。

中村元恒首先从日本的独特意识出发，认为"我邦武国，西土文国，文国尚文，武国尚武，固其所宜"。他又根据中日两国风土、人文环境的差异，"相距几百里，其风绝异，人情不同，恶同获其道耶！君子修其教，不易其俗；齐其政，不易其宜，故我邦之武不可废弃也"，反对世人盲目模仿中国，主张应该坚持自己的尚武传统，"我邦有武，是我邦之道也，可尚哉"。他认为尚武不仅是武家政治的治国之策，也是日本的社会风俗。总之，尚武是日本的特征，也是日本存在的基础，"我邦固为武国，则有武而国昌，无武而国衰"。

山鹿素行把从未受过外国入侵的国史视为日本的光荣，而中村元恒认为日本有这样光荣的历史，"何以然乎，唯武之治耳"。这也是他把日本视为武国的原因，"曰逋安国，取外贼不能入侵，四边安宁之义也。此则此所以为武国也"，此外他把武器精良、粮食充足和武士统治都视为日本所以是武国的原因。中村元恒基于风土和历史将日本界定为武国，比山鹿素行的基于神秘主义的武国论具有一定的合理性。

中村元恒是个典型的环境决定论者，认为日本尚武是日本的自然环境和人文环境所决定的，人的思想和行为都是由环境决定的，即便是圣人也不例外，"若孔子乘桴浮于海，既在我方，则必以武为尚，这未必以文为尚也"。所以，他主张学习"圣人之道"，不可拘泥于圣人的教条，而应宜风宜俗，"循国土之道"。他的这种观点反映了日本人在接受外国文化时所表现的自主意识。

中村元恒总结日本历史经验，认为公家朝廷的失败，一是拘泥儒家教条，不知变通，"我邦所用儒道，不究儒之本源，不知变通之道，唯文辞章句而已。以此为圣人之道，而用之朝廷，则缙绅之士为文人耳，既为文人，则不失之软弱者几希。恶在为孔孟之道吁"。① 二是文武分离，视武人为奴仆，"迨中世，至文辞为弄，则视干戈为蔽履，每每委之阁臣，自视尊大。卑武臣为奴隶，上下隔远，文武日离，武国之实安在乎？是以，朝廷自衰而武臣兴，国势亦变。我邦武之所在，则势之所存。有武者盛，无武者衰"。② 元恒为了强调"武"的价值而把公家政治的失败完全归结为"无武"未免过于片面，但是他是以公家失败的惨痛教训，来提醒武士阶级即使是在和平的历史条件下，尚文轻武也是有危害的。认为"武"之有无，关系到"国之兴替"，对享受了二百年和平的统治阶级发出警告："勿以文害武。"

《尚武论》作为以武为核心的武士道论，仅是一篇不到万字的短文，但其"学问扎实，论点有力，是非常出色的武士道论"，③ 其内容和特色主要表现为以下五方面。

第一，夸大了武士道的范畴。武士道不仅是武士之道，而是日本国家之道。众所周知，所谓武士道是平安时代后期，武士兴起以来，针对公家贵族，产生自我意识时所形成的行为规范和生活方式。但是中村元恒为了说明武士道是日本的"自然之道"。无视历史事实，认为武士道不只是平安时代以来的"兵之道"，而是自古就有的尚武之风，是与日本早期的"丈夫之道"或"武夫之道"一脉相承的武士道。而且还完全否定了中国儒学和佛教对武士道的重要影响，"我邦武国，自有武士道，此不假儒道，不用佛意，我邦自然之道也"。在这一点上，元恒没有像山鹿素行那样，从神权迷信出发，而只是把武士道溯源到上古的尚武之风，更没有玩弄玄虚，使用"唯神之道"或"神圣之道"等神道用语，仅用"自然之道"。但是，他否认儒学和佛教对武士道的影响。这或许受了日本国学的启发，而国学正是通过对日本早期的诗歌、《古事记》等古典文献的研究，来发现日本人固有的、真实的思想情感，

① 中村元恒：「尚武論」，井上哲次郎：『武士道全書』第六卷，時代社，1942 年，第336 頁。

② 中村元恒：「尚武論」，井上哲次郎：『武士道全書』第六卷，時代社，1942 年，第338 頁。

③ 高橋富雄：『武士道の歴史』3，新人物往来社，1986 年，第 31 頁。

即所谓"大和心"，并以此削除"唐心"（儒家思想）和"佛心"（佛教思想），把日本从儒佛思想束缚中解放出来，从而强调日本文化的自我意识。元恒把武士道规定为"自然之道"，其目的也是在强调日本的自我意识和独特意识。总之，武士道不只是武士的道德风尚，更是日本的"自然之道"，如用现代话语说，尚武是日本国家的实质。

第二，以尚文尚武来界定中日两国的差异，针对尚文的中国，日本以武为尚，武尊于文，并由此导出双方价值观上的不同，"文国尚孝，武国尚忠"。①"忠孝一本""文武一途"本是日本近世儒学的重要内容，而元恒却将其分开，这一是出于对尚武的强调；二是基于对中国大陆文化的对抗意识，表现日本自身的独特性。元恒《尚武论》的主题并不像《中朝事实》那样宣扬日本的优越性，而是通过强调尚武是日本个性的体现，来进一步激发武士的尚武精神。

第三，尚武史观。无视历史发展变化的多元化和复杂性，将历史上的胜败兴衰都归结为"有武者盛，无武者衰"。用这种观点来认识公家政治与武家政治的交替、源平合战和南北朝的内乱，双方成了文武两大治国原理之战，结果自然是"平家文也，终不能胜源氏之武；南朝文也，卒不能克足利之武"。何以武胜文败，元恒认为日本既是武国，天助在武，故武必胜。

第四，对武的本质的认识。中村元恒虽然是尚武论者，但毕竟也是儒学家，并不否定文武兼备的价值，更不反对儒学。在《尚武论》中，元恒所提倡的武不只是指武技、武艺，更不是粗暴无状，那么什么是他追求的武呢？元恒用反命题的方式回答了什么是真正的武。《尚武论》中说：作为武士，"平日治武术以识义理、养廉耻为要。武云，武云，戈矛之云乎哉。而不知义理，非武也；不辨廉耻，非武也；又戈矛弓矢不备则非武也；米粟不多则非武也"。这样，作为弓矢之道的武士道就首先要尽心于知义理、识廉耻，从而使武道同道德修养合一；而"米粟"既是经济问题，也是政治问题，于是弓矢之道同政道合一。如此

---

① 中村元恒：「尚武論」，井上哲次郎：『武士道全書』第六卷，時代社，1942年，第340—343頁。

武士道作为国家之道所要求具备的武力、道德力量和经济力的要件就齐全了。

中村元恒认为真正的武，还必须辅之以"真儒之道"。所谓真儒之道就是去掉"文华"和"空谈"的儒道，是能帮助武道治国的有实际价值的学问。那些"泥于性理，拘于文辞"，只会空谈的"文人儒者"不是"真儒"，而是"不究儒之本原，不知变通之道，唯为文辞章句而已"的假儒之道。元恒虽然强烈主张尚武，但也不完全否定文的作用，只是担心武士蜕变成纯文之士。因此，他告诫武士："勿为道学先生，恐其陷于佛也；勿事词章，恐其流于文也。"他认为"圣人之道"就是"经理天下，平治国家"，由于中国与日本国情不同，实现"圣人之道"的途径和手段也不同，中国是文国，自然以文立教，而日本是武国，就应该以武立教。

第五，武国独立论。日本是亚洲大陆东部的一个岛国，四面环海的地理环境，加上亚洲大陆东部是崇尚和平的农业民族，这种良好的地理环境和国际环境使日本免遭外族入侵，长期保持着独立地位。但是，元恒从武士阶级的立场和他的武国论出发，认为日本所以常保独立在于日本是武国，在于以武治国，"能识武则上下安宁、逆臣不凌、外寇不入、四方无事"。[1] 对于 19 世纪以来，日本所面临的外患，元恒坚持以武维护独立，他不忧"外贼来伺"，而担心统治阶级不尚武，只图安逸，"不备武术、游逸日增、怠惰月生"。

中村元恒的《尚武论》并没有像《士道》和《文武训》那样为武士的行为提供许多理想的道德准则，它只是一篇政论文章，以史论结合的形式批判了当时尊儒尚文所产生的社会弊端，并以此来强调尚武与否关系到武家统治乃至国家的盛衰兴亡。"我邦固为武国，有武则国昌，无武则国衰，国之兴替唯在武事盛衰耳"[2]。总之，他认为只要统治阶

---

① 中村元恒：「尚武論」，井上哲次郎：『武士道全書』第六卷，時代社，1942 年，第337 – 343 頁。

② 中村元恒：「尚武論」，井上哲次郎：『武士道全書』第六卷，時代社，1942 年，第343 頁。

级充分认识到武道的作用，保持尚武精神，坚持以武治国，就能实现国家的长治久安。

第三节 武士道的演变及其理论化

武士道作为历史范畴，有一个形成与演变的过程。如前所述，武士道一词在镰仓时代还不曾出现，它最初由来于武士们在日常生活和军事生活中的直接经验，是由一系列的习俗、惯例和常规所混杂在一起的实践道德。到了江户时代，经过儒学理论的改造，这些习俗、惯例和常规发展成为系统的士道理论。前文所述的文武论和尚武论，是将武士道作为武士阶级的意识形态及政治思想来认识的，本节将从武士的行为标准和道德规范来阐述武士道。两者都是武士道中的重要内容。

2.3.1 武士道的历史演变

日本中世的武士团是相对封闭的集体，其主要结构是由各个横向的家族与最有实力的豪族之间结成纵向的主从关系。维护家族的存在和发展是武士结成武士团的初衷，而维系主从关系则是武士团得以存在的前提。规范这种关系的道德观念，便是对主君的"忠"和对家长的"孝"。"忠"与"孝"无疑都是来自中国儒家思想的概念，虽其字面相同，但是双方对其内涵的理解与认识却有所不同。特别是在如何实践"忠"与"孝"，以及由此而产生的各种行为规范，日本武士和中国的士大夫有着很大的差异。

在武士的主从关系中，最初下属对主君的忠诚义务也不是无条件的、绝对的，而是以主君的"恩"为前提条件的，即对保护自己领地和家族的主君，为表示感谢和报答，臣下必须在平时或战时对主君"奉仕"种种义务。这说明主君的"恩"与臣下的义务是以物质利益为基础的一种交换关系。其中，主君最重要的"恩"是给予臣下以领地，或保护臣下已有的领地权；臣下最主要的义务则是为主君去战斗，乃至献出自己的生命，这就是所谓的"献身道德"。这种"献身道德"有为主君的"恩"而献身和为主君的"情"而献身两种表现形式，或者是两者兼而有之。在发生战争时，主君常以向臣下许诺恩赏来求得武士为其尽忠，奋力作战。例如，在 10 世纪的平将门之乱时，武士首领平良兼欲讨伐平将门，他向臣下表示，要"积谷米以增勇，分衣服以拟赏"（《将门记》）①，这说明主从的结合首先是建立在物质利益的给予和获得的基础上。而武士的忠诚与武勇也正是建立在这种利益上，明确表示"没有领地，就无须忠君，也无须在战场上舍命"（《北条五代记》）的武士大有人在②。有些武士认为，如果无法取得证据以证明自己的军功，并以此证据取得奖赏的话，那么为君主舍命就是没有意义的"犬死"。"唯一人攻敌阵，无证人而死，乃徒劳无益，可谓犬死，若主君在时，可一马当先，舍命向前。如此，我得高名，子孙也得勋功"（《源平盛衰记》）。"欲显一身之勇武，重在知场所，于无人见处，奋不顾身而战死乃犬死。若有名誉之人在场，则应争先于万人以显武勇，虽战死，可传武名于子孙"（《北条五代记》）③。可见当时武士崇尚献身道德和武勇精神的目的在于获取主君的恩赏，以此为家族和子孙谋取长远利益。

这种基于自我利益考虑的主从关系并不牢固，"昔是昔，今是今"，"恩就是主君"，这种观念始终支配着那个时代武士对主从关系的选择，对武士来说这是非常现实的想法。因为在武家栋梁不断变换的时代，如果不及时选择去留的话，是很难保全自身的领地的。例如，关东武士在源赖朝举兵前多隶属平氏，而一旦赖朝取得优势，他们马上就成了源氏的臣下，可见主从关系的不稳定。这也说明，当时忠诚还不能说是"真正的弓马之道"。

但是，由于武士间的主从关系常常是世代相袭的，"主君的情这种

---

① 家永三郎：『日本道德思想史』，岩波书店，1977 年，第 90 页。
② 古田光等编：『日本思想史読本』，東洋经济新報社，1979 年，第 38 頁。
③ 家永三郎：『日本道德思想史』，岩波书店，1977 年，第 90 頁。

非经济因素也是构成恩的重要要素"①。武士团主要是从事战争的军事集团，在战场上，主从之间在刀光剑影之中，同生死共患难，由此而结成的情谊，有利于巩固主从之间的团结。这样，主从关系势必会超越简单的利益关系而向情感的亲和关系转变。"源氏乃七代相传的主君，子子孙孙，永远不可忘"（《承久兵乱世记》）。为了报答主君的恩情，"不惜生命，竭力杀敌，功入敌阵，马革裹尸，此乃幸事也"（《承久军物语》）②。武士把为报答主君家累代情谊而战死，看成是幸事，这说明在长期的战争生活中所产生的主君的"情"甚至超过主君的物质恩惠而开始占据重要地位。有的武士说"情胜过领地，愿为高名而粉身碎骨"。这种为主君之"情"而献身的精神，已经说明臣下对主君的"忠"已不仅是一种被动的献身，而是能动的服务与表现。"有忠无私"正是这种献身道德的升华，当"忠"本身不是作为一种手段，而是作为一种目的来追求时，为主君献出生命就成为一种绝对义务，从而成为规范武士行为的最高道德准则。但是这一准则只是代表一个理想，武士之中任何时候都不乏背叛与欺诈之徒。

武士是以战争为职业的军人，武士道也主要是从战场上培养出来的。在镰仓时代，武士的作战方式被称为"一骑打"。在战争开始时，由进攻方放射"鸣镝"，表示进攻开始，然后由一名武士单骑挑战，奔驰在前，大队骑马武士随后冲杀。在这种作战方式下，每个武士的武艺和胆气具有重要作用，而且每个武士在战场上的表现也一目了然。在战场上表现胆怯和怕死，对武士来说是最大的耻辱。因此，在武士的战阵生活中所形成的道德，最主要的就是武勇。勇气是武士战胜任何困难，舍命战胜敌人的精神力量，这种勇气不外是通过武艺和实践使身心得到磨炼的结果。

"惜名不惜死"正是武士勇气的体现。武士富于名誉心，为了名誉，可以毫不犹豫地放弃生命。"生于弓马之家，惜名不惜死"（《太平记》）。对武士来说为什么名比命重要？"生于武士之家，惜名而轻视只

---

① 家永三郎：『日本道德思想史』，岩波書店，1977 年，第 93 頁。

② 古田光等編：『日本思想史読本』，東洋経済新報社，1979 年，第 37 頁。

有一次的生命，是耻于世间的嘲笑"（《大友记》），这种担心世间耻笑的心情支撑着武士的名誉心①。武士的重名知耻之心是他们在战场上表现武勇的动力和源泉，在战场上，不惜生命，一马当先是武士最高的名誉。而能扬武名于天下，则是留给子孙最重要的精神财富，其价值绝不亚于领地。在战场上怕死是最可耻的行为，是对家名，武名及忠义之名的最大侮辱。追求他人和社会的承认，赢得荣誉，可以说是人类的自然情感，未必仅限于武士道。但是把名誉看得比生命还重要，"为高名而粉身碎骨"，"于大将军阵前，置父死子亡于不顾，拼死而战"（《保元物语》），这种"赌命"行为正是"武者之习"的典型。而且"惜名不惜死"对武士来说不仅是一个观念问题，还是一个实践问题。也就是说，只有经过长期的艰苦磨炼以养成一种质朴刚毅、大胆勇敢的精神，才能战胜敌人，最终获得名誉，这也是他们接受禅宗训练的重要原因。重视名与耻成为武士的价值取向，这在没有法律制约、武力就是一切的乱世，作为一种社会风尚和道德准则，具有规范和制约武士行为的力量。

武士道作为武士的意识形态，在它的形成初期，是一种以"利"与"名"为出发点的功利主义道德观。尽管其初衷具有很强的功利性，而"惜名不惜死"，把名誉看得比生命重要，这本身就是一种"高尚纯粹的理想"。它成为当时武士社会中普遍流行的习俗，这就是所谓的"坂东武者之习"或"执弓矢者之习"。镰仓时期武士道的特征，表现为对主君的绝对忠诚（《平家物语》），不顾生命的刚勇（《源平盛衰记》），重名知耻（《源平盛衰记》），而成为既通武道也修文道，辨文理，明是非的武士（《极乐寺殿御消息》）则是镰仓武士的理想②。

七百年的武家社会，各个时代和社会的特征虽各有不同，但居主导地位的始终是武士。在整个武家时代，镰仓时代所形成的武士道德准则和社会风尚，一直为以后的武士所尊崇。而且由于祖先崇拜和敬重过去的传统，也使这些道德准则一直在发挥作用。当然随着时代的发展以及

---

① 家永三郎：『日本道德思想史』，岩波書店，1977 年，第 95 – 96 頁。

② 古川哲史等：『日本思想史講座·日本人論』，雄山閣，1977 年，第 149 – 150 頁。

武士阶级内部关系的变化，武士道的内容也不断得到充实。室町时期的武士道与镰仓时代强调武勇的武士道相比，把追求文武兼备的理想人格视为理所当然，"不知文道，武道终不得胜利（《今川了俊制词》），在《菊池武茂起请文》中，将"义""耻"和"不阿谀当世"视为"武士之心"，将"五常之道"视为武士应该遵循的"正路"。战国时代，"下克上"成为"历史的道理"。由于身处乱世，武家赖以生存的是武力，"不拘于先规、先例"（《朝仓景敏十七条》）取得战争的胜利就是他们生存的目标。"武士便如犬牲，只以求胜为要"（《朝仓宗滴话记》），武力就是一切，只要能取得胜利，一切都是合理的。武士之间激烈而频繁的战争，使这种实用主义成为战国时期武士思想的主要内容。

以上所述的武士道，我国学者将其称之为早期武士道。它只是以武士生活习惯为基础的道德准则，虽然包括一些中国儒家的道德信条并以禅宗作为精神支柱，但还没有形成一个完整的理论体系。可以说近世以前的武士道是习惯而不是理论。

2.3.2　近世武士道的理论化

武士道作为武士阶级的道德规范，从性质上看可分为两种：一种是经验主义的习惯，一种是理论性的认识。从行为上也可分为两种：一种是非理性主义的，一种是合理主义的。随着德川幕府的建立，日本社会实现了长期和平，再加上兵农分离政策的实施，使武士不仅脱离了战阵生活，也离开了农村，过上了城市生活，很多武士也由战士转变成行政官僚。因此，他们的生活方式和思想方式都发生了明显的变化。对武士来说，面对社会生活的复杂化，行政管理的合理化，仅凭习惯行事已经无法应对，而粗疏野蛮更为社会所不允许，这就需要道德修养和理性原则。德川幕府把中国儒学确立为官学，为经验性的武士道向理论性的武士道转变提供了哲学基础。

但是将经验变成理论，从习惯转向原则不是自发完成的，这里需要理论研究，需要静心地思考和总结。正是在这种研究和思考中涌现出了一批杰出的武士思想家，如中江藤树、山鹿素行、贝原益轩等，他们用儒家思想来思考武士的行为规范，使起初粗陋的"武者之习""兵之道"等实践道德，经朱子学的理论武装而成为精致的士道，从而达到封建武士道发展阶段的最高水平。这其中起关键作用的是山鹿素行。

山鹿素行虽然以儒家自居，甚至自命是周公、孔子的正宗嫡传。但是，他作为一个儒者并没有多大影响，也没有一个继承者，他是一个主要把力量倾注在建立武士道上的学者，"是一个把儒教首先作为维护武士阶层的特权地位和这个阶层内部的现有秩序的行为规范之学而全面加以应用的思想家"①。他把儒家思想与自镰仓时代以来形成的"武者之习""弓矢之道"结合起来，提出了具有新体系与新内容的士道论。所谓士道就是将过去武士经验主义的行为准则和精神情操用儒家思想改造成理论化、系统化的武士道。因此日本学者甚至将素行的士道论称之为"武士道政治哲学"②。概括起来，山鹿素行的士道理论主要有以下几方面。

第一，哲学基础。山鹿素行士道论的哲学基础是"道"。日本早期武士道也多称为"弓马之道"或"武道"，这里的"道"是指方法或行为方式，而山鹿素行所说的"道"是指原则和道理。所谓"道"原本是一个具体名词，本义为道路。随着人们的认识能力日益深入和抽象化，"道"逐渐引申为某种事务的法则、规律和道理，从一个实词衍变成为抽象的哲学概念。就其内容而言，主要有两方面的含义。一是将宇宙天地万物之本源和规律概括为"道"，二是把社会领域人们应共同遵守的原则、规范人与人之间关系的准则、人的情性与本能称之为道。前者可称为"天道"，后者可称为"人道"。当人们用"道"来概括自然规律时，它本身就体现着一种必然性权威，因为"道"控制着世间万物生成衰亡；当思想家们用"道"来概括人类理性原则时，它也就成为人们必须遵循的社会准则。

山鹿素行继承了古典儒学中"道"的概念，"宋儒好言理，素则好

① （日）永田广志：《日本哲学思想史》，陈应年等译，北京：商务印书馆，1992 年，第 88 页、第 92 页。
② 佐佐木杜太郎：『山鹿素行』，明德社，1978 年，第 2 页。

言道"是其哲学思想的一个重要特征。素行反对宋儒的清谈，注重实践和行动的价值，他认为道是物质性的，存在于客观事物之中，既是天地运行的规则，也是人们行动所依据的准则，更是人们达到目标的途径。他认为"物之外无道"，"天地之间事物皆有道，凡有行之仪，悉由道，其间唯以达道为的也"。山鹿素行在《圣教要录》中将"什么是道"说得很明白："道者日用所共当行，有条理之名也，天能运，地能载，人物能云为，各有其道不可违。道有所行也，日用不可由行，则不道；圣人之道者人道也。通古今恒上下，可以由行也。"① 素行所说的"道"是天地之道和圣人之道，使自然规律的"道"在现实生活中有一种必然性和绝对性权威。"道"就是路，人之行必有路，因此，"道"也就成为人们必须遵行的社会必然法则。素行的关于"道"的理论，构成其武士道理论的哲学支柱。

第二，功利主义道德观。素行针对宋儒的"存天理，灭人欲"这种抹杀人性的思想，认为"去人欲则非人也"，只有"死灰槁木""草木瓦石"可以去"人欲"②。在肯定人欲具有合理性的基础上，他提出趋利避害乃人之本性，"人皆有好利恶害之二心，是谓好恶之心"，"果无此利害之心，乃死灰槁木，非人也，以利为本，故此道立而行，君君，臣臣，果失此利心，则君臣上下之道不立"（《谪居童问》）③。认为利本身与"道"并不矛盾，相反地，求利之心如果合乎"道"，那就是道德。这是他的道德观的一大特点。

"诚"是儒学中的一个重要德目，"物格而后知至，知至而后意诚，意诚而后心正。心正而后身修。身修而后家齐，家齐而后国治，国治而后天下平"（《大学》）。如果没有"诚"，那么仁义与礼仪也就成了虚伪骗人的东西了。如前所述，"诚"也是日本神道中的重要内容。近世日本儒学很重视"诚"的价值，并将"诚"视为伦理道德的根本和基

---

① 山鹿素行：「圣教要录·道」，田原嗣郎等校注：『日本思想大系·32·山鹿素行』，岩波书店，1970年，第343页。
② 相良亨：『近世儒教思想』，塙书房，1966年，第73页。
③ （日）永田广志：《日本哲学思想史》，陈应年等译，北京：商务印书馆，1992年，第91页。

础。山鹿素行从人的"本然之性"出发，将"诚"这一概念定义为"不得已谓之诚"①，在这里，"不得已"不是指没办法之意，而是不论如何控制都控制不住。在素行看来，"诚"不是"天理"之本然，而是"自然之道"和"人之道"。"如父子之亲乃不得已使然也，君臣、朋友、昆弟、夫妇之道亦同"，素行认为人与人之间的伦理关系也是人无论如何都控制不住的自然法则的产物，而规范人伦关系的"道也德也仁义也礼乐也"都是基于这种"不得已"之诚而建立的，"诚"就是真实与自然。"天地之道"以诚而立，君臣父子等人伦之道也是如此。在素行看来，如果没有"诚"做基础，武士对主君的"忠"以及一系列道德修养都将变得虚伪而没有意义。

第三，武士道德的独特性和实践性。1656 年（明历二年），素行按照《朱子小学》的模式写成武家教科书《武教小学》。该书主要是为培养武士子弟而作，可以说是一部军学启蒙读物。目的是把武士子弟培养成正行正知，符合武士道标准的有用人才，该书虽然在形式上效仿《朱子小学》，但在内容上和培养目标上则与其完全不同。《朱子小学》是为培养士大夫所写的启蒙书，中国的士大夫多为纯文之士，对他们来说，朱子学所主张的"静坐功夫"和"慎问慎思"功夫是非常重要的。而日本武士在本质上是战士，军事学是他们的必修课。"在军学上，那些静态的思维方法是没有作用的，必须是适应任何变化的动态的思维方法"②。因此《武教小学》强调的是实际能力，不是静止的知识的灌输，而是动脑能力和动手能力的训练，并把道德的培养建立在良好习惯的养成上。其重在要求武士子弟加强武道的修炼。

《武教小学》以尚武为核心，从"夙起夜寐"到"子孙教戒"共分十部分，在"燕居"中，告诫武士子弟平素不可懈怠，否则"手足不自由，骨节不相应，身不轻、体不驯，而士之业必缺"。因此，作为武士有时间就应"读书、论武义、讲兵法、阅士器（兵器）"，如果只

---

① 山鹿素行：「圣教要録・誠」，田原嗣郎等校注：『日本思想大系・32・山鹿素行』，岩波书店，1970 年，第 344 頁。
② 奈良本辰也：『武士道の系譜』，中央公論社，1984 年，第 85 頁。

知饱食暖衣，放任自流，则与禽兽无异。在"言语对应"中他告诫说，"士之可恒语者，义不义之论，古战场之事，古今勇义之行，时代武义之盛衰，皆议论而可戒今日之非"。在"行住座卧"中，告诫武士要时刻保持军人本色，"座则正威仪、佩用具，常不忘不虞之戒；卧则不尸，旁不离利器……凡为士之道，行住及座卧，暂放心，则必临变而失常，一生之恪勤，于一事可阙灭"。在"衣食居"中，要求武士衣食住都要"唯以称武备为用"，而"耻恶衣恶食，求居安，则非志士"。在"财宝器物"中说，"为士之道，委身于主君，守死于全道……若吝财宝、习器物，则武义自缺如"，其结果必临节失义，"失国灭家"。在"放鹰狩猎"中，要求通过狩猎活动来锻炼武士的筋骨，考察武士的作战能力。在"子孙教诫"中，素行指出，"士者，以大丈夫为勇"，武士要以"信勇"教育子弟，使其"戒邪扬正养勇"，做到"游戏必以弓矢竹马之礼，言语皆以武义礼让之节，使其精气全，情欲寡"。而对于文道的学习，山鹿素行指出要尽量避免陷入盲目模仿中国而忘掉本国传统，他反对以记诵词章为教，那样的话，就会陷入"忘倭俗而欲汉样"的弊害①。

武士道作为自古以来武士所遵守的行为规范和道德准则，大都散见于战记文学之中。对武士进行说教与训诫都是以家训的形式进行的，但其内容大多是一些直接的经验、习俗和简单的道德训条，教育的对象也仅限于自家子弟及家人。用儒家思想为指导，将武士应该遵守的行为准则整理成教学体系，《武教小学》是第一部。而且，该书作为武士的通俗读物，在近世社会广为流传，幕末维新志士吉田松阴曾推奖此书为"武士必读第一书"，并将其作为松下村塾的教科书，向其弟子讲解。但是《武教小学》只是以实践道德为内容的教训书，还不是具有理论体系的武士道。

第四，武士道德的自觉性和理论化。山鹿素行的武士道理论主要集中在其弟子收集他的日常讲义而编辑的《山鹿语类》中。此书共45

---

① 山鹿素行：「武教小学」，井上哲次郎：『武士道全書』第三卷，時代社，1942年，第41-49頁。

卷，其中第 21 卷是《士道》。素行在《士道》篇中，将武士道分为立本、明心术、详威仪、慎日用四大项目。

在素行的士道论中，首先论述的是武士的职分，以强化武士实践道德的自觉性。他认为，作为武士，必须先"知己之职分"。"大凡士之职，顾其身，得主人尽奉公之忠。交友以敦信，慎独以求义，父子兄弟夫妇乃不得已之结合，又是天下万民不可或缺之人伦。然农工商忙于职业，常住相从而不得尽其道，士无农工商之业，可专务此道，三民者有乱人伦之辈可速罚之，以此正人伦于天下，是以士不可不备文武之德知"①。这样，素行以儒家思想为指导，从理论上确定了武士的存在理由和价值。这段话实际规定了武士有两大职分：一是要像过去一样，对主君尽忠；二是强迫"农工商"实行"人伦之道"，并以武力"正人伦于天下"。其具体做法是"外具剑戟弓马之术，内励君臣朋友父子兄弟之道，文道立于心武道备于外"。通过涵养和提高文武兼备的人格，来实现人伦之道，以此成为农工商三民道德行为的指导者和楷模。

武士既知"己之职分"，还必须"志于道"，即寻求实现"职分"的道，就是学习圣人之道。"为士者，修身，仕君，孝行父母，相交于兄弟夫妇朋友，求其心心相印，则在寻道致用也"②。对于道，素行强调知行合一，"知而不行则不全，尤详可究理也"。这就是说既然知道了实现职分的道，就必须躬行实践。素行认为，孟子所说的"富贵不能淫，贫贱不能移，威武不能屈"的大丈夫气概是完善武士自身道义人格所不可缺少的品格，而这种大丈夫气概并不是任何人都有的、与生俱来的品格，必须从内在（思想、才能和品德）到外在（言行举止和日常生活）进行严格磨炼。内在品格的涵养，首先在于"明心术"，就是要加强内心的道德修养。其次，需要"练德全才"，即磨炼忠孝之德。最后，要严守日常生活中的种种礼仪，使他人感到威严，为此，要

---

① 山鹿素行：「山鹿语类・士道」21 卷，田原嗣郎等校注：『日本思想大系・32・山鹿素行』，岩波书店，1970 年，第 31 – 155 頁。

② 山鹿素行：「山鹿语类・士道」21 卷，，田原嗣郎等校注：『日本思想大系・32・山鹿素行』，岩波书店，1970 年，第 31 – 155 頁。

"详威仪"。详威仪的内容涵盖很广，包括毋不敬；慎视听；慎语言；慎容貌之动；节饮食之用；明衣服之制；严居宅之制；详器物之用等。总之要求武士为人处世要"敬"，举止言行要谨慎，生活要节制。可以说通过这种"正威仪"而形成的武士理想人格，就是庄严而可敬畏的、可为农工商三民之楷模的人格。

山鹿素行作为一个把主要力量倾注在建立武士之道的学者，他一生笔耕不辍，身居市井，讲道不倦，从《武教小学》到《士道》，构建了自镰仓时代以来一直都缺乏理论性的武士伦理，使其发展成为理论化、系统化的武士道。他把崇拜武力、崇尚杀伐的非理性的行为习惯改造成理性原则，并希望以此来塑造武士的道义性人格，自觉履行人伦之道。

2.3.3 "道的觉悟"与"死的觉悟"

在近世的武士思想中，以山鹿素行的士道论为代表的"以人伦之道的自觉为根本，进而以在天下实现人伦之道为武士职分的思想"[①]，一般被称为士道，亦称新武士道。另一方面，继承镰仓时代以来重死轻生的传统，以"死的觉悟"为根本的武士思想仍然存在，一般称之为武士道，或称旧武士道。前者以山鹿素行的士道论为代表，而后者以山本常朝口述的《叶隐》为代表。士道是以"道的自觉"为根本，是理性化的武士道；而武士道是以"死的自觉"为根本，是非理性的武士道。二者之间的最大分歧主要体现在对"死"的认识和态度上。

在以实现"道的自觉"为核心的素行士道理论中，"死"不过是实践圣人之道的途中所遇到的灾难[②]，但那却是命运的安排，而"安命"是武士作为"大丈夫"所必须具备的条件之一。山鹿素行说："生或死，在瞬间之时，在君父或比自己重要者有危险时，应速死而不顾，而比我重要者无危险时，则应妥善保全性命。"[③] 可以说这是一种理性的

---

① 相良亨：『武士の思想』，ぺりかん社，1984 年，第 74 頁。
② 相良亨：『武士の思想』，ぺりかん社，1984 年，第 82 頁。
③ 山鹿素行：「山鹿语类・士談」，田原嗣郎等校注：『日本思想大系・32・山鹿素行』，岩波書店，1970 年，第 408－409 頁。

认识，用德川光圀的话说就是"该活时活，该死时死"，而为了能在"该死时死"，素行强调"常把死放在心上"。在《山鹿语类·士谈》中他这样说道："能勤而安命乃大丈夫之心也。匹夫在于常将死放在心上，尽职尽分，勤而安命。如果常把死放在心上，就不会受任何事的干扰，在各种场合履行其职分，不把死放在心上就是胆小鬼。"这就是说，作为武士在不知道什么时候死的意识下，就应认识到每一刻的生存都是宝贵的，必须按着道义的标准而生，去实现自己的职分即人伦之道。正如素行的箴言"士以一日为极"[①]所说的那样，武士应该把生命中的每一天看作是最后一天，即觉悟到"只有一日的生命"，从而认真地实践圣人之道和履行自己的职责，使武士像武士一样生活，因此在一定意义上说，"常把死放在心上"是一种积极的人生态度。这也是素行士道论的重要特征。

　　武士应该如何面对死亡？在江户时代出现了与素行的"常把死放在心上"不同的态度，这就是《叶隐》中的"武士道即是死之道"。"武士道即是死之道"是在日本武士道史上非常有名的一句话，是一种非理性的、极端的表现。为什么武士道就是死呢？《叶隐》是这样解释的："当生或死二者择一时，首先要选择死，唯有以死的自觉勇往直前。说目标没有实现而死就是犬死，这是上方[②]式的轻薄的武士道。在生或死二者择一的场合，不知道目标能否实现，人谁都希望生，而为生寻找借口。这时要是目标没有实现而长期活下去的话，那么这个武士就是个胆小鬼，其处境会更糟。当目标没有实现也去死的话，虽是犬死，虽是疯狂行为，但那不丢脸，这在武士道中是最重要的。每朝每夕要想到死，要决心去死，做到常住死身，那么就是真正认识了武士道，就能够一生无误地履行职务。"[③]

　　《叶隐》所强调的是武士在生死抉择时，要果断地死、毫不留恋地

---

①　佐佐木杜太郎：『山鹿素行』，明德社，1978 年，第 104 页。

②　上方，指京都及其附近的地区，此处的"上方式"指贵族的生活方式。

③　山本常朝：「葉隠」，井上哲次郎：『武士道全書』第六卷，時代社，1942 年，第 330 頁。

死、毫不犹豫地死，即使是犬死也要勇往直前。在山本常朝这里，面对生死的任何理性主义的思考，都是胆小鬼求生的借口。一个武士只有做到"常住死身"，他才能在危险中不会去想怎样保全性命，才会勇敢地投入敌阵，迎接死亡。如果苟且偷生，就会遭到世人的耻笑，最终也会被处以切腹，难逃一死。《叶隐》成书于山鹿素行去世 31 年后的 1716 年（享保元年），它是对理性武士道的一种挑战。江户时代以来新旧两种类型的武士道并存，《叶隐》继承了早期那种崇尚杀伐，主张毫无保留地为主君献身的传统武士道思想，同时它也代表了依然怀念战国风气的那部分武士的观念①。所以此书的出现似乎很不合时世，在江户时代也没有流行，甚至被列为禁书②。而儒学家以儒学理论为指导的武士道书则是江户时代武士道思想的主流（参见下表）。

表 2.1　以儒学理论为指导的武士道书

书名	作者	时代	备考
文武问答	中江藤树	1642 年	《翁问答》第 2 册中的一部分
武教小学	山鹿素行	1656 年	
士道	山鹿素行	1663 – 1665 年	《山鹿语类》中第 21 卷，是素行的日常讲文录
武训	贝原益轩	1716 年	《文武训》6 卷，其中《文训》4 卷《武训》2 卷
骏台杂话	室鸠巢	1731 – 1732 年	
武士训	井泽长秀	1715 年	
武家须知	蟹养斋	元文元年	
士道心得书	北条竹风	不详	
肝要功夫录	鹈殿长快	1812 年	
士道要论	斋藤拙堂	1837 年	

（资料来源：井上哲次郎监修：《武士道全书》，时代社，1942 年）

---

① 今井淳等：『日本思想論争史』，ぺりかん社，1979 年，第 235 頁。
② 山本博文：『武士道』，中経出版，2003 年，第 163 頁。

用儒家思想解释和重新构建的士道论既为幕藩封建专制统治提供了伦理原则，又为大多已行政官僚化的武士提供了合理而又系统的行为规范和道德标准。特别是山鹿素行提倡的以"明心术""详威仪""慎日用"等为主要内容的修身之道，具有适合各阶层的普遍性。因此，这种士道自然为武士阶级所接受，成为"主导了近世武士的思想"的武士道理论。

总之，在整个江户时代，许多儒学家根据各个时期的需要，不断地运用儒学理论来为武士的职能和行为提供理论原则。这些理论原则不仅是近世思想史中的重要内容，而且这种自觉性和理论性的武士道有利于培植"封建卫道者"。在明治维新以后，它为明治政府实施军国主义教育提供了思想来源。日本军国主义者正是利用这些思想向军队和国民灌输武士道精神，使日本人民自觉地为其对外侵略战争服务。

第四节 武士道中的忠诚观念及其演变

"忠"是武士道中的重要德目，是维系武家封建社会的道德基础。它与"武"构成了武士道价值体系中的核心内容。关于武士的"忠"在前面各章节中已有所涉及，本节之所以再一次论述"忠"，是因为在武士道德中，关于"忠"的实践和诠释有个演变过程。特别是到了近世时期，变化尤为明显，其表现是忠诚的对象从对主君个人转向主君所代表的集团，更重要的方面是随着"大义名分"论的宣传和民族危机的加深，使忠诚的对象转向了天皇。如果没有这种转变，日本恐怕很难出现明治维新时期统一的中央集权国家。

2.4.1 律令制国家的忠诚与武家社会的忠诚

"忠"原本是中国先秦时代政治思想与观念中的核心概念之一。在中国，忠意味着自我良心的诚实和奉公意识的体现。如"公家之利，知无不为，忠也"①；"无私，忠也"②；"无积私，可不谓忠乎"③。可见忠是与公合为一体的观念。先秦儒学认为忠是规范君臣关系的政治道德，孔子主要强调"臣事君以忠"（《论语·八佾》），而这种忠要以君使臣以礼为前提。孔子还强调臣以道事君（《论语·先进》），认为道高于君主，他提倡的是公忠合一的公忠，而不是以主人为对象的人身服从和人身依赖关系的私忠。所以，臣下对君主的忠是以礼和道为前提条件的。大化改新前，儒学经典就已经传入日本，使日本无论在政治上还是道德风俗上都受到很大的影响，特别在政治思想上，儒学成了统治阶级维护其统治地位的理论武器。在圣德太子制定的《十七条宪法》中虽然没有"忠"的字样，但是其第十五条为"背私向公，是臣之道"，实际含义也是忠，只不过是主张公忠而反对私忠。

忠作为一种道德行为和观念本身具有多重含义，主要可分为两方面：一是以个人为对象，即臣下对主君的人身依赖观念；二是以国家（或以国家为总代表）为对象，在政治生活中以道为基础忠于政治公共原则。前者是私忠，后者是公忠。《十七条宪法》在当时作为政治原则，其目的是消除氏族社会的地方独立，建立以天皇为核心的中央集权国家。大化改新正是在这种"背私向公"的意识下实现的，并建立了以公共权力为基础的封建中央集权国家。

随着私人庄园的发展，律令体制的崩溃，政府的公共权力随之开始在社会政治生活中丧失了威信。由于公共权力的衰弱无力，这就在公共秩序中为发展私人权力关系创造了机会。人们不再依靠政府，只有加强一家一族内部的团结，或与有势力的家族和权威建立人身依赖关系，求得他们的保护，方可获得生活上的安全保障。这种私人关系就是武士之间所结成的主从关系。武士阶级也正是凭借这种主从关系所形成的力量，最终取代了公家政治建立了武家政权。

维系武士之间主从关系的道德基础就是"忠"。在幕府时代早期，

---

① 杨伯峻编著，《左传·僖公九年》，北京：中华书局，1981年，第328页。
② 杨伯峻编著，《左传·成公九年》，北京：中华书局，1981年，第845页。
③ 杨伯峻编著，《左传·襄公五年》，北京：中华书局，1981年，第945页。

由于武士疏于文化，不可能给这个忠以明确的解释，它只是一种实践道德，意味着在战场上必须为主君献身。这种献身不是臣下单方面的绝对义务，而是以主君的"恩"为交换条件，带有某种契约性质，是以人身依赖关系为基础的私忠。但是，臣下对主君的这种忠主要表现在战场上。在战场上，主从之间经常于白刃飞矢之下，同生死共患难，必然形成一种超越利益打算的情的关系。而且武士间的主从关系又常常是世代相袭的，因此有时和主君在战场上建立的这种情可以胜过主君的物质性的恩赏，成为武士献身的主要精神动力。近世武士道名著《叶隐》所强调的对主君的绝对忠诚也正是以这种情为依据的。武士为主君的情而献身和为主君的利而献身相比是道德的升华，也是由有条件的忠向无条件的忠演变的先兆和桥梁①。

日本武士的"忠"无论基于利或是基于情，都是维系私人性的主从关系的忠，并非中国儒家所提倡的以公为基础的君臣之忠。换句话说，武士效忠的对象是直接具有主从关系的主君，而不是天皇和朝廷，承久之乱就是一个典型的例子。1192年，源赖朝建立镰仓幕府，天下政出武门，公家朝廷的权力被大大削弱了。1221年（承久三年），后鸟羽大皇退位后以太上皇的身份，公开号召天下武士声讨实际掌握幕府实权的北条义时，其目的是要打倒武家政府，确保公家朝廷的实权。当时源赖朝的遗孀北条政子召集众御家人述说赖朝的恩惠，希望他们对将军依然保持忠节。在北条政子的激励下，武士又一次形成了在幕府旗帜下的大团结，而没有去效忠天皇的朝廷，结果是公家朝廷大败，武家政治得到了进一步巩固和发展。对当时的武士来说，即使有天皇的命令，如果背叛了给予恩顾的主君，也是违背当时已成为武士道德风尚的"弓马之道"的。

这种私人之间的具有契约性质的忠诚是建立在臣下拥有独立的经济和军事实力的基础上的。而到了室町时代以后，作为主君的守护大名和战国大名势力增加，其手中握有巨大的社会资源和对臣下的生杀予夺之

---

① 王家骅：《儒家思想与日本文化》，杭州：浙江人民出版社，1990年，第299页。

权，遂造成了臣下仰主君而生的环境，这是加强对主君无条件的忠的社会条件。室町时代的著名武将斯波义将在其 1383 年写的家训《竹马抄》中说："仕奉主君时首先考虑受恩赏，然后再据此尽忠的想法是错误的，人生在世，不可忘记主恩，欲望未能得到满足即怨恨世道与主君的人是无情的人。"《武田信繁家训》也规定："主人有不是，臣下不可怨恨，语云，君虽不君，臣不可不臣。""对父母不可不孝，论语云，事父母能竭其力。"这里所强调的是对主君和亲长的绝对无条件的忠和孝，并将他们当作最重要的道德规范。这说明随着战争的激烈与社会军事化程度的大幅度提高，主君的权力得到进一步强化，主君要求臣下的是无条件的服务和无私的献身精神。这样，早期的作为报偿的忠，到了战国时代开始转变为主君要求臣下绝对的、单方面的忠。

到了江户时代，这种要求臣下绝对尽忠于主人的单方面的忠得到进一步巩固和强化。由丁兵农分离政策的实施，武士成为名义上的领主，而实际上不再具有独立的经济实力；朱子儒学被幕府作为统治思想，为武士单方面的忠提供了理论基础。在幕藩体制下，忠诚成为大名和武士立藩和立家的道德基础，很多大名家训都重点强调忠的价值。如会津藩藩主保科正之在家训中要求子孙"对大君，要一心忠勤，不可以列国之例自处。若怀二心，则非我子孙，汝等万万不可相从"。《内藤义泰家训》也强调"对大君奉公，自先祖起毫无不忠，希汝义英，常思此意，刻骨铭心，纵令世道有变，莫怀他心而辱家名，应极尽忠诚"。

2.4.2 近世武士忠诚的原则

在近世幕藩体制下，将军—大名—武士这种自上而下结成的封建主从关系成为整个政治关系和社会关系的主轴，而"忠"则是维护这种封建关系的道德基础。但是在日本封建制度下，这种"忠"只是主从之间的私忠而不是中国儒家提倡的君臣之间所应建立的公忠，也就是说臣下只忠于自己的主君，至于主君的主君即越级的主君可以不顾，也即对其没有效忠的义务。这种"忠"的表现形式是大名、旗本对将军，藩士对藩主，家臣对旗本的忠义。在整个武家政治时代，不论是镰仓幕府的将军—御家人—家子—郎从这种模拟的亲子关系，还是德川幕府的将军—大名，旗本—普通武士这种等级序列，"忠"都是通过等级制度来实现的。

武士这种建立在等级制度上的对自己主人的忠诚，与中国儒家所主张的士民对皇帝与社稷的忠诚相比，虽然是"私忠"，但是却显得直接而具体，其忠诚的意志也可以得到历练，也就是说，这种忠诚在日常生活中经常可以得到锻炼和考验。中国自秦汉封建中央集权国家建立以来，士大夫和民众效忠的对象是皇帝和国家社稷，这种在理论上显得非常高尚的公忠，就实际而言又非常空洞。因为普通士大夫和广大民众根本不可能和皇帝发生直接联系，他们除了对自己的家族外，社会上没有给他们恩顾、令他们效忠的对象，而且这种情况即使有，在制度上也是非法的，这也是中国在道德上强调孝重于忠的原因。

但是对武士来说，其赖以生存的家的兴衰取决于主君的恩顾与保护，所以武士通过对主君效忠甚至舍弃生命，就可以使自己的家族永续，子孙繁昌。在武士家族制度下，对于家族成员来说立于个人之上、支配个人的家是第一义的存在，因此武士们的生存目标就是为主君的家和自己的家能够永远存续而奋斗。这种奋斗从道德方面和精神方面来看，就是对主君履行忠义及为此而肯于牺牲自己生命的牺牲精神。日本武士所履行的"忠"，在中国儒家看来完全是基于私人关系的小忠，但正是这种可以不断实践的小忠、私忠才使忠诚观念得到强化和巩固，并随时能具体化为实际有效的行动。其中最具有代表性的就是江户时代发生的所谓"赤穗义士"事件。赤穗藩的47名武士为替主君报仇，不顾幕府法令，杀死幕府高官，这种行为立时得到全国的同情。在当时，对这些武士应该以其忠诚和尚武精神予以奖励，还是因其破坏了幕府法律而处以惩罚，幕府以及许多儒者都有不同的意见。最后幕府决定让这些武士全体切腹，这样既可保护他们的名誉，又能够维护幕府法律的尊严。赤穗义士为主君报仇的举动得到了许多儒者的狂热赞扬，其中栗山潜峰对这次行动的组织者大石良雄的赞扬颇具代表性，"其义烈之磅礴，虽天地为之震荡，士风因之而奋，民彝因之而植，称其千载第一人可也"①。赤穗义士事件日后一直成为实践武士道精神的典范，今天在日本依然流行的传统剧目和文艺作品《忠臣藏》，就是以歌颂这一武士道典范为主题的，其影响经久不衰。日本武士所表现的这种忠，从中国正统儒学角度来看，完全是危害国家社稷的小忠。但是在日本，则被认为是忠的最高境界。在幕藩体制下，武士效忠的对象是具有直接主从关系的主君，而实践这种忠诚是符合当时的道德标准和社会风尚的。但是这种封建性的忠诚对于确立不论是封建的或是近代的中央集权国家来说，都是必须要改造和取缔的。在江户时代，由于日本特殊的家族结构，使这种封建性的忠诚发生了很大变化，超越了主君个人，转向主君所代表的藩国。而儒家的大义名分论，为这种忠诚的进一步升华提供了理论基础。

江户时代武士的忠的转变，首先体现在政治生活中，由"下"对"上"的人身服务或人身依赖的忠诚观念向以公共集体为对象的转变。武士家族制度和等级身份制度是德川幕府统治的两大支柱。在家族制度下，社会最小的单位是家，作为个人，无论大名或是武士在制度上是不存在的，个人只能作为家的一员而存在——作为家长、嗣子、次子等。在家族社会中，各个等级的特权也都是依附在家的地位上，而武士之间所结成的主从关系也是表现在家上，是家与家之间的主从关系，这就形成了一种纵向的家族关系。对大名及以下的各级武士来说，其存在的一切都依赖于家的存续与发展；而对于各个家族来说，其家的存在的一切更是依赖于主君的家的存续与发展。这样，大名及以下的各级武士的权利和义务都统合到大名的"家"中。在这种以家为基轴的政治秩序中，对各级武士来说，家的存续是其人生的最高目标，甚至主君本身的存在与家的存在价值相比，也居于从属地位。如福冈藩藩主黑田长政在家训中告诫子孙，"如有不义放荡、不纳忠谏、不守掟书、任意妄为、滥费财宝者，家老、老中合议退之，令择子孙中良品为主君，以图国之长继"。《保科正之家训》中更是明文规定，对不肖子孙，"若失其志，好

---

① 武士道学会：『武士道入門』，ふたら書房，1941 年，第 118 頁。

游乐，致骄奢，使士民失其所，则有何面目戴封印，领土地哉？必上表令其蛰居"。在这种家族制度和家族至上观念的支配下，大名主君个人的权利被相对化了。对大名来说，"国是国的国，家是家的家"，"我家非我之私物"，大名作为家长的责任应该是"唯心所及尽粉身碎骨之劳，以报主君、先祖高恩于万一，尽中传之道让于其子孙……子孙代代尽中传之道让于其子孙，则家门繁荣无疑"①。在这里，大名本人不过是家国的临时托管人，而下级武士的忠诚对象与其说是对主君本人，不如说是对主君的家。

在江户时代不断发生的御家骚动，就是家臣针对"恶逆无道"又不纳谏言的主君，以家臣团合议的形式，强行将主君或幽禁或废除，然后从大名直系家族成员中选立新主君。日本史学家笠谷和比古通过对1646年的古田骚动，1660年的伊达纲宗隐居事件，1695年的丸冈本多骚动，1757年的加纳安藤家骚动，1780年的上山松平家内讧事件，1861年的黑羽大关家事件等一系列御家骚动的经过及结果的分析，认为家臣团在认为主君大恶无道时，将其废除并另立新君的行为既不是叛逆，也不是阴谋，而是理所当然的正当行为，是维护家族和领国统治稳定的政治惯例②。

近世武家家族制度和家族至上理念使武士的忠诚观念发生了变化，在这种对"家"的忠诚观念下，主君尽管依然高贵，但是当他对"家"的存续有害时，就必须将其废除，这是对"家"的存续负有重要责任的家老、重臣的义务。与其说他们是某个大名主君的家臣，不如说已成为"家"的社稷之臣。在这种情况下，家臣对主君的忠诚必然转化为对主君的藩的忠诚，正如美国学者贝拉所言，"这种忠诚是对自己集体首领的忠诚，而不管首领人物是谁，这与其说是对人物本身的忠诚，不如说是对人物地位的忠诚"③。正是这种"忠诚对象的非人格化倾向"

① 近藤齐：『近世以降武家家訓の研究』，资料篇，風間書房，1975年，第213頁。
② 笠谷和比古：『主君押込の構造』，平凡社，1988年，第168頁。
③ （美）贝拉：《德川宗教——现代日本的文化渊源》，王晓山等译，上海：三联书店，1998年，第19页。

使近世忠诚观念的内容发生了变异，即由以主君个人为对象的忠诚向超越主君个人的家族共同体的忠诚转变。这一转变尽管是在封建藩国范围内，但毕竟超越了主君个人，是一种带有由私向公即由"私忠"向"公忠"性质的转变。

江户时代武士"忠"的转变，表现在思想领域里，是忠诚的对象向忠于公共理性原则的转变。林罗山虽然从朱子学中为君臣上下秩序找到了合理的依据，但并不主张主君在君臣关系中居绝对优越地位。他认为无道的昏君、恶主统治使天下人民痛苦与无君无异。在这种情况下，如果有人出于天下公心，放伐主君或使其易位是合理的。他提出君所以为君和臣所以为臣，应以"道"为前提条件，"圣人之教，君有君道，无道则失天下，臣有臣道，不可犯上"，林罗山以作为政治理性原则的"道"来规范原本建立在"恩"和"情"基础上的主从关系，使武士对主君的忠里充实了理性原则的内容。

随着政治公共理性的确立，以及由对主君个人的忠诚转化为对主君所代表的家族共同体即藩国的忠诚观念形成后，"天下非一人之天下，乃天下之天下"这种"公"天下的政治意识随之产生。林罗山提出的这一天下意识在近世政治思想中具有广泛影响，如同主旋律在各种思想学说中以各种形式反复出现，山鹿素行的君臣论正是建立在林罗山这一天下意识基础上的。他肯定了君臣上下之别是"天地自然之法则"，主张"君臣天合"说。他认为臣应该把生死交给主君，所谓"顾其身，得主人，尽奉公之忠"[1] 是为臣之道。但他又认为"君虽因时交替，但臣应与国家共生死。臣的忠诚应该超越主君个人，与国家相结合"[2]。在君臣关系上，熊泽蕃山认为主君应以"行仁政为天职"，而"助君使其行仁政，乃臣之天职"[3]，在这里，君臣关系已由"私"的关系变成"公"的关系，完全超越了建立在"恩"与"情"基础上的武士之间的主从关系，"君臣"变成了"国家的统治机关"。

---

① 笠谷和比古：『主君押込の構造』，平凡社，1988 年，第241 頁。
② 笠谷和比古：『主君押込の構造』，平凡社，1988 年，第242 頁。
③ 笠谷和比古：『主君押込の構造』，平凡社，1988 年，第240 頁。

关于主君的地位，山鹿素行认为，"人君为万民而立其极，故人君非私也"，"民聚而君起，君立而国成。故民为国本"。这就是说，"人君"是为天下万民所设的政治机关，国家和人民都不是"人君"的家产。"人君"与国家应该是分离的，对"人君"的家臣来说，"近是君臣，远是天下国家"，"以利君长为忠，是不知此为利其私也"，这样对主君个人的忠诚被素行认为是"私"，而"为国家天下谋"才是真正的"公共的忠"。素行将累代仕奉主君的家臣称为"社稷之臣"，他们并不是为某个个别主君利益而奉公，而是为了"国家"即大名主君所从属的"藩"和"家"而效忠，所谓"社稷之臣，为国家而非为君也"。[①]

素行所说的国家是指大名主君从属的"家"和藩国，由于受历史条件的局限，素行关于"忠"的认识还没有达到民族国家的高度，但是他在理论上完成了君臣关系的政治机关化和公与忠的一体化，在日本近世思想史上具有重要意义，而且为武士道中的忠诚观念在思想领域的进一步深化，为幕末尊皇武士道的确立起到了思想基础的作用。

2.4.3 主从之忠向君臣之忠的转变

在幕府时代，武士的忠是主从之忠，而不是君臣之忠。作为一个武士，在他的主人之外，便不再有别的法律，他效忠的只是他的直接主人——领主、大名或幕府，而并非天皇。到幕末时，在社会动荡、民族危机日益加深的情况下，人们意识到主从之忠的不合理，于是开始注重大义名分，强调君臣之忠。于是，主从之忠开始转向君臣之忠，尊皇武士道开始形成。

---

① 山鹿素行：「山鹿语类」四，笠谷和比古：『主君押込の構造』，平凡社，1988 年，第 241 - 242 頁。

　　幕末水户学①首先倡导尊皇。水户学代表人物藤田幽谷在所著的
《正名论》中即强调尊皇，认为"天无二日，土无二王，言统于一也"，
"天朝开辟以来，皇统一姓，传之无穷，拥神器握宝图……天皇之尊，
宇内无二，应崇奉而事之"。但是他并不主张"万民"直接尊奉天皇，
而是让其忠于自己直属的主君，来间接履行尊皇义务。"幕府尊皇室，
则诸侯尊幕府，诸侯崇幕府则卿大夫尊诸侯，然后上下相保，万邦协
和，甚矣名分之不可不正且严也"。②对藤田幽谷及其水户学来说，尊
皇要在封建君臣关系的等级序列上来理解，对于臣下，"臣民者，各从
邦君之命，亦即从幕府政令之理，仰天朝、报奉天祖之道也"。这就是
说，藩士、大名对其直属上级的主君尽忠就是尊皇。幽谷等人的尊皇论
虽然以中国儒学的正名论为思想支柱，但又与中国"循名责实"的名
分论不同，并无变革权力二元化的现存秩序，使天下定于一尊的意欲。
正名分最终目的就是要维持这种等级秩序，而并不是要求"万民"对
于"一君"直接奉献自己的忠诚。幽谷的次子藤田东湖所著的《弘道
馆记述义》更是强调尊皇秩序论，坚持认为尊皇是将军的特权，直接
效忠主君才是尊皇。若要超越等级秩序直接尊皇，就是"僭乱"，"若
慢其君父，欲直尽忠于朝廷和幕府，则犯分逾等之甚，适足以取僭乱之
罪而已"③。水户藩藩主德川齐昭也曾表示："士民尊敬其领主，领主尊
敬将军，将军尊敬京都，若忘其身份应称乱民。"④

　　从本质上看，水户学派倡导的"尊皇"是与"敬幕"相结合的，

---

① 水户学系日本学派之一。该学派之形成，始于水户第二代藩主德川光圀，于 1657 年
　　编纂《大日本史》，强调"大义名分"进而形成尊王之思想体系。前期水户学的代
　　表人物有德川光圀、朱舜水、三宅观澜、栗山潜锋、安积澹泊等。后期水户学派，
　　一般是指 18 世纪末期到 19 世纪前半期在水户藩形成的儒学流派，其代表人物是藤
　　田幽谷、会泽正志斋、藤田东湖和德川齐昭等。其思想以尊崇天皇家族，维护君主
　　国体，敬神崇儒，忠孝一致，大义名分论为中心，对幕末尊王攘夷运动产生很大影
　　响。

② 藤田幽谷：「正名論」，濑谷义彦等：『日本思想大系・53・水戸学』，岩波书店，
　　1970 年，第 371 页。

③ 藤田东湖：「弘道館記述義」，濑谷义彦等：『日本思想大系・53・水戸学』，岩波书
　　店，1970 年，第 447 页。

④ 王家骅：《儒家思想与日本文化》，杭州：浙江人民出版社，1990 年，第 234 页。

虽然这种尊皇论为开国后的攘夷运动奠定了思想基础，但归根到底是以维护幕藩体制为目的的。在水户尊皇论者看来，只要保持从武士到天皇这个"忠的体系"的秩序，做到像幽谷所说的那样"君臣名分，上下之分，正且严"，那么无论是权力多元化的封建制，还是天皇与将军的双重政府，都不会出现道德上的矛盾。每个等级的人按照名分，只需忠于直接的主君就可以了。这样可把国家的稳定建立在身份制度稳定的基础上，从而保证国家的长治久安。

问题是一旦天皇与将军之间失和，这个忠诚体系的连贯性就会被破坏。对武士来说，他们就得选择是忠于天皇还是忠于将军，二者只能择其一，而且多重的忠诚体系使他们如果选择效忠主君或将军，就意味着对天皇的叛逆，而选择忠于天皇，也同样是对主君或将军的叛逆，因此陷入忠诚与叛逆的两难境地。这也可以说是儒家的大义名分和武士道之间的矛盾。如前所述，在镰仓初期的"承久之乱"中，当时的武士御家人就曾面临着这样的选择，其结果是选择效忠朝廷的在朝廷失败后，都受到了极为严厉的惩罚。因为当时武士团是以非理性的主从盟约为基础的团结，"弓马之道"是维护这种团结的道德基础。即使有天皇的命令，背叛有恩于己的主君也是武士所不齿的忘恩负义的行为。而到了德川时代，这种以私人的恩义关系为基础的非理性的"弓马之道"经过儒学家们的改造，不断吸收儒家的"道""义"和"分"等范畴，发展成为以"道的自觉"为核心的士道论。而士道论中的忠诚观念，也由对个人或组织的忠诚产生出了对"道"或公共理性原则的忠诚，用丸山真男的话说是"对原理的忠诚"①。正是这种"道的自觉"成为产生"尊皇论"的思想基础。而当幕府和藩"失政"，将军与天皇失和时，武士便认识到背叛将军而忠于天皇是符合君臣之道和大义名分的，从而克服了武士道与儒家"大名分义"的矛盾，由此武家武士道开始发展为尊皇武士道。

尊皇武士道是战前日本武士道学者对幕末以吉田松阴为代表的武士

① （日）丸山真男：《福泽谕吉与日本近代化》，区建英译，学林出版社，1992年，第121页。

道思想的总称。这种尊皇武士道从思想上和行动上完成了忠诚与叛逆的转换，最终确立了对天皇的忠诚，并将对天皇的忠诚同民族主义结合起来，使忠诚的内涵上升到了民族国家的高度。

吉田松阴（1830—1859），是江户末期的思想家、教育家，尊王攘夷志士。1858 年开设松下村塾。尊王攘夷志士高杉晋作、山县有朋、伊藤博文等皆出于其门下。他一向以山鹿兵学的正宗嫡传自居，视山鹿素行为先师。自称"自幼以山鹿氏兵学为业，学习武士道，常把死放在心上"①。吉田松阴不仅继承了山鹿素行的兵学思想和武士道理论，而且发展了素行的尊皇思想。在山鹿素行的尊皇思想里，天皇万世一系，武将代代尊皇是日本优越性的体现，但其尊皇论是建立在维护幕藩体制合理性基础上的。吉田松阴的尊皇武士道继承了山鹿素行的这种尊皇论，在他为自己创办的松下村塾所写的教育方针《松下村塾记》中写道："人之所最重者，君臣之义也，国之所最大者，华夷之辨也。今天下何如时也，君臣之义，不讲六百余年，至近时，并华夷之辨又失之……生神州之地，蒙皇朝之恩，内失君臣之义，外遗华夷之辨，学之所以为学，人之所以为人，其安在哉。"② 在这里，松阴所说的明"君臣之义"是指尊皇，明"华夷之辨"是御外侮，也即把尊皇攘夷作为武士学习和做人的头等目标。而武士应该如何学习和做人？松阴的《士规七则》说得简明扼要：

1. 凡生为人，要知人所以异于禽兽，盖人有五伦而君臣父子为最大，故人之所以为人，忠孝为本。

2. 凡生皇国，要知吾所以尊于宇内，盖皇朝万叶一统。邦国士夫，世袭禄位，人君养民，以续祖业，臣民忠君，以继父子，君臣一体，忠孝一致，唯吾国为然。

3. 士道莫大于义，义因勇行，勇因义长。

4. 士行以质实不欺为要，以巧诈文过为耻，光明正大，皆由

---

① 田原嗣郎：『日本の名著・12・山鹿素行』，中央公論社，1971 年，第 15 頁。

② 井上哲次郎：『武士道全書』第七卷，時代社，1942 年，第 174 頁。

是出。

　　5. 人不通古今，不师圣贤，则鄙夫耳。读书尚友。

　　6. 君子之事，成德达才，师恩友益居多焉。故君子慎交游。

　　7. 死而后巳四字，言简而义广，坚忍果决，确乎不可拔者，舍是无术也。①

　　《士规七则》在近代以后被誉为"武士道宪法"②。其第一条是说做人之道，第二条是说做日本人之道，第三、四条叙述了武士道的纲领，第五、六、七条是讲武士道的修养方法。其中最能体现松阴尊皇武士道思想的是第二条。松阴强调日本之所以是日本，就在于其"万叶一统""君臣一体"和"忠孝一致"的国体，力图通过提倡国体意识的自觉来强化武士的尊皇心。但他在强调国体的自觉的同时，依然承认"邦国之士夫，世袭禄位"这种封建体制。但是松阴却否定了忠诚体系的连贯性，强调诸藩、武士要同心协力奉事天朝、幕府。针对长州藩学者山县大华提出的诸侯是幕臣而非王臣，所以不得奉事天朝，以及诸侯仕将军，将军仕天皇的这种主张，他说，"普天率土莫非王臣王土，若不忠于我主，安能忠于皇朝，若不忠于皇朝安能忠于我主，将皇朝与我主分而为二乃习俗之见也"。松阴打破了后期水户学的尊皇秩序论，不再认为按照等级秩序忠于主君或将军即是"尊皇"，尊皇也不是将军的特权。但是对于尊皇攘夷，他依然寄希望于幕府，希望其能振作精神有所作为，强调"不论幕臣、王臣，应尊朝廷、敬幕府，攘夷狄，爱苍生，忘此四者乃逆贼也"③。

　　七百年武家政治，天皇只是深居禁里，默默无闻的国家元首。武士们尽忠的对象是他们的主君，对天皇的忠诚几乎不是一个问题，即便是主君与朝廷失和，武士的道德规范也要求他们要效忠主君。至幕末，把武士对主君或将军的这种"复数重合"的忠诚转化为对国民统一象征的天皇的忠诚的过程，"绝不是单纯在空间上把对'藩'的忠诚扩大到

---

①　井上哲次郎：『武士道全書』第七卷，時代社，1942 年，第 179 頁。

②　武士道学会：『武士道入門』，ふたら書房，1941 年，第 210 頁。

③　山口县教育会：『吉田松陰全集』第三卷，岩波書店，1935 年，第 570 頁。

国家范围，也不仅仅是把忠诚的人格对象从主君变为天皇等简单事情"①。武士阶级由忠于主君转向忠于天皇是一个"极其错综复杂的，充满矛盾混乱的过程"，是几方面因素相互交织合流而促成的。

第一，近世以来，武士的忠诚观念已经发生变化。如前所述，在"家"意识下，武士已经由对主君人格对象的忠诚转向对主君所代表的"家"或藩国的忠诚，而且中国儒家的以道仕君和"天下为公""大义名分"等政治观念，使武士阶级至少在理论上确立了对政治公共理性的忠诚，即武士在对组织的忠诚中包含着对"原理的忠诚"。而随着幕末民族危机的加深，国内局势的动荡，这种"对原理的忠诚"从对组织或个人的忠诚分离出来。幕末维新的两大思想潮流"尊皇论"和"公议舆论"，正是"天下为公"观念在新的社会条件下逐渐革新其意而产生的。

第二，"尊皇论"不仅来源于儒家的"大义名分"，也是"神国意识的发展，天皇的神性日益强调"②的产物。山鹿素行的民族优越论和尚武论都是以日本是神国为依据的。而后期水户学的尊皇论也以日本是神国为理论支柱，藤田幽谷的《正名论》中强调，"赫赫日本，自皇祖开辟，父天母地，圣子神孙，世继明德，以照临四海，四海之内尊之曰天皇"③。藤田东湖的《弘道馆记述义》也宣扬"神州，天日之嗣，世奉神器，君临万方，上下内外之分，犹天地之不可易焉"④。会泽正志斋在《新论》中提出"神圣以忠孝建国"，主张以天皇为君主的日本国家建设，应基于以天祖天照大神为首的众神们的意志。这些论点都是希望以天皇的神性来统一天下人心。而江户时代的国学更是从萌芽状态的民族主义出发，附会日本古代传说的神国意识，主张日本是"天照大神"创造的神国，把天皇和日本与神结合起来，宣扬日本的优越地位

---

① （日）丸山真男：《福泽谕吉与日本近代化》，区建英译，学林出版社，1992 年，第 121 – 123 页。

② （日）森岛通夫：《透视日本》，天津编译中心译，北京：中国财政经济出版社，2000 年，第 67 页。

③ 濑谷义彦等：『日本思想大系・53・水戸学』，岩波书店，1970 年，第 370 页。

④ 濑谷义彦等：『日本思想大系・53・水戸学』，岩波书店，1970 年，第 434 页。

和尊皇思想。

"大义名分"和神国思想为武士效忠天皇提供了坚实的理论基础。从理论上讲，既然是生于皇国的"武门武士"，"勤其作为职分的武道，报皇国大恩，乃理所当然"。但是七百年武家社会所培养的武士对主君的忠诚毕竟是以"自我"对"御恩"的切实感受为基础的，"它不可能超越这个基础而在时间和空间上无限延长"①。所以德川时代武士的忠诚不能很顺利地转变为对天皇的忠诚，其原因也就在于此。吉田松阴在1856 年写给朋友的信中也表达了面对这种转换的苦恼和矛盾心里，他说："仆为毛利家之臣，故日夜磨炼奉公于毛利家之本领，毛利家乃天子之臣，故日夜奉公于天子也。我等忠勤于国主，亦即忠勤于天子……然六百年来我主已多不献忠勤于天子也……今愿献我主六百年之忠勤予天子，此乃我之本意。"当时的佐幕论者对强调三千年皇恩的尊皇志士更是愤怒地喊出："三百年之恩起于父祖之时，从而生我，其恩近且大。三千年之恩生于悠久不可知之元祖时，其恩远且小"，"岂能舍父祖而党悠久不知之远祖?"因此，武士彻底转向对天皇的忠诚，需要外在因素的刺激。

第三，开港后，随着日本民族危机的日益加深，内外矛盾也日益激化。在统治阶级内部，长州、萨摩等西南强藩与幕府的矛盾，各藩中下级武士同藩主和上级武士之间的对立日益加深。尤其是下级武士，他们因等级秩序的固定化而无升迁希望，更由于俸禄微薄，开港以后又物价飞涨，痛切地尝到了生活的辛酸苦辣，因而迫切希望改变现状。内外矛盾日益加剧的社会形势犹如"战国乱世"的重现。在对外危机感的触发下，武士的忠诚对象渐渐上升和扩大。

1858 年，幕府不顾天皇敕令和众多大名、武士的反对与美国签订了《日美修好通商条约》，从而为尊皇志士提供了倒幕的借口。吉田松阴认为幕府不待敕许违反敕命，是"国贼"。主张"吾藩应直接奏请天子，决不可阿同……如幕府将此定为叛逆，加不义之兵，虽士死国

---

① （日）丸山真男：《福泽谕吉与日本近代化》，区建英译，学林出版社，1992 年，第114－135 页。

（藩）灭，于道何不可哉"①，即为了尊皇即使牺牲藩也在所不惜。至此，松阴的尊皇思想已经突破尊皇秩序论的藩篱，不再认为依照等级秩序忠于主君即是尊皇，而且为讨伐幕府，提倡"草莽崛起"论，号召日本各阶层，特别是下级武士和豪农豪商们直接效忠天皇，奋起救国。他说："今日之幕府、诸侯皆已成为醉人，无扶持之术，非草莽崛起之人无所望矣。"② 吉田松阴主张建立以天皇为最高权力者的"君臣一体"、一君万民的天皇制统一国家，为此就必须打破纵向的身分等级的封闭性和横向的各藩割据的封闭性，将全国的下级武士及豪农豪商的忠诚心，直接从空间上扩大到天皇和国家，实行尊皇攘夷，以拯救垂亡的日本国家和民族。正如他所说的那样，"普天率土之民皆以天下为己任，至死以仕天子，不以贵贱尊卑为隔限"③。

这样，在幕末日本民族危机加深的形势下，日本武士等级递进的封建忠诚完成了向单一的、直接地对天皇忠诚的转变，封建武士道发展为所谓的尊皇武士道。吉田松阴在 1859 年（安政六年）于狱中写下的《坐狱日录》中，阐述了尊皇武士道的实质。他说："皇统绵绵，传于千万世而不变，绝非偶然。皇道的基本亦在于此。盖天照大神将神器授予天孙琼琼杵尊时，有誓言曰：'宝祚隆盛，天壤无穷'。汉土天竺的臣道吾不知，然在皇国，宝祚素无穷，臣道亦无穷。"那么，什么是在皇国必须履行的臣道呢？松阴认为："在海与水共沉浮，在山与草同枯荣，为君尽忠节，我身何惜死，此难道不是臣道吗？"④ 吉田松阴所说的臣道也可以说是日本武士道，只不过它已不是武家武士道了，而是复活了律令时代忠于天皇的臣道。

虽然"大义名分"和神国意识为尊皇武士道提供了理论基础，但是这种尊皇武士道并没有局限在理论教条范围内。吉田松阴的武士道并不满足于简单的理论，还提倡应该重视行动。他创办松下村塾，意在促

---

① 山口县教育会：『吉田松陰全集』第五卷，岩波書店，1935 年，第 190 頁。
② 山口县教育会：『吉田松陰全集』第五卷，岩波書店，1935 年，第 190 頁。
③ 山口县教育会：『吉田松陰全集』第四卷，岩波書店，1935 年，第 141 頁。
④ 山口县教育会：『吉田松陰全集』第七卷，岩波書店，1935 年，第 257 頁。

进武士本来所具有的那种负有强烈荣誉感的自我意识和自我牺牲精神的复活，以此来担当实现"尊皇攘夷"的大任。《士规七则》第七条"死而后已四字，言简而义广，坚忍果决，确乎不可拔者，舍是无术也"这句话，说的是武士如果不勇敢果决地牺牲生命的话，其他的要求没有任何意义。这同《叶隐》的"武士道即是死之道"完全是异曲同工，也是把生命看作是效忠的手段。这种非理性主义的行动论是吉田松阴尊皇武士道的重要内容。

尊皇武士道的重要意义在于它完成了一种观念的转变，打破了近七百年武士的效忠传统，使其对主君的封建忠诚转换为对天皇国家的忠诚。这可以说是在武士道思想史上完成了封建武士道向近代武士道的转化。说他是思想领域内的一场革命也不为过。

第三章

武士道与日本近代军制的关系

近代以后，武士作为一个阶级被取消了。但是明治政府的军政领导人无不出身于武士阶级，经过几百年的教育和传承，武士道早已渗入他们的脑海，成为左右其思想和行为的主导观念。正如新渡户稻造所说，这些人除了武士道外不知道还有什么道德来教育人们。经过他们的改造，武士道由封建武士道德发展为近代军人精神，即近代天皇制国家权力的基础——军队的统治思想。

第一节　近代以前武士道教育与传承

近代以前的武士道，经历了江户时代以前的旧型武士道和江户时代以后的新型武士道两个发展阶段。这两个发展阶段的武士教育虽然具有不同的特点，但都以武士道为内容，具有封建军国主义教育的特征。回顾幕府时期的武士道教育，有助于了解武士道对近代日本军人精神的影响。

3.1.1　重武轻文的中世武士教育

以 1192 年镰仓幕府的建立为标志，武士阶级取代了宫廷贵族，掌握了从中央到地方的政治实权。当时的武士和宫廷贵族相比，是"全然男性的，像野兽一样有力的粗野的种族"①。他们能掌握政权完全是凭借武力和团结力，武力和武士的社会组织是武士安身立命、生存与发展的基础。武士为了能在不断的战争中取胜，勇敢和富于冒险精神是必不可少的，而更重要的是要维护武士集团内部的稳定。这就需要有一个武士共同遵守的行为准则——武士道。虽然武士道一词的语言表述和概念界定是后来才出现的，但武士道所包含的种种习惯、品质和情操，如忠诚、武勇、胆量、坚毅、孝义等早已成为评价监督这一时期武士行为的一种道德标准。它是维护武士的武力和团结力的道德基础。

武士阶级大都出身于地方农村，以武艺为业，粗野而疏于文道，甚至大部分是文盲，他们过着与都城风流文华的贵族完全不同的生活。武士道不仅是他们的行为规范，更是他们针对贵族的文弱习气，意识到自我存在价值的反映。因此在武家社会，自然产生了与公家贵族不同的特种教育活动。当然武士教育的主要内容是灌输武士道和传授武艺，前者是行为规范、情操教育，后者是职业本领教育。当时，武士基本不崇尚文化教育，虽然文武兼备被认为是武士的理想人格，但是，文化技能被看作是次要的。在武士那里，武道是其安身立命的本钱，针对武道而言，知识和文艺被称为文道，对文道本身从来都不是作为目的去探求的，他们追求文道也只是作为获得智慧的一种手段。武士在 17 世纪以前基本上是以战争为职业的战士，对他们来说，弓马之习等作战技能才是最重要的。在镰仓时代初期，整个武家社会的风尚是"嫌弃公家贵族之文弱而鼓吹质实刚健之风气，排斥诗歌管弦之游乐，而奖励武艺之磨炼"②。可以说，培养尚武精神和磨炼武艺是中世武士道教育的主要内容和特征。

武艺和武士道的修炼是作为一门武家内部的教育实施的，这是武士教育的另一个重要特征。在镰仓幕府建立以前，受教育是贵族社会的特权，而生长在农村的武士，其教育只是由家中的长辈或精通武艺者进行，内容多为家族代代传承下来的弓马之术以及先祖的战功事迹、掌故

---

① （日）新渡户稻造：《武士道》，张俊彦译，北京：商务印书馆，2002 年，第 16 页。
② 王桂：《日本教育史》，长春：吉林教育出版社，1987 年，第 49 页。

等，这些当时被称为"执弓矢者之习"。在武士确立统治地位以后，也并没有建立公共的有组织的教育设施，武士的教育和武技训练依然作为家族教育来实施。武士教育特别重视武艺训练，我们可以从现在依然留存的 13 ~ 15 世纪的武家家训中了解当时进行的训练和教育的内容，如《今川了俊制词》中写道："弓马合战，本乃武家之常，当用心修行。"

　　随着武士阶级政治地位的提高，加强文化修养和讲究为人之道成为当务之急，因为"在武家社会，武将的人格具有现实力量"[①]，武将的人格魅力对于维护其地位具有重要意义。现存最早的武家家训是镰仓时代前期的《北条重时家训》，北条重时是幕府第二代执权北条义时的第三子，曾任幕府重职。该家训由《六波罗殿御家训》和《极乐寺殿御消息》两部分组成，前者是写给其嫡子的处世训，后者是写给整个家族的道德训诫，其目的都在于教育和强化武士的人格修养。北条重时在家训中一再告诫其子要在日常生活中加强文化修养，注重仪表和举止言行的规范，要做到仪态整洁，举止端庄，言语规范，否则就会被人小视，招人耻笑。这些生活上的细节，看似简单，但却关乎家长的威严和家族的荣誉。"不重则不威"，讲究威仪一直是武士道德修养的重要内容。

　　自《北条重时家训》以来到战国时代，有名的武家家训有《竹马抄》《朝仓景敏十七条》《伊势贞亲家训》《上杉定正状》《多胡辰敬家训》《早云寺殿廿一条》《北条氏纲家训》《武田信繁家法》等。这一时期，由于社会动荡，武士之间和武士家族内部纷争不断，于是，家训成了武士在乱世中保"家"的家族教育的基本方针，作为"家"意识的反映和"家"结合的指导方法的作用日益明显。在这些家训中，对于作为武士安身立命的武道并没有过多地强调，因为"武道弓马乃武家必备之本领也"，其重要意义无须多费口舌。家训所着重追求的是"武将的人格魅力"，强调的是对文道的要求，如"不知文道，武道终不能得胜"，"古法文左武右，非兼修不可并得"，虽然武将们重视文

---

① 古川哲史：『日本道德教育史』，角川书店，1961 年，第 108 页。

道，追求知识，但并不是为了文道及知识本身，而是为了辅助武道的胜利。

家训的教育对象多是成年继承人，很少是针对幼少子弟的。武士的儿童教育主要在寺院中进行。自镰仓时期以来，公家设立的教育机构已不复存在，家庭和寺院是武士教育的主要场所。只是寺院教育以文为重心，而家庭以武为重心①。在武家时代，佛教的寺院在幕府的保护下，作为教育和培养学者的中心而继续存在，同时开始吸收武士儿童对其进行初级教育。从思想史角度而言，日本中世的主导思想是佛教，僧侣是当时文化和精神的指导者，武士认为僧侣是他们灵魂的指导者，希望其子弟自幼接受僧侣教育。从镰仓时代开始，武家子弟进入寺院接受文化教育，当时被称为"入寺"，而到了室町、战国时代后，武家子弟"入寺"已经习惯化了。武家子弟在7～10岁时正式进入寺院学习，如太田道灌（9岁）、武田信玄（8岁）、上杉谦信（7岁）、多胡辰敬（5岁）、德川家康（10岁）、织田信长（13岁）。而室町时代的小说《义经记》中的主人公源义经是7岁"入寺"的。学生入学也叫"登山""住山"或"师仕"。学习期限一般为七年左右，所用教材最初是用于读写的《庭训往来》，而随着学习能力的提高，年龄的增长，所用教材除佛教经典外，另有《论语》《四书五经》《六韬三略》及《古今和歌集》《万叶集》等。

寺院为教育这些未来以战争为职业的少年武士子弟，甚至把学习比作战场。在《初登山手习教训书》中这样写道："儿童登山时，犹如武士上战场，师匠是大将，砚墨纸等如武具之类，课桌如城郭，笔如太刀，而写出诗记文章犹如一个武士攻入坚固的城郭，歼灭大敌"。武士子弟自幼在寺院学习，这对于佛教尤其是禅宗与武士的结合，促进早期武士道思想的形成起了重要作用。自幼在寺院学习的武田信玄的名言"参禅别无秘诀，唯思生死切"，可谓一语道破了禅宗与武士道的关系。

武士以战争为职业，武艺的训练，武士道精神的培养始终在武士教

---

① 古川哲史：『日本道德教育史』，角川书店，1961年，第94—97页。

育中居首要地位。而获得这些能力和品质则"不依赖读书，而依赖家庭、社会，特别是战场上的经验"①。武士自幼就开始进行武道的锻炼，像《世镜抄》所说的那样，在"入寺"前就"开始着铠""弯弓""骑马"，进行武艺武勇的磨炼。"入寺"后，有的武士少年也像《义经记》中的源义经那样，白天学习知识，夜里独自在山上舞动木刀，锻炼武道。一般情况下，都是在寺院的学习结束后，才开始于家中在父兄的指导下正式接受武道的训练，并通过"鹰狩"，"犬追物"，"笠悬"等习射来加强弓马之术的锻炼。而锻炼"武勇的心胆"也是武士教育的重要课题。新渡户稻造在《武士道》书中写道："诸如刚毅、不屈不挠、大胆、镇定自若、勇气等品质，最容易打动少年的心，而且是通过实践和示范可以得到训练的东西，是少年时从小就受到鼓励的，可以说是最吃香的品德。"

对武士子弟进行的职业技能和品质的教育并不因为武士成年而结束，在战场上，父兄以身作则，通过实战使武士子弟掌握具体的武士行为规范，这种教育方式往往更具有实际意义。

总之，中世的日本，长期处于乱世，武家赖以生存的是武力，时时刻刻离不开战斗，整个武家社会的风尚就是尚武、"尚强力"，虽然也注重文道礼仪，但更多地体现出的是武断的色彩。反映在教育上是重武轻文，重视实践能力的训练和尚武精神的培养。虽然武士的文化水平远远落后于公家贵族，但却摆脱了对中国文化的模仿和因袭，从而形成了独特的日本武家文化。

3.1.2　习文尚武的近世武士教育

在中世社会，由于人们生产力水平和抵抗自然灾害能力的低下，饥饿几乎成为当时日本人日常性威胁，而且对于自然灾害，除了对"神佛"祈祷外别无应付之法，正如津田左右吉所说，"人间万事实际上非人所为，完全是不可思议力量的作用"，所以说，中世是神佛统治的世

① （日）小林哲也：《日本的教育》，徐锡龄译，北京：人民教育出版社，1981年，第10页。

界。在现实中即使有人的行为力量，在观念上也被认为是"神佛"加护的结果。人的能动与行为都被化解到"神佛"的威力中。所以，在中世的日本思想界，佛教一直居统治地位。

到了战国时代，由于庄园制的瓦解，农民的自耕农化促进了农业生产力的发展，同时也提高了抵抗自然灾害的能力，饥馑对人类的现实性威胁减弱了，人们对现实的期待也提高了，所以在中世的来世主义中，现世主义和现实主义的倾向明显加强了。而且在政治军事领域，像织田信长、丰臣秀吉和德川家康这种人的自信和成就，都来源于他们相信有力量战胜命运，相信凭借实力和智慧，世界是可以控制、可以驾驭的东西。在很大程度上，就是这种态度上的变化促成了理智对佛教及其神秘观点的挑战，进而形成了非宗教的现实主义的思想。在近世初期的假名草子《长者教》中，就曾提出了要以自己的力量改变现实的主张。"因为即使祈求神佛，也没有果报，所以与其祈求神佛，不如经常锻炼自己的能力和才智"。① 针对皈依神佛为基调的中世社会，近世则是强调人的力量和智慧的社会。

新的社会需要有新的世界观，中国儒家的现实主义的人生哲学正好满足了日本近世社会的这种心理需求和社会需求。中国的朱子学派儒学不仅为近世社会提供了现实主义的人生观和世界观，而且也成为维护近世幕藩体制的哲学支柱。中国儒学之所以能为德川武士阶级的统治服务，就在于"学问导致文，可以使人接触道德秩序的精华，因而产生了有道德的人"。② 武士政府的主要任务是通过教育帮助人们建立道德秩序，以维护武士阶级的统治地位。

德川时代的武士教育同以前相比具有许多新特点。首先，学校教育比较发达。如前所述，在中世时期，由于学校教育不兴，武士只能在家中或寺院接受教育，而德川中期以后，随着社会经济的发展，学术思想昌盛，学派林立，学校教育也随之发展起来，不仅武士可以受到较高水

---

① 柴田純：『江戸武士の日常生活』，講談社，2000 年，第 19 页。
② （美）约·惠·霍尔：《日本——从史前到现在》，周一良等译，北京：商务印书馆，1997 年，第 139 页。

平的教育，就连平民的识字水平也有很大提高。但是武士教育与平民教育有很大差异。德川时代的特点是身份制社会，严格的身份等级划分使各阶层的社会流动成为不可能，人的地位一生下来就确定了。武士作为世袭的统治阶级，其教育目标是培养能够遵守"上下君臣之别"，根据自己的身份来行动和起作用的人。武士教育与平民教育的区别在于前者是培养统治阶级应具有的各种才能和品格。而后者只是培养人们成为有知识而又驯服的群众。

其次，德川时代的武士教育完全是世俗的，学校是由非宗教的幕府、藩以及私人管理。教育的内容也完全是非宗教的，主要是用儒家思想对武士子弟进行文化和道德教育。此时的儒学并不是对中国儒学的生搬，经过林罗山、山鹿素行等儒学家们对其进行的改造，并与日本传统的武士道结合起来，从而成为与中国士大夫性格特征不同的武士阶级的儒学。把尚武精神同儒家的伦理道德相结合也是近世武士教育的主要目标。

武士的学校教育可分为幕府学校、藩校与私学。这些学校都是为男孩子设立的，女孩通常是在家里接受非正式的教育。幕府学校以昌平黉（也称昌平坂学问所）为代表，这所学校最初是 1631 年由林罗山在幕府支持下建立的，后由林家世代主持这所学校，在 1670 年幕府发布"禁止异学令"后，成为专门传授朱子学的最高学府。教育的对象是幕府的家臣——旗本和御家人的子弟，教育内容以经书、历史、诗文为中心，教学通过讲座和个别辅导来进行。在整个德川时代，幕府共建立过21 所直辖学校，大部分都是在德川时代的中后期成立的。而各藩积极致力于创办藩校是在享保年以后，在近 300 个藩中，大部分藩都依照昌平黉的模式来创办对武士子弟进行教育的藩校。

德川时代中后期以来，藩校的发展非常迅速，整个德川时代所设立的 219 所藩校中，有 187 所是在 1751 – 1867 年这 117 年间开设的。而这正是幕藩体制面临内部危机，急需人才来摆脱危机和进行各项建设的时期。在众多的藩校中，会津的日新馆、米泽的兴让馆、熊本的时习馆、鹿儿岛的造士馆、荻的明伦馆、水户的弘道馆等最为有名。

一般而言，任何国家或社会的学校教育都不是对成年人或社会人的教育，而是对青少年进行的教育，目的在于使青少年顺利地参与到成年人的社会中，使受教育者同现行的政治与社会制度相适应。因此培养武士子弟的藩校是以朱子学派的儒家学说为指导理念而实施的，其目标是将受教育者培养成上尊幕府的权威，下统治庶民的"士君子"，使其具有维护封建体制的知识和修养。为此各藩大都采取强制入学的积极方针，而且有的藩不仅强制高级武士子弟入学，对下级武士如足轻、徒士等武士的子弟也强行要求入学①。入学年龄大体上是从 7~8 岁，学习8~9 年时间。大部分武士子弟在藩校学习结束后即开始入仕奉公。

藩校的教育目标是培养维护幕藩体制的"士君子"，而"士君子"的基本要求，正如会津藩的教育令所说："文武不离，以忠孝礼仪为务"②。昭示水户藩校建学精神的《弘道馆记》规定其教育的目标是，"奉神州之道，资西土之教，忠孝无二，文武不歧，学问事业，不殊其效，敬神崇儒，无有偏党"③。淀藩藩校学则规定："所谓学问者辨孝悌忠信之道，体得圣贤之嘉言嘉行，不徒为博学多识。读经书者，以敬畏之心为旨，以圣人之言，察已之身行。读历史者，能考辨古来治乱兴废政治之得失，人品之邪正，而致日用之益。士应以节义为第一，应去鄙劣之心，坚守操行。④"从中可见成为"士君子"的基本要求，是能义能武，亦忠亦孝，讲究礼仪（包括神道中各种仪式）。这也说明道德教育是藩校教育的重点。藩校所使用的教科书在内容上几乎完全是道德性的，最初是学习中世以来一直使用的《实语教》等，其后是《小学》《近思录》《孝经》《四书五经》，学习方式也不像现在这样每学年更换教科书，而是相同的教科书反复使用，把书中的内容精神不断地向学生们灌输。

为了培养合格的武士，在学校管理上，学生自入学到毕业一直过寄

---

① 『岩波講座 現代教育学 5 日本近代教育史』，岩波书店，1962 年，第 7 頁。
② 古川哲史：『日本道德教育史』，角川书店，1961 年，第 100 頁。
③ 瀬谷义彦等：『日本思想大系·53·水戸学』，岩波书店，1970 年，第 443—445 頁。
④ 古川哲史：『日本道德教育史』，角川书店，1961 年，第 102 頁。

宿生活，学校根据学则和规章制度进行严格管理。岛山藩的学则要求："凡学生在校出入、往来、进退、言语不可失礼，少者敬长者礼也。就坐不可吵而乱席顺。年少以年长者为先，勿以贵贱争等。"① 通过各藩校制定的学则，我们基本上可以进一步明确藩校的教育内容和目标。

藩校还重视武士的实践能力教育，特别强调的是实践道德。培养对藩的发展有用的武士也是藩校教育的主要目的，如高崎藩学则的第一条规定："学问培养的第一要旨是正风仪，育群才，有用于政务。文武不息自不待言，先以忠孝为本，守恭谦退让，尚廉耻节义，志于实行，丝毫不得有轻薄浮华之习，应念念不忘有用于国务。"② 会津藩规定，"学问之事，修身成德，志于治政安民，勤于长役者更不可无学问"。各个藩不仅利用学校对青少年武士进行以儒家道德为理念的武士道教育，而且家庭教育在这方面的要求更为严格，例如在会津藩甚至以藩主的名义公布了在家族内对武士少年进行教育的道德规准。认为那些目无祖先、君主，欺压父兄的武士，既是其本人的不道德，也是父母教诫懈怠所致。极力强调父母对学前儿童教育的重大意义。

从江户时代日本武士教育的方针、内容和形式来看，武士所接受的教育完全是以尚武为核心的武士道教育，虽然他们学习的是儒家经典，但强调的是实践能力和尚武精神。武士在本质上依然是军人，而武士团体在本质上也是军事集团，所以他们对待学问，其所追求的不是静态的知识，而是动态的能力。他们所受的教育虽然是儒家的，但是他们更侧重于"忠诚和对社会的奉献"，即强调对君主或对集体的忠重于对双亲或家庭的孝。作为军事组织，他们重视集团精神，表现在对秩序的服从，对身份等级的认同和对年长者的尊重。虽然他们追求"士君子"的理想人格，但却强调保持军人的荣誉，"武士道把刀当作力量和勇敢的象征"，武士不带刀就不能外出行走，刀是武士统治身份的象征，对武士来说卑怯的行为是不能容忍的，因此他们从小就必须接受严格的军事训练，在众多的近世武家家训中几乎都把不忘武道作为重要内容加以

---

① 古川哲史：『日本道徳教育史』，角川书店，1961年，第103页。
② 古川哲史：『日本道徳教育史』，角川书店，1961年，第104页。

强调，其目的就在于保持武士的尚武本色①。总之，近世日本武士所接受的教育，用新渡户稻造的话说，就是"除了武士道之外不知还有什么道德教诲"。

幕府和各藩奖励办教育，尽管其目的是为了维持和强化武士阶级的统治，但是知识的酵种作用是不以统治阶级的意志为转移的，德川时代中后期，新思想，新学派因此而迅速发展起来，儒学中的异端学派与"国学"的发展自不待言，朱子学中的大义名分也导致了尊皇思想的树立，从而削弱了幕府武家政治的思想根基，推动了维新运动的展开。德川时代武士教育发展的重要作用在于"提供了超越身份制，掌握刷新体制所需的知识、技能并加以运用的承担者"②，为维新开国运动培养了一批新的领导力量。领导明治维新和在明治政府中任领导职务的大都是受过藩校教育的中下级武士。

表 3.1　受过藩校教育的明治维新领导人及明治政府官员

人物	生卒时间	出身藩	维新后所居官职
大久保利通	1830—1878	萨摩	内务卿
西乡隆盛	1827—1877	萨摩	近卫军都督，大将
黑田清隆	1840—1900	萨摩	首相
松方正义	1835—1924	萨摩	大藏大臣，首相
高杉晋作	1839—1867	长州	
木户孝允	1833—1877	长州	参议
大村益次郎	1824—1869	长州	陆军大辅
伊藤博文	1841—1909	长州	四任首相
井上馨	1835—1915	长州	大藏大臣，外务大臣

① 关于武士道教育，还可以从以武士道教育严格著称的会津藩和萨摩藩藩校学生的守则中知其具体内容。会津藩的学生规则是：不可违背年长者之言、须对年长者讲礼仪、不可有卑怯的行为等。萨摩藩的学生规则是：为君国可抛身命、不可违父母之命、对长者不可顶嘴、磨励文武、无刀不得外出、不可和市井商人交际等等。参见古川哲史：『日本道德教育史』，角川书店，1961 年。
② 『岩波讲座　现代教育学 5 日本近代教育史』，岩波书店，1962 年，第 7 页。

人物	生卒时间	出身藩	维新后所居官职
山县有朋	1838—1922	长州	陆军大臣，参谋总长，首相
板垣退助	1837—1919	土佐	内务大臣
后藤象二郎	1837—1897	土佐	邮政大臣
坂本龙马	1835—1867	土佐	
福冈孝弟	1835—1919	土佐	文部卿、枢密顾问
江藤新平	1837—1874	肥前	司法卿
大隈重信	1838—1922	肥前	外务大臣，首相
副岛种臣	1828—1905	肥前	内务大臣
大木乔任	1832—1899	肥前	文部大臣

这些维新志士几乎都在藩校或私塾受过较高水平的教育和特殊训练，很多人都在自己的藩内以军事或学问而受到重用，像西乡、大村和江藤、板垣等人都是一流的军事人才，长期的军事训练和尚武精神使他们对外来危机的反应相当敏感。武士阶级所特有的荣誉感，使他们不容忍日本被蔑视为劣等国家，新渡户稻造将这种名誉感视为幕末维新志士进行"尊皇攘夷"和"富国强兵"运动的主要动机。幕末武士阶级中涌现出的这批新的领导力量和压倒一切的外国入侵的危机感构成了幕末维新运动的两个重要特点，并成为 1868 年明治维新和后来改革的推进力量。也正是这些武士文化的承载者，在明治维新后确立了"军事立国"的国家发展路线，并把武士文化扩大为日本的全民文化，把武士道发展为近代军人精神和国民道德，并向全体国民灌输，从而为发动军国主义侵略战争奠定了思想基础和社会基础。

第二节　日本近代军人武士道精神的形成

明治维新以后，废除了封建身份制度，实现了四民平等，建立在封建身份义务基础上的武士道似乎应该退出历史舞台，但明治政府所确定的富国强兵政策的中心是强化军队。这就要求必须改革旧军制，建立近代化的军队及确立军人精神。而武士道所崇尚的忠诚和尚武精神以及它的战争价值观是建立近代军人精神的最佳素材。《军人敕谕》的颁布使武士道精神在新的历史条件下开始发挥作用，最终成为支持日本军国主义侵略政策的精神支柱和道德基础。

3.2.1 日本近代军制的建立

明治政府在成立之初根本没有自己的军队，而没有武力为后盾的权力是很难长期维持并得到全国拥护的。明治维新运动中的有识之士早就认识到"强兵"是"富国之本"，主张在王政复古时，将军权也收归朝廷，但当时各藩都拥有自己的藩兵，而朝廷却无一兵一卒，因此实行起来相当困难。1869年2月"版籍奉还"实施后，各藩对领地的所有权被剥夺了，藩兵理应就此成为天皇制国家的军队，然而由于各藩主依然以藩知事的名义掌握藩的实权，藩兵也就依然由各藩掌控，并没有因为"版籍奉还"而成为天皇的军队。但是，"版籍奉还"在制度上意味着旧有的君臣关系的终止，武家社会的以主君人格为效忠对象的主从关系在幕末尊皇攘夷运动中遭到削弱，从而使实施征兵制，建立一支常备军成为可能。当时的兵部大辅大村益次郎（1825－1869）积极推行西方式的兵制改革，计划废刀和实行征兵制，主张"不依靠藩兵而靠农兵——国民征兵来建立中央武力"①。

但是，在废藩置县，建立中央政府任命的全国统一的行政机构以前，实行全国性的征兵在技术上是不可能的。关键问题还是士族对取消其传统权利，以四民平等为基础的征兵制强烈不满。七百年武家制度，各藩主在其领地内对农工商等庶民在政治上和社会上都拥有绝对权威。在藩主周围，享有军事特权，拥有武力的武士阶级自然也拥有凌驾庶民阶层之上的政治和社会的各种特权。在这种社会制度中，武士阶级对其垄断"武职"这一特权，有着一种特殊的荣誉感，他们为此而学习文

---

① （日）井上清：《日本军国主义》（1），姜晚成译，商务印书馆，1972年，第127页。

道，修炼武道，作为个体，他们自然都是社会中的精英人物，"这样就有意地或无意地给武士一种尊严性，而庶民阶级同样认为这是理所当然"①。武士道也正是从武士的这种特权地位和由此而形成的荣誉感中孕育而生的。实施以四民平等为基础的征兵制度，意味着农工商等庶民阶层就可以和士族为伍，成为相当于武士的军人。这不仅彻底否定了士族阶级的特权，最令士族们不能容忍的是让他们与"土百姓，素商人"为伍，这伤害了他们的尊严，给予他们精神上的打击是相当大的。因此，反对这种征兵制也是理所当然。其结果是主张实施征兵制的大村益次郎遭到心怀不满的士族的暗害，在政府内部反对实施征兵制的人也很多，甚至有人同情刺杀大村的凶犯。这说明废除拥有近七百年历史的武士制度，实现"国民皆兵主义"的征兵制，其难度是相当大的。

明治政府为了实现"富国强兵"的目的，建立巩固的天皇制中央集权国家，决心建立一支强大的直属中央政府的常备军。关于建立常备军的目的，在大村益次郎去世后任明治新政府军部最高首脑的山县有朋（1838－1922）在1871年写的意见书中说得很明确，"兵部现今的目的在内，将来的目的在外"。他从军国主义的目的出发，认为建立一支强大的常备军和预备兵是当今国家的第一急务。"应根据府县的大小，选勇敢健壮的男子，教以西洋阵法，使其磨炼熟习，以供临机之用"。山县有朋根据普鲁士在德法战争中的胜利，充分肯定了全民皆兵的价值。他说："普鲁士全国男子皆知兵事，近来其与法兰西交战，所以取得大胜，就在于其预备兵力强大。"而要实现这种全民皆兵，首先必须确立征兵制度②。

1870年8月，山县有朋从欧洲研究兵制回国，决心进行兵制改革。由于实施征兵制的阻力过大，1871年2月，山县有朋不得不接受了西乡隆盛提出的由萨摩、长州、土佐三藩提供的藩兵组建"天皇亲兵"的建议。同时，山县有朋又针对过去由各藩征调的藩兵脱不掉藩军的性质，中央不能完全控制这一弊端，对西乡的亲兵案提出，"既由三藩献

---

① 松下芳男：『明治軍制史論』上卷，有斐閣，1956年，第258頁。
② 德富蘇峰：『山県有朋伝』中，原書房，1984年，第183—187頁。

兵，其为御亲兵之时，已非是某藩之藩臣。因此，一旦有事之秋，虽为萨摩藩出身的兵，亦须有引弓向萨摩（岛津氏）的决心，即使是长土两藩出身的兵，长土两藩主在有误向背之时，应有依大义将枪口对向藩主之觉悟。否则，将徒有御亲兵之名，而无其实矣"①。对此，西乡表示完全赞同。1871 年 2 月 21 日，明治政府发布了"以鹿儿岛藩步兵四个大队，炮兵四个中队，山口藩步兵三个大队，高知藩步兵两个大队，骑兵两小队，炮兵两小队为御亲兵"的划时代的命令，其总兵力共八千人，组成了天皇政府的亲兵。这样，天皇的亲兵就通过将封建的武士直接转换成天皇军队的形式成立了。

"御亲兵"的设置，使明治政府凭借雄藩的武力建立了直属中央的兵力。1871 年 7 月 14 日，政府断然实行废藩置县，建立中央集权国家，而这一改革之所以能够成功，"作为其后盾的，正是这一万人的御亲兵的武力"②。

废藩置县后，全国民众都处于天皇政府的直接统治之下，这是实施征兵制的前提条件，而且政府凭借亲兵的力量完全可以镇压来自百姓和士族对征兵制的反抗和不满。在这种情况下，山县有朋等便下决心要确立通过征兵来建立国家的常备军制度。

在征兵令颁布之前，山县有朋发表《论主一赋兵》一文，阐述了壮兵和赋兵的利弊。"壮兵，服役数年，武艺娴熟，可成一批精兵，虽颇有益处，但难免日后发生流弊……故今应废弃壮兵，建立赋兵制度"。这里所说的壮兵是指志愿服役的士族兵，而所谓的赋兵就是征兵，即全国壮年男子都有义务服兵役，实现全民皆兵。山县认为，"男子者生而六岁入小学，十三岁而入中学，十九岁毕业，至二十岁入兵籍，数年之间，举国之内无一夫不为兵丁，无一民不通文事"，这样，日本就成了一所"文武大学校"③。近代西方的国民皆兵主义和日本传

①　高桥富雄：『武士道の歴史』3，新人物往来社，1986 年，第 157 页。
②　藤原彰：『日本军事史』，日本评论社，1989 年，第 81 页。
③　由井正臣等：『日本近代思想大系・4・军队兵士』，岩波书店，1989 年，第 49—51 页。

统武士道所追求的文武兼备的理想人格构成了山县有朋的主要建军思想，而山县有朋的目的是将日本建成兵营式的近代军国主义国家。

山县有朋在《论主一赋兵》中主张征兵制，而否定壮兵制。征兵制正是按着山县有朋的设想实施的。1872 年 11 月 28 日，明治天皇发布了《征兵诏书》：

> 朕唯古昔郡县之制，募全国丁壮，设军团以护国家，兵农不分。中世以降，兵权归武门，兵农始分，遂成封建之治，戊辰一新实千余年之大变革也。当此之际，海陆兵亦应从时制宜。今基本邦之古制，斟酌海外各国之式，欲设全国募兵之法，立护国之基，汝百官有司应厚体朕意，将之告谕全国。[1]

诏书以复古主义否定了武家封建制度，又以"一新"精神采用西方国民皆兵主义的征兵制度，这种"复古"与"一新"的结合，构成明治维新的一大特征，也是征兵制得以确立的思想基础。

同日，明治政府以发布太政官"征兵告谕"的形式将《征兵诏书》晓谕全国。"征兵告谕"强调古代日本是全国皆兵，继而对武士阶级垄断军事的特权给予毫不留情的痛斥："我朝上古之制，海内皆兵，有事之日，天子为大元帅，募丁壮可堪兵役者以征不服……原非如后世腰佩双刀，自称武士，抗颜坐食，甚至杀人亦不治其罪者。"又说："保元平治以后朝纲废弛，兵权终坠武门之手，国为封建之势，人有兵农之别，降至后世，名分皆泯灭，其弊不可胜言。"从而彻底否定了长达近七百年的武士制度。"征兵告谕"接着说："大政维新，各藩奉还版籍，以至辛未，遂复远古郡县之制。世袭武士，减其俸禄，准其免佩刀剑。自是四民渐得自由之权，此乃平均上下，齐一人权之道，亦即兵农合一之基也。于是，兵非从前之士，民非从前之民。均为皇国一般之民，报国之道本无其别。"[2]"征兵告谕"体现出四民自由平等，人权齐一的西方近代思想。从此武士作为特殊阶层的意义自然就不存在了。封建身份

---

① 由井正臣等：『日本近代思想大系·4·軍隊兵士』，岩波書店，1989 年，第 67 页。
② 由井正臣等：『日本近代思想大系·4·軍隊兵士』，岩波書店，1989 年，第 67 页。

制的废除，可以说由此得到了最后的实现。

"征兵告谕"最后强调，国防义务是全体国民的共同义务，"国家若有灾害，人人皆分受其害，是故须知人人竭尽心力防止国家之灾害，亦即防自身灾害之基也。有国家则有军备，既有军备则人人应服役。由是观之，民兵之法，乃自然之理，非偶然臆造法也"①。国家是以有共同利害关系的国民全体构成的统一组织，基于这样的国家观，全民皆兵主义乃是根据国民必须承担保卫国家义务的"自然之理"。

在这个告谕里，我们根本看不到要求为天皇尽忠而服兵役的字样，也看不到传统武士道所提倡的尚武精神，而是罗列一些"自由""上下平均""人权齐一"以及国家利益和个人利益一致等资产阶级民主革命成功后建立的国家所使用的一些词句，维新精神跃然纸上。也正因如此，征兵制才得以实施。明治维新虽然就其性质而言是"后进国的资产阶级革命"，但是明治维新并不是由于生产力和生产关系的矛盾，以及由此而产生的国内阶级矛盾激化使武士阶级不能照旧统治下去，而是由"外压"这种民族矛盾激化了武士阶级内部矛盾而产生的革命。它与法国大革命不同，后者的领导力量是第三等级（庶民阶级），革命目标是实现"自由""平等"，以推动资本主义经济的发展。而明治维新的领导力量是来自统治阶级内部的中下级武士，其目标是实现"富国强兵"，摆脱民族危机，其所要推翻的对象不是武士阶级本身，而是德川幕府；其目的是建立中央集权国家，因而维新后所确立的明治国家政权的性质是以天皇为核心的专制王权。法国的全民皆兵制是以资产阶级革命所解放的农民等庶民阶层为阶级基础的，是以拥护祖国和自由的兵士的自主性热情为基础而成立的兵制。而日本于1872年建立的征兵制度，恰是为了保障天皇专制制度对于封建领主和人民革命的胜利而建立的兵制。"征兵告谕"中所用的自由、权利等言辞不过是用来粉饰征兵制的合理性的，实际上并没有社会基础。正如历史学家井上清所说，日本近代的征兵制不是以民主精神、民主政治、民主主义社会体制为基础

---

① 由井正臣等：『日本近代思想大系・4・軍隊兵士』，岩波書店，1989年，第67頁

建立的，而是反其道而行之，所以通过这种征兵制建立的军队，只能是天皇制的、军国主义的、侵略主义的军队。

1873年1月10日，明治政府发布征兵令，以法律的形式废除了武士阶级和平民的区别，具有划时代的意义。征兵令规定所有20岁的男子都要登记在册，有义务服三年现役和六年预备役。将全国划分为六个军管区，和平时期有部队31，680名，战时为46，350名①。这样，在短短几年内，日本按照欧洲征兵制度和组织制度创造了一支直属天皇制政府的常备军。征兵制度实施的翌年即1874年，明治政府出兵侵略中国台湾，走上了军国主义道路。

日本军国主义的早熟，有其国际背景，是"由于中国成了欧美外来压迫的防壁，朝鲜避免了欧美的侵略，而日本得以代行其侵略东亚的特殊条件而形成的"②。这是近代日本走上军国主义道路的外部因素，而其内因则是七百年武家政治和尚武传统在日本文化中形成的武力崇拜思想。武士之所以位居农工商三民之上成为统治阶级，就在于他们垄断武力。他们的地位、尊严和荣誉无不来自凭借武力所确立的武功和武名。"花是樱花，人是武士"，武士的武勇和德行历来都是各个阶层崇拜和爱慕的对象。尚武精神始终是日本武家社会的主导风尚，是规范武士行为的核心价值取向。而强权政治、弱肉强食和军国主义正是19世纪国际社会的主要特征。武士出身的明治政府领导人对武力的价值有着相当高的理解力，相信"强兵"是维护国家独立和尊严的基础。于是明治政府很快建立了以军事优先，政治、经济、文化教育都要从属于军事，并以对外侵略扩张为目标的军国主义国家体制。

军国主义为了达到他们的目的，就必须将军队变成一种便于使用的、驯服的和有效的工具。军队不是由机器而是由人这种活的机械所组成的，因此，必须向他们灌输适当的"精神"。军国主义者认为，首先

---

① （日）井上清：《日本军国主义》（1），姜晚成译，商务印书馆，1972年，第156页。

② （日）远山茂树：《日本近现代史》（1），邹有恒译，北京：商务印书馆，1992年，第13页。

应在现役军队中创造和促进这种精神，其次是在全体国民中强行灌输这种精神，这就是通过义务教育和道德教育将军人精神灌输到全体国民中去。

3.2.2　日本近代军人精神的形成过程

征兵制的实施首先遭到广大农民的反抗，农民将征兵制称之为"血税"，仅 1873 年至 1874 年，全国就发生农民暴动 15 起。但是对政府来说，与农民的反抗相比，武士阶级的反抗才是最棘手的。由于全民皆兵的征兵制否定了武士垄断军事的传统特权，势必要遭到不满武士的反对。很多政府内部的领导人也对不谙军事的庶民子弟能否成为优秀士兵表示怀疑。旧武士出身的人反对征兵制是从"除了他们以外就没有能够作战的人"这种自高自大的观点出发的。如萨摩藩出身的陆军少将桐野利秋甚至嘲骂说："山县要收罗一些庄稼汉来做泥娃娃，究竟有什么用？"[①] 这种来自统治阶级内部的反对最终导致了 1877 年西南战争的爆发。最后明治政府用四万兵力和六个月时间平息了这场由西乡隆盛领导的萨摩武士的叛乱。

征召来的平民士兵战斗力如何，这是关系到征兵制度存亡的重大问题。西南战争成了征兵制的试金石。新征来的士兵尽管"不谙军事"，但却成功地击败了充满尚武精神、英勇善战的萨摩武士最后的武力反抗。用事实证明，"虽说是从百姓町人中征的兵，但只要施以训练就能得到不劣于士族兵的军队"[②]。西南战争的胜利给当时关于征兵主义与壮兵主义优劣的议论画上了终止符。

虽然延续近七百余年的武士制度随着萨摩武士的失败而彻底消亡了，但是武士精神即封建武士道不仅仍然存在下来，而且又得到了重新认识。萨摩武士的武士道精神在西南战争中得到充分展示，尽管他们背着"朝敌"的罪名，在兵源、武器、财政和后勤保障等方面远远劣于

---

① （日）井上清：《日本军国主义》（1），姜晚成译，北京：商务印书馆，1972 年，第172 页。

② 松下芳男：『明治軍制史論』，有斐閣，1956 年，第 496 頁。

官军，但却能将战争持续半年之久，这其中武士道精神起了重要作用。记录这一战争的《西南记传》写道：官军在精神要素方面，远远不及萨军，但在物质要素方面却大大优于萨军。官军之所以能取得最后的胜利，实在是以物质要素的长处补其精神要素的短处的结果。政府军队虽然取得了胜利，但在战争中暴露出的主要缺陷在于精神教育不彻底。山县有朋"鉴于明治十年西南战争的结果，痛感不可不注意军人精神的涵养振作"①。

近代军人精神的形成过程可以说就是封建武士道向近代武士道的转变过程，而在理论上完成这一转变的是当时在兵部省任职的西周。

西周（1829—1897）是幕末和明治时代的思想家。幕末受幕府派遣到荷兰留学。回国后，任开成所教授。明治政府成立后，历任陆军省第六课课长及参谋本部第六课课长。在军事上，他作为山县有朋的智囊，对于西方兵制的引进及各种军律的制定、军人精神的确立贡献颇大。他的关于近代军人精神的主张主要体现在《兵家德行》一书中。《兵家德行》是西周于1878年2月至5月间在偕行社②以陆军军官为对象所做的演讲。其主题就是在确立近代军人观念的同时，将封建武士道作为确立军人精神的重要素材，并通过加工使其转变成近代天皇制武士道。

第一，西周强调了维护近代征兵制基础的兵家道德的价值。近代征兵制的显著特征就是将军队作为一种机械装置，这种"机械装置"不仅是武器的机械化，而且士兵也要像机器一样，这同封建时代武士之间"一骑打"的作战方式下，需要发挥武士个人的能动性完全不同，西周将这种机械装置称为"节制"。但是军队毕竟不是由机器，而是由人这种活的机械所组成的。因此，以道德的力量来统御人心以"士心合一"，可以进一步增强军队的战斗力。西周总结了西南战争的经验，认

① 德富蘇峰：『山県有朋伝』中，原書房，1984年，第764頁。
② 偕行社：1877年成立的陆军军官俱乐部。"偕行"一词出自《诗经》"修我戈戟，与子偕行"。最初以研究军事思想及军人之间交流感情为主，后得到军部当局的支持，合并了自主性的研究团体月曜会，成为陆军内唯一公认的研究性互助团体。1945年被解散。

142

为，官军之所以取胜在于"节制"，而萨摩武士在敌我力量悬殊的情况下，却能维持半年之久，完全在于兵家德行的力量使其"士心合一""百折不挫"。由此观之，"不独节制，以兵家之德行，足以维持众心，合众力，发挥强势"①。因此，他认为官军的节制和贼兵的德行"如同车之两轮，鸟之两翼"，如果日本军队能做到两者兼备的话，"称兵强于四邻"的目标就能实现了。

第二，明确军人社会与市民社会的差别，确立军人独特的"风俗风尚"。对于军人社会和市民社会的差别，西周说："其兵家法则之大意，所谓服从即从命法也。此所谓军队之职阶制即军秩之制，所以规律之也。此在维新前武家政治不足为奇，然在今日之政治则与常道相反，与平常社会正相表里也。故在平常社会人人大率同一主权，但对于军人则不可同一权力。上至大将下至士卒有官阶等级之差，自不待言，同官阶同等级之间也有资历新旧之区别。对长官上官应守从命法，虽为同列，对资高者也不得不服从……是所以与平常社会相反也。②"西周所说的平常社会毫无疑问是指近代市民社会。平常社会是自由和平等所支配的社会，人人具有平等的权利；但军人社会则有严格等级制，不可以讲平等权，因为这两个社会是在完全不同的原则上成立的。

第三，军人社会的特征是武家社会。西周之所以将日本社会分成军人社会和市民社会，一方面是因为他接受了来自西方的自由平等思想，另一方面是他继承了日本武家社会中身份决定行为的传统观念。正是由于这两种社会不同，所以各社会中的成员所推崇的风尚及行为规范也自然不同。西周认为：在武门之军人，"应重军秩以从命法为宗，自然与维新前镰仓以降幕府制度所同，而不得不与维新后的政治方向、方今正在勃兴的风尚背道而驰"③。西周认为市民社会的风尚包括"民权家

---

① 西周：「兵家德行」，由井正臣等：『日本近代思想大系·4·軍隊兵士』，岩波书店，1989年，第152—154页。

② 西周：「兵家德行」，由井正臣等：『日本近代思想大系·4·軍隊兵士』，岩波书店，1989年，第154页。

③ 西周：「兵家德行」，由井正臣等：『日本近代思想大系·4·軍隊兵士』，岩波书店，1989年，第161页。

风"——平民不受压制,主张自由平等的政治态度;"状师家风"——以法律为基准,根据权利义务观点来处理世事的态度;"货殖家风"——以追求经济利润为处世原则的态度。市民社会所以如此,在于实现国家富强,而这些却是"武人可戒可避可背者",因为军人"委身臣属,事事必奉戴日本陆海军元帅皇上,故不可不严上下之序,服从命法",所以,"武人者不可染此风习"①。

西周虽然认为军人是"奉戴皇上"的"臣属",平民、军人拥戴的日本主权者——皇上是相同的,但是"民属和臣属自然有别,如同幕政时代百姓町人与武家之家臣有等差,武家之家人更应严守服属法"②。在西周看来,臣是臣,民是民,应各行其道(精神风尚,行为方式)。西周所说的军人社会大体上继承了维新前武家社会的传统。把近代军人的"服命从法"建立在武家时代的封建隶属关系和主从关系的基础上,这样,近代军人将封建武士道作为他们的精神指南和遵守的行为规范也就自然合理了。

第四,近代军人风尚的基本素材是封建武士道。由于"武门之军人,本来重军秩以从命法为宗,自然以维新前镰仓以降幕府制度相同",而符合这种武家制度的风尚即是封建武士道。

第五,近代军人精神是通过"奉戴大元帅皇上"来实现的,西周明确提出军人与一般国民相区别的军人意识,即作为"臣属"直属于天皇,取代了过去封建武士对藩主的奉仕,即由对各自主君的忠诚转变为直接忠诚于天皇,从而结束了江户时代武士道的忠诚心对幕府将军和藩主的双重结构,完成了对天皇忠诚的一元化。总之,西周的《兵家德行》从理论上完成了军人的武士化。

征兵制度的实施,彻底结束了存在了七百年的武家封建制度。但是这种封建制度所具有的思想意识,特别是身份意识,却不会轻易从士族

---

① 西周:「兵家德行」,由井正臣等:『日本近代思想大系・4・軍隊兵士』,岩波書店,1989 年,第 153 頁。

② 西周:「兵家德行」,由井正臣等:『日本近代思想大系・4・軍隊兵士』,岩波書店,1989 年,第 153 頁。

头脑中消失。而通过征兵制所建立的军队是基于四民平等，取消了封建身份的近代军队组织。虽然设立了新的军阶制度，但原有的身份差异依然存在①。这样，在军队中，这种组织的近代性和意识的封建性必然会发生矛盾。因此，对军队领导人来说，在近代军队等级秩序下，打破身份意识，确立维持军队团结和确保服从的军人精神是最需解决的问题。1878 年（明治十一年）8 月，发生了近卫军中士族出身的士兵发动炮击政府的"竹桥事件"，促使明治政府下决心强化军人精神和军纪。1878 年 11 月，以陆军卿山县有朋名义发布的《军人训诫》向陆军全体将士公布。《军人训诫》由西周起草，可以说是"一般军人必须躬行实践的纲领"②。

首先，《军人训诫》明确了树立军人精神的意义。征兵令实施后，随着军队规模的扩大和军人社会的成立，确立军队秩序成为军部当局的燃眉之急。因此在严格军纪的同时，用道德和精神力量将士兵变成便于使用的驯服的、有效的工具，"唯此时为然"。《军人训诫》认为陆军的法制法规渐已就绪，而军人内在的精神则尚未发达。而这种精神的涵养正是"国家养士"的百年大计。"善百事之成立犹如人之成长，方其幼稚之时，唯务乳养，求其躯干生长刚健，然及其稍长，培养精神，使其辨别方向则属不可疏忽之事。方今我陆军正如方长之少年，外形强壮已就绪，而内部精神尚未见充实……盖于今日正是以此时为然之机，不可不注意内部精神之事"③。

其次，关于军人精神的作用，《军人训诫》强调的是精神至上。《军人训诫》认为外部的法规与内部的精神的关系如同车之两轮，鸟之两翼，不可或偏，但同时也强调，"今规则操法，外躯骨肉也，精神乃

---

① 当时的陆军少将谷干城对军队内部状况做过如下描述，在世袭的士族兵中，士兵的地位未必低，士官的地位未必高。士兵、下士、士官只是表面的名称，因为既有二百石的士兵，也有十四五石的士官，他们之间的关系依然受这种身份的限制。参见梅溪昇：『明治前期政治史の研究』，未来社，1963 年。

② 德富苏峰：『山县有朋伝』中，原书房，1984 年，第 764 页。

③ 由井正臣等：『日本近代思想大系・4・軍隊兵士』，岩波书店，1989 年，第 162—172 页。下文中所有引用《军人训诫》的内容，皆出自此条注释，不再另做注释。

活用此外躯之脑髓神经也，故军人之精神乃六师之根也，苟精神不振时，纵然规则极其密，操法尽其精，然难以动作也"。

再次，《军人训诫》明确规定了军人精神的内容。若说"军人精神以何维持之，只不过是忠实、勇敢、服从，"此乃维持军人精神的三大元行也"。关于这"三大元行"的重要作用，《军人训诫》指出：作为一名军人如果不忠诚，那么仕奉大元帅皇上，报效国家，都是不可能的；如果不勇敢，则更是难以"临战，冒险成功名"；而军人如果不以服从为主的话，"维持军队，使三军如一身"也是不可能的。

在传统武士道中，尽管德目众多，但是忠诚与武勇始终是武士道中的基本道德。在《军人训诫》规定的"三大元行"中，"忠实""勇敢"二元行完全是继承了传统武士道的精华。但是封建武士的作战方式是以"一骑打"为主的单兵作战。武士凭借个人的忠诚与勇敢，就可以建立功名，而"服从"是传统武士道中所缺乏的，在山鹿素行的士道论中还强调"卓尔独立"之心，在《叶隐》中更是把"不落人后"作为武士的"誓愿"。但是近代集团作战方式强调的是"使三军如一身"的纪律，因此军人的服从精神就显得尤为重要。这就要抹杀军人个性，使之变成战争的机器，"抑制自己之私欲，唯上官之命是从，唯老功者之言是听"，这就是"服从之道"。"服从之道"的重要意义就在于它是"由一伍一队编制六师三军"的"带索"。《军人训诫》形象地将服从比喻为建筑高楼大厦的水泥，"苟无此，高楼大厦立至土崩瓦解"。近代军队组织如果没有"服从"这种"相联结的带索"也会如此。因此，"忠实、勇敢、服从"这三大元行，陆军全体无论上下贵贱，都必须坚决服膺，"陆军总体的武德精神所于斯而立也"。

山县有朋的《军人训诫》将封建武士道合理地转化为近代日本军队的军人精神，又进一步将军人武士化，以此来提高军人的社会地位。"军人的荣誉被颂为一种特别卓越的荣誉，军人的身份被吹嘘为最重要和最优异的身份"①，这是近代西方推行军国主义路线的一贯做法。在

---

① （德）卡尔·李卜克内西：《军国主义与反军国主义》，易廷镇译，上海：三联书店，1962年，第45页。

《军人训诫》中，同样将军人等同于封建时代立于农工商三民之上的统治者——武士，"维新以来，幸逢开明之治，无论何种之人民，均得以列入军籍，此对于三民庆幸之至也。而今之军人者，纵非世袭，但也与武士无异"，"武门之习以忠勇为宗"，而军人既然已等同于武士，就应该以武士的意识去遵守和实践武士道。《军人训诫》的颁布完成了军人武士化和军人精神的武士道化，为军人精神最终形成——《军人敕谕》的颁布奠定了基础。

3.2.3　《军人敕谕》及其在武士道史上的意义

《军人敕谕》是继《军人训诫》之后又一部近代军人精神的法典。西南战争以后，自由民权运动从过去的"上流人士的民权论"发展成为全国性的自由民主运动。其影响很快波及军队，从而产生了"兵力和民权运动相结合"的危险。军队是天皇制政府统治的基础，对军队出现的危机，明治政府深感恐惧。正如担任政府要职的岩仓具视所说："今政府所赖以保持威权者，盖因手中掌握陆海军，使人民手无寸铁故耳。倘一任今日之形势，不予收揽人心，权柄愈益下移，道德伦理如江河而日下，虽兵卒军士，焉能保其不离心倒戈，气运一旦至此，虽欲不蹈一夫夜呼而关中失守之覆辙，岂可得乎。"① 而已站在民主的对立面，并对民权运动实施镇压的天皇制政府，当它的统治体制面临危机时，特别是它用来镇压民主运动的军队也面临危机时，除了利用封建的"道德伦理"使自己的统治合理化外，已别无他途。因此，天皇制政府一方面用军法、军律来压制士兵，另一方面加强军队内部的思想教育工作，即用适合军队的"道德伦理"——封建武士道来教化士兵。正是出于要牢牢控制军队这一国家暴力机关的需要，继以山县有朋名义发布的《军人训诫》之后，又以天皇的名义发布了《军人敕谕》。山县在奏请天皇"下赐"敕谕的奏文中写道："天子为兵马大元帅，军人乃王室爪牙，故军人者有爱国、忠君之义，无结党议政之权，今宜制其纪律，

---

① （日）井上清：《日本军国主义》（1），姜晚成译，北京：商务印书馆，1972 年，第215 页。

陛下又亲自鼓舞振作之，示其义方使其传而成风习，以此永成国家之干城。①"这样，为巩固天皇制国家的基础，出于"肃军制，一军心"的思想控制和教育的需要，以天皇的名义发布了《军人敕谕》。

1882 年（明治十五年）4 月 1 日，天皇在宫中召见陆海军卿，亲自授予《军人敕谕》。此敕谕与以往的诏敕不同，没有太政大臣的奏请和副署，是天皇作为大元帅亲自训诫其赖为股肱的日本军人，意在表明天皇与军队的特殊关系，同时也为增强敕谕的权威性。《军人敕谕》全文如下：

> 我国之军队，世世归天皇之统率。昔日神武天皇亲率大伴物部之军，平灭中国不堪一击之军，即天皇之位，制御天下，历经两千五百余年。此间世情迁移，兵制亦屡屡变革。古时天皇亲率军制御，虽偶有皇后、皇太子代替，却无将兵权委于臣下之事。至中世，文武制度皆效唐风，置六卫府，建左右马寮，设防人，兵制由此得以整备。然久习太平，朝廷政务渐流于文弱，兵农自然一分为二，古之征兵变为壮兵，遂成武士，兵马之权，悉归武家之栋梁，随世事纷乱，政治大权亦落其手，遂成七百年间武家之政。世事迁移，此非人力所能挽回，然乖戾我国国体，背我祖宗之制，实是卑劣。至弘化嘉永之际，德川幕府之政衰微，又兼外国事起，其势必受其辱，朕之皇祖仁孝天皇、皇考孝明天皇，圣虑甚为忧急。然朕幼受天津日嗣之初，征夷大将军返还政权，大名小名将其版籍奉还，未及经年，成海内一统之世，恢复古来之制。此悉文武之忠臣良弼，辅朕成此功绩。虽系历世祖宗一意怜悯苍生之遗泽，亦是我臣民之心辨顺逆之理，知大义之重之故。于其时更迭兵制，欲扬我国光辉，此十五年间，将陆海军之制定为今日之式。夫兵马大权，乃朕所统率，各处所司委任臣下，其大纲朕亲揽之，并未委于臣下。望将此旨笃传子孙孙，知天子执掌文武大权之义，莫再致中世以降失体之事。朕乃汝等军人之大元帅。既如此，朕赖汝等为股

---

① 德富蘇峰：『山県有朋伝』中，原書房，1984 年，第 778 頁。

肱，汝等仰朕为头首，其亲尤深。朕能否保护国家，应上天之惠报祖宗之恩，悉在汝等军人能否克尽其职。若不能振我国皇主神明之威光，汝等亦当共朕之忧。若我武维扬增其荣耀，朕与汝等偕同其誉。汝等皆守其职，与朕一心，为保国家尽力，则我国苍生永享太平之福，我国威烈亦成世界之光华。朕于汝等军人之切望，训喻悉如左述。

军人当以尽忠节为本。众生皆秉我之国土，谁人能无报国之心？况欲为军人者，若不倚仗此心之固，岂可耀武扬威。军人若报国之心不固，任凭如何谙熟技艺、长于学识，亦与木偶一般。不知忠节之军队，纵然队列齐整、节制秉正，临事亦同乌合之众。保护国家、维持国权原在兵力，凭兵力之消长知国运之盛衰，须不惑于世论，不拘于政治，只一心守己本分之忠节，要知义重于山岳，死轻于鸿毛。勿破其操、致卑怯、受污名。

军人当正礼仪。凡军人，上至元帅下至士卒，其间不只依官职阶位统属，纵然同级同列亦有新旧之分，新任者当服从旧任。要知下级承上官之命，其实乃直承朕命之义。自己隶属之所，于上级自不待言，于较自己早入列者悉当礼敬。上级待下级不可稍有轻侮傲慢。若为公务以威严为主自然另当别论，其外当诚恳亲切，一意慈爱，上下一致勤于王事。若军人乱礼仪，不敬上，不体下，失一致之和谐，只为军队之蛀害，为国家难赦之罪人。

军人当尚武勇。夫武勇，于我国自古为贵，非武勇不为我国国民。况军人乃临战拒敌之职，不可片刻遗忘武勇。但武勇亦有大勇小勇，各不相同。逞血气者行为粗暴，难谓武勇。军人者，当能辨义理，锻炼胆力，殚精竭虑谋事。小敌亦不侮，大敌亦不惧，尽己武职，方为真正大勇。尚武勇者，日常接人待物温和第一，得诸人爱敬。无来由好武勇逞威猛，最终为世人嫌忌，视为豺狼。须留意。

军人当重信义。守信义乃为常道，尤其军人，无信义一日难列行伍。信乃践己之言，义乃尽己之分。欲尽信义，当自起始细思此事当为不当为。无把握之事，若轻易承诺，缔结不良之谊，而后如欲立信义，必致进退维谷，无处容身，后悔不及。自起始能辨事之顺逆，考虑是非，若知其言不可践，其义不可守，当速止之。自古或有因小节立信义，误大纲之顺逆者，或有迷公道之理非，守私情之信义者，惜英雄豪杰，遭祸灭身，身后遗污名于后世，其例非少，当自警戒。

军人当以质素为本。凡不守质素之旨者，流于文弱轻薄，好骄奢华靡之风，遂陷贪污之潭，其志无下之贱，节操武勇皆无，致遭世人厌弃。虽其身不幸，亦叹其何愚。此风一旦于军人之间兴起，便如疫病之蔓延，士风兵气必皆衰竭。朕深畏之，先已出免黜条例，约略诫之，然犹忧恶习之出，于心难安，故又有此训。汝等军人，切莫将此训视为等闲。

前之五条，为军人者不可有片刻轻忽。行此训条，一意诚心最为紧要。此五条本为我军人之精神，一意诚心又为此五条之精神。若心不诚，如何嘉言善行皆为表面之装饰，一无用处。若心有诚意，则无事不成。况此五条，乃天地之公道，人伦之常经，易行易守，汝等军人若能谨遵圣训，守此道而行之，尽报国之务，则日本举国苍生皆悦，非朕一人之独喜也。①

过去天皇颁布的诏敕一般是用汉文，而《军人敕谕》却破例用日文，目的是使普通士兵能充分理解。《军人敕谕》和《军人训诫》基本上具有同一思想和内容。只不过后者是以陆军卿名义发布的，通过军人武士化来割裂军人与市民的关系并确立军人的特殊地位，将军人精神建立在军人武士化基础上，因而缺乏普遍性。而《军人敕谕》将军人精神建立在天皇权威基础上，不再强调军人与市民相比所具有的特殊地位，使军人精神更具普遍性。

《军人敕谕》的颁布，使封建武士道以近代的方式，完全转化为近代军人精神。武士道的近代化在于它的全民化，将武家时代武士阶级所

---

① 由井正臣等：『日本近代思想大系・4・軍隊兵士』，岩波书店，1989 年，第 172 頁。

遵守的特殊道德标准提高为"天地之公道，人伦之常经"，推广为全体国民都须遵守的道德标准，即把"军人武士道"转变为"国民武士道"。近代日本军人精神不过是被集中扩大化的封建武士道，与封建武士道相比有两个明显的特征：一是其忠诚的对象集中于天皇一人；二是通过全民皆兵的征兵制度和军人武士化，使武士道扩大到全民。《军人敕谕》的颁布标志着建立近代日本军人精神过程的完成，使封建武士道最终转化成为近代武士道。

近代武士道与封建武士道在内容上几乎没有任何差异。不论《军人训诫》中的"三大元行"——忠实、勇敢、服从，还是《军人敕谕》的五大德目——忠节、礼仪、武勇、信义、质素，如果把"军人"换成江户时代的"武士"，这些德目和训条就成为江户时代的武士道训条。如果把"军人"换成"执弓矢者"，它就成了镰仓时代的武士道训条，可以说是完全通用的。所不同的是，封建武士以武士道加强一族的团结和力量，以此获得领地和掌握政权；而近代日本军国主义利用武士道强化军队的力量和军人的服从精神，并以此来统一国民思想，集中全国的力量，进行殖民扩张和掌握东亚霸权。

《军人敕谕》作为军人精神的源泉，为明治、大正、昭和前期三代陆海军人视为金科玉律。在 1945 年日本战败以前，随着天皇的神圣化和军部势力的增大，它就像天皇神圣不可侵犯一样，几乎没有遭到任何置疑和批判。

从思想史角度而言，《军人敕谕》可以说是近世山鹿素行等人构建的武士道德伦理同幕末兴起的尊皇思想相结合的产物。正如军事史家松下芳男所说："所谓军人精神，是在七百年武家政治和三百年德川封建制度下培养起来的武士传统的基础上，再加上两千年的神话，以明治天皇的个性为中心建立起来的。"[①] 就其内容来讲，它是古来不怕死、重廉耻、尚刚勇，重信义这种武士道德的发展，是封建道德在新的历史条件下的再利用。新渡户稻造说，传统武士道虽然是武士在职业上和生活

---

① 松下芳男：『明治軍制史論』上卷，有斐閣，1956 年，第 504 頁。

上必须遵守的"训条"，但"它并不是成文法典，充其量它只不过是一些口传的，或通过若干著名武士或学者之笔留传下来的格言。毋宁说它大多是一部不说不写的法典，是一部铭刻在内心深处的律法"①。说武士道是"不说不写的法典"，似乎有背史实，整个武家时代的武家家训应该说都是写在纸上的武士训条，而近世以来，以山鹿素行为代表的武士思想家更是以儒家思想为指导，使传统的武士训条成为理论化、系统化的武士道理论。正是这些武士道论，为《军人敕谕》的形成提供了理论基础。

但是，无论是武家家训，还是山鹿素行的士道论，都不过是一家之言，是用于家族教育和武士教育的，其目的是将武士道通过教育手段"铭刻在武士的内心深处"，但却不是由政府直接颁布的具有法律意义的法典。武士道长期以来都是以习俗和惯例约定俗成地左右和规范着武士的行为，而不是统治阶级自上而下颁布的"宪章"和法典。可以说，也正是因为它是"一部铭刻在内心深处的律法"这一特点，使武士道并没有随着它母体的消亡而消亡，而是在军队组织的保护下，以近代军人精神的新姿态复兴了，并"上升到国家之道的高度"。②《军人敕谕》不仅保留了封建武士道精神本身，而且还使自镰仓时代以来形成的武士行为规范、道德观念和情操得以体系化和条理化。更重要的是，它以天皇圣谕的形式成为"成文的经典"③，成为一部凌驾于法律之上的法典。它不仅能约束军人的言行，而且具有很强的精神约束力，最终使军人成为"便于使用的驯服的和有效果的工具"。

《军人敕谕》的颁布，作为近代武士道形成的标志，其重要意义主要表现在以下两方面。

其一，国家军队的私兵化。《军人敕谕》明确规定天皇掌握兵马大权。"夫兵马大权，乃朕所统率，各处所司委任臣下，其大纲朕亲揽之，并未委于臣下"。经过明治维新，大政奉还于天皇，天皇成为国家

---

① （日）新渡户稻造：《武士道》，张俊彦译，北京：商务印书馆，2002 年，第 15 页。
② 高橋富雄：『武士道の歴史』（全 3 卷），新人物往来社，1986 年，第 152 頁。
③ 渡辺幾治郎：『明治天皇』上卷，宗高書房，1958 年，第 255 頁。

元首，执掌兵马大权也是理所当然。但是近代国家和封建国家的一个主要区别就是军队国家化。根据《军人敕谕》，"朕赖汝等为股肱，汝等仰朕为头首"，"朕为汝等之大元帅"，肯定了日本陆海军是天皇的私兵。而事实上军方首脑也是这样认为的，陆相大山岩曾这样说明军队与天皇的关系："军人依据圣敕，根据宣誓，对天皇保持特别亲密的情谊，宜呼吸于其关系之下。与其他国民相比，其感情之亲疏，不可同日而语。"① 此后日本军部所具有的特权意识也正是凭借与天皇的这种特殊关系而产生的。这样，日本的军队就成了由天皇统率的"皇军"，而《军人敕谕》所要求的军人精神也自然成为规定军人与天皇关系，规范军人言行和思想的"新武士道"。

其二，《军人敕谕》中的"忠节"，表明了军人与天皇的关系是建立在军人以绝对服从为内容的道德规范上的。在这个意义上，可以说忠节是为天皇专制主义服务的政治道德。所谓忠节，顾名思义是说履行忠义，即对国君所尽的节义。而传统武士道伦理所强调的忠义是以保障自己及家人生活的主君，即封建领主及其领国为对象的。在"版籍奉还"后，忠义的对象转向天皇。尽管在《军人敕谕》的"尽忠节"一项中，把忠节的对象规定为国家，但是终极对象依然是天皇。"国法上朕作为我帝国日本海陆军的大元帅，是全体军人的首领"。根据上下秩序，对大元帅天皇的服从就是军人的忠节。"军人之第一精神是不可紊乱秩序……如此上下相和，通体一致，服从国之王事，就是全体军人对朕的忠节"。于是，通过将军队"私兵化"，封建武士的"忠"就可原封不动地移到天皇身上，同时又把忠节纳入具有近代性的上下秩序体系原理之内，使忠也具有国法上的意义。这样，《军人敕谕》从传统道德和近代国法两方面强化了军队对天皇的忠节。《军人敕谕》中所规定的忠节具有将旧武士的"忠"从封建身份的主从关系转换到近代秩序的服从关系的作用。其所具有的普遍性，提高了武士道全民化的程度。另外，《军人敕谕》用儒家思想从理论上将军人精神普遍化，《军人敕谕》虽

---

① （日）远山茂树：《日本近现代史》（1），邹有恒译，北京：商务印书馆，1992 年，第 53 页。

然将军人精神规定为"忠节""礼仪""武勇""信义""质素"五条德目，在结尾处又进一步强调贯穿五条精神的是"一意诚心"，"此五条乃我军人之精神，而一意诚心又为五条之精神"。在《论语》中有"吾道一以贯之"，"夫子之道，忠恕而已"，因此所谓"一"是"忠恕"即诚心之意。《中庸》中说："凡为天下国家有九经，所以行之者一也。"又说："诚者，天之道也，诚之者，人之道也。"显然，军队的领导者正是根据这些儒家的学说将五条精神归结为"一意诚心"，"心诚则无不成"，最后将这五条精神提升到"天地之公道，人伦之常经"这个普遍化的高度，从而使"军人精神"不仅具有普遍的而且还具有永恒的意义。

总之，《军人敕谕》的颁布是日本传统武士道精神的新发展，使武士道由特殊性道德变成普遍性道德，其忠诚观念也由多元化变为一元化。民俗学家柳田国男曾指出，"明治维新以后，过去只占日本人少数的武士阶级的生活方式成了日本全体国民的理想"，"日本全体国民的武士化，涵盖了明治以后所有日本知识分子的生活方式"①。芳贺矢一也曾写道："很久以来在武士中养成的武士道精神如今成为只奉献给天皇的一种东西了。"②《军人敕谕》将传统武士道与对天皇的忠诚结合在一起，使军队和全体国民忠诚的对象集中于天皇，对日本军国主义来说，它的重要意义在于全体国民都有义务像武士那样为天皇去当兵打仗了。而武士道的教育作用在于它可以使人们心甘情愿地履行这一义务。

《军人敕谕》的颁布标志着武士道与军国主义的结合这一事实的完成，也充分说明了七百年武家社会所积累的武士道为日本军国主义的发展奠定了广泛而坚实的思想基础。

---

① 刘岳兵:《日本近代儒学研究》，北京：商务印书馆，2003 年，第 99 页。
② 芳贺矢一：『国民性十論』，富山房，1907 年，第 32 頁。

第三节 近代日本军队内部的军人精神教育

《军人敕谕》所提倡的军人精神，就是对天皇的忠心。简单说来，就是指天皇的军队应该随时准备遵照天皇的命令走上战场。为强化这种军人精神，就要通过军队内部有系统的训练和教育使士兵成为"只会按命令行动的动物"。

3.3.1 家族主义在军队教育中的实践

德国马克思主义学者卡尔·李卜克内西在《军国主义和反军国主义》一书中写道："要将适当的军事精神灌输到以普遍服兵役为基础的军队中去，并不是一件容易的事情，仅仅要以奴隶般和僵尸般的服从已经不够了……军国主义必须用一种拐弯抹角的办法来支配其人力原料的意志，以便为它自己制造出一些'自动放枪射击的机械人'。它必须设法使这些人心神上受到感化，不然就得用暴力压服。"[1] 普鲁士的陆军大臣冯·艾南也曾说过，他喜欢一个尽管是劣等射击手，但忠于国王的士兵，要甚于喜欢一个优等射击手，但不那么忠心的士兵。在对士兵的这种认识上，日本军国主义和德国军国主义几乎完全一致，他们都强调军人的忠诚，因而注重对军队进行精神教育。为了培养《军人敕谕》中要求的"尽忠节""正礼仪""尚勇武""重信义""行质素"的奴隶式军人，1913 年 2 月 6 日颁布的《军队教育令》中规定："军队教育的目的在于训练将兵，百战必胜，炼成能扶翼宏猷的军队。而为达成此目的，紧要而不可或缺的是坚定的军人精神及严肃的军纪，故军队教育的涵养，以此要素为主眼。"[2] 军队教育目的在于炼成百战必胜的军队，而为此强化军人精神和严肃的军纪是绝对必要的，可以说教育的主要目

---

① （德）卡尔·李卜克内西：《军国主义与反军国主义》，易廷镇译，上海：三联书店，1962 年，第 43 页。

② 高桥正卫：「軍隊の教育に関する考察」，『思想』，岩波书店 1976 年 6 月号。

标就在于以《军人敕谕》中的五条德目为主要内容，以"无形的"或"形而上"的表现形式进行精神教育。关于日本军国主义对军队精神教育的重视，陆军大将秋山好古的《关于精神教育的警告》一文颇有代表意义。秋山好古主张必须重视在"有形上"实施"无形的"精神上的教育，认为"今日若在我军队忽视此教育，日后必将成难言之毒害"。最后他的结语是："军队统御之术实是至妙之一术。无形即精神教育应占教育上的大部分。"① 秋山好古的观点集中体现了日本军国主义对军队精神教育的重视程度。

1872 年 6 月，陆军省制定了《步兵内务书》，此后，各个兵种分别制定了相似的规章，如《炮兵内务书》《骑兵内务书》《工兵内务书》及《宪兵内务书》。1888 年，又制定了统一的《军队内务书》。这一改革的目的是统一各兵种的勤务规则，使全军内务管理和教育规范化、统一化。而内务教育的目的正如日本军史学家藤原彰所言，从整个内务书的全部内容来说，完全不承认士兵的人性，通过对士兵日常生活的行、住、坐、卧的规范管理来培养"以服从为习性的作战奴隶"②。

为了培养符合天皇制国家要求的军人，日本军国主义分子发挥传统家族制度的功能，将家族伦理道德导入近代军队的内务管理和思想训导。如前所述，封建时代的武士团，就是一个模拟的大家族，家族关系（包括模拟家族关系）是维护其团结的纽带，家族伦理是提高战斗力的精神源泉，这种家与家族的伦理构成了武士道的重要内容。近代日本军国主义分子，出于同样的目的，把家族主义引入军队当中，以家族伦理来强化军队的等级秩序，并将其作为对士兵进行精神教育的道德基础。

在教育总监部于 1889 年发布的监军训令第一号中，对军队训练教育的要旨指出，"有形上的教育和无形上的教育相互作用，而后乃得以完全。如教练恰如小儿之学校教育，使其理解力和体力发达；而军纪恰如小儿之家庭教育，使其发育德义之心，在军队中亦应形成此家庭教育。其军队中的家庭教育即中队教育，中队长要担当其任，以负责教育

① 高桥正卫：「軍隊の教育に関する考察」，『思想』，岩波书店 1976 年 6 月号。
② 藤原彰：『天皇制と軍隊』，青木书店，1978 年，第 89 頁。

上的一切事务，可图我家族幸福荣誉"①。这里已经明确提出中队（相当于连）即家庭，内务教育即是家庭教育。同时也表现出抹杀士兵的独立人格，只将其看作是依赖于家庭的小儿的军人教育思想。

1908 年，陆军省颁布了新的《军队内务书》，在强调"服从乃维持军纪的要道"等以往治军原则的同时，正式将家族主义与军队的教育训练结合起来，明确规定兵营就是家庭，提出"兵营乃共苦乐，同死生的军人之家庭"。要求"各级之上官及兵卒等应各尽其分，营内生活成一大家庭。于融融和乐之间，巩固全队一致团结，士气旺盛勤劳于军务，上下相爱，缓急相救，有事之日，欣然而起，乐于死于国事，此实乃日本帝国军队之本领，皇室之藩屏，国家之干城"②。这里反映出两种社会关系，一是家族关系，二是身份关系。封建武士道也正是建立在这两种社会关系基础上的道德规范。当时人们把这种将家族伦理导入军队的做法称为"军队家庭主义"，即把军队比拟为一个大家族的治军理念。军国主义分子正是利用这种日本人普遍认同的社会关系，来强化军人教育，以达到使其"乐于死于国事"的目的。

中日甲午战争、日俄战争后，以"教育敕语"为依据的家族国家观得到全面发展。在全国上下宣扬家族国家观的氛围中，军队也成为贯彻家族国家观的重要一环，如田中义一所说，"此家族建国之主义者，是国家乃一大家庭，教体是忠孝不二之大道，政体亦是优越于他邦之立宪君主制。内保苍生一致，团结和平，外御他国之侮，发挥皇威。此难道不是至美至善之国体耶。国家既为一大家庭，军队岂能独然"。③1912 年，当时担任步兵第三联队长的田中义一，率先在其部队搞起了意在实现"兵营生活家庭化"的改革。田中义一是一个很有政治头脑的军国主义分子，他鉴于日俄战争中俄国失败的惨痛教训，认识到"今日之战争不独由军队任之，如不赖全国民之总力的话，终究不会取

---

① 由井正臣等：『日本近代思想大系・4・軍隊兵士』，岩波書店，1989 年，第 273 頁。
② 藤原彰：『天皇制と軍隊』，青木書店，1978 年，第 89 頁。
③ 藤原彰：『天皇制と軍隊』，青木書店，1978 年，第 91 頁。

得胜利"①。于是提出了"良兵即良民"主义。为此,作为军队,首先必须改善过去的内务管理和教育。田中义一认为,教育兵卒如滥加铁拳就与战败的俄军无异,是不脱封建思想余风之恶习,其对军纪的涵养危害极大。因此,为实践其"良兵即良民"主义,他主张刷新军队教育,改善军队内务,推行所谓"兵营生活家庭化",即"中队长是严父,中队付下士是慈母,内务班的上等兵是兄长。中队内的气氛若无家庭的温情味,就不能涵养真正的军纪"。② 这种"家庭化"的兵营生活很快在日本军队内得到推广,"严父慈母"也就成了在军队内流行的口号。每年1月初,在全国各地兵营内,中队长对新兵们例行公事地第一声训话就是说,"中队长是你们的父亲,班长是你们的母亲,老兵是你们的兄长"③。"军队家族主义"成为日本军队的一大特征,可以说是日本军国主义分子完成了一项在世界军事史上标新立异的创造。

如果从日本传统的家族制度和"家文化"来看,日本军国主义分子所制造的"军队家族主义"就不难理解了。这种"家文化"之所以在日本政治和社会生活中具有如此重要的作用,是由于日本是一个封闭的岛国,没有遭到外来文化的冲击,没有发生大规模的社会革命,所以其内部的原始社会自然的血缘关系,在阶级社会以后依然保存。这种与原始氏族组织的天然联系,使其氏族制度下的集团统治和模拟血缘关系等传统习惯被长期保留下来。在政治生活和社会生活中的血缘关系和模拟血缘关系,对集团利益的尊重等特点,一直在后来日本历史的发展过程中得到充分体现。权威和权力总是用家族关系或是模拟家族关系来维持,而这种以家族为基础的权力和权威是得到公认的。日本军国主义分子,正是利用日本人自古以来所形成的对家的依赖和对家长权威的尊重这种文化心理,把传统家族伦理导入军队的内部管理和思想教育,意在使武士道充分发挥作用,以此来培养军人的服从意识和强悍好战精神。

① 田崎末松:『田中義一評伝』(上),和平戦略研究所,1981 年,第 251 頁。
② 田崎末松:『田中義一評伝』(上),和平戦略研究所,1981 年,第 253 頁。
③ 大江志乃夫:『昭和の歴史3・天皇の軍隊』,小学館,1982 年版,第 85 頁。

3.3.2　内务教育与日本近代军人的养成

在第二次世界大战中，日本法西斯视士兵生命如草芥，而士兵也以强悍好战、不怕死著称于世。他们创造了世界军事史上极其罕见的"特攻战术"，所谓"特攻战术"即是指特别攻击队驾驶带着鱼雷的飞机或快艇撞击敌舰。这种"敢死队"或"敢死的决心"是彻底的自杀性进攻，被日本军国主义分子认为是武士道精神的最高体现。尽管这种疯狂至极、惨无人道的战术无法扭转日本失败的命运，但这种自杀性进攻给当时的一些美国士兵心灵上造成很大刺激。这些疯狂至极、惨无人道的战术何以产生？可以说其中重要一点就是军队的军人精神教育起了很大作用。

近代日本军队教育的首要目标是培养士兵绝对服从的精神。1908年重新制定的《军队内务书》第二章"服从"中有关服从的规定如下：

服从命令乃治军之基本，固不可乱上下尊卑之分。（第一条）

下级服从上级逐级重要，应服从规则，各守其分，恭敬遵奉。（第二条）

下者对上者于公私诸事如前条应尽从顺尊敬，应谨守命令而立即执行。决不可论其当与不当、议理与不理。盖命令之可否是发出者之责，非执行者之责。（第五条）

上级之行事，下级即使认为不合理也决不可论争，应徐以道理诉之，若在勤务中，要勤务结束后诉之。（第六条）①

对近代军队来说，服从具有重要的意义，为此就必须取消个人的独立自主精神。而强制人们服从的方法是道德上的感化和惩罚制度。军队家族主义的管理方式一方面具有感化的作用，但同样也可以以家长的名义理所当然地对士兵实施惩罚。有人甚至公开主张"如世间之家庭有赏罚，军队之家庭亦有赏罚之必要"，这种家族主义式的惩罚方法既隐蔽又残酷。所以，这种家族主义很快就转化成为"足以美化强制服从

---

① 藤原彰:『天皇制と軍隊』，青木书店，1978年，第88页。

的手段"①。这是一种使无情的惩罚和个人制裁合理化的手段，军队家庭主义成了暴力惩罚士兵的代名词。"兵卒之多数思虑极单纯浅薄，不论怎样以口头训喻、示范以指导仍感迟钝，而一旦犯罪处以惩罚之时常愕然恐惧。故事实上应有使其认识惩罚之威力的必要，作为家庭之父母的将校下士勉黾努力，借惩罚之威力改悛兵卒，以图治理中队家庭"②。在"军队家庭主义"的口号之下，军人尽忠节的本分、无条件服从的精神与封建家长制度、严格的等级身份制度及武士道精神混杂在一起，使日本军队内的生活变得极其残酷与野蛮。上级对下级，长官对士兵，老兵对新兵都有家长般的绝对权威，任何一点口实都会被冠以"违反军纪"的罪名而遭到辱骂、体罚。为了维护绝对服从的军纪，采用了世界上罕见的残忍苛酷的手段。为介绍这一情况，不妨在此摘录几段日本军人的回忆：

> 生活的一切都有铁的纪律，都充斥着暴力。其背后是服从，是欺骗。叫骂、殴打、服从，以及奴隶般的无抵抗。要戴上被人强行驯化成胆怯与不安的动物所拥有的无可奈何的假面。一切都是当作物品使用的条件。生活仅仅是不时的饮食和排泄的单调重复。我们就像猪一样。③

曾经在太平洋战争末期应征入伍、被编入土浦海军航空队的历史学家色川大吉回忆说：

> 我被编入兵科，住在寒冷的射击礼堂。被褥是自己缝的装入稻草的袋子，只有像结草虫那样忍受着寒冷和饥饿。分队军官对我们的严格训练是可怕的。我们经常挨打，脸部都变了形。1945 年 1 月 2 日的早晨，我被金子少尉用拳头打了二十多下，牙齿被打裂，嘴破出血，因而吃不了盼望已久的煮年糕，真正是过着饮血而生的

---

① 田崎末松：『田中義一評伝』（上），和平戦略研究所，1981 年，第 258 頁。
② 武章生：「理想の軍隊家庭」，藤原彰：『天皇制と軍隊』，青木書店，1978 年，第 92 頁。
③ （日）色川大吉：《昭和五十年史话》，天津政协翻译组译，哈尔滨：黑龙江人民出版社，1982 年，第 110 页。

生活。2月14日，发生了这样一起事件：我队几乎全体队员被以外出时偷吃东西为理由，在严寒的夜里被命令坐在钢筋水泥的地面上达七小时之久，然后用大圆棍像打猪那样打屁股。①

日本近代军人对自己的同胞的态度是"军队和毛毯，都是越打越结实"，他们创造的刑罚方法五花八门，令人发指。军队内残酷虐待士兵，尤其是新兵的做法却被解释为出自"骨肉之至情"。这种虐待不仅在"部下不论何种场合都必须服从其上级"这一铁的原则下被合法化，而且被所谓"父母爱""兄弟情"的"军队家庭主义"合理化。上级虐待下级，军官虐待士兵，老兵虐待新兵，士兵只有服从与忍耐。当新兵变成老兵后则将被压抑而积累的能量转而向新兵释放，继续虐待自己的同胞。这种军队生活彻底抹杀了人性，使军人"一夜醒来变成鬼"，兵营被称作"是老兵鬼居住的、蛇在欢笑的世界"，是"人间地狱"，是没有经历过军队生活的人所不可想象的、充满恐怖的、阴暗的精神世界②。

然而，无论日本军队是怎样的一个暴力机构，若没有将暴力正当化的堂而皇之的旗帜，它就无法作为组织而存在下去。一个组织或团体若没有存在的理由，则无法期待其实现团结，最终将土崩瓦解。因此，上述法西斯军人教育除了利用家族主义外，就是在天皇的名义下实施。关于天皇与军队的关系，除了《军人敕谕》中的规定之外，在《军队内务令》中也做了如下规定："军队处于天皇亲率之下，以弘扬皇基，宣扬国威为本义。军队统率之宗旨在于使官兵众心归一、团结一致，以此实现军队之本义。"

《军人敕谕》作为军人基本精神的体现，要求军人必须早唱晚诵、烂记于心。其中，"应知下级秉承上级之命令，即如同秉承朕之命令"这句话在上级军官诉诸暴力时会被经常引用。"我的话就等于天皇陛下

---

① （日）色川大吉：《昭和五十年史话》，天津政协翻译组译，哈尔滨：黑龙江人民出版社，1982年，第114页。
② （日）色川大吉：《昭和五十年史话》，天津政协翻译组译，哈尔滨：黑龙江人民出版社，1982年，第90页。

的命令！你难道想违抗天皇陛下的命令吗"一旦成为"天皇陛下的御令"，那任何人只有绝对服从，反对或批评被一概禁止。凶残的暴力和无缘无故的训斥笼罩在兵营之内，从而达到使士兵变成"只会唯命是从的动物"的目的。

在"下级服从上官之命实为直接听命于朕"，军人对上级的服从与对天皇的效忠被一体化的军队中，通过残酷对待部下而培养造就出无数"虐待狂"式的法西斯军人。他们平素所受的压抑一到战时就能立即转化成凶猛无比的战斗力，向弱小无力的被侵略国家的人民发泄，变成灭绝人性的、残暴无比的破坏行动。

第四章

军人精神与国民道德的统一

明治维新后，日本政府在力求摆脱外来民族危机的同时，采取了"失之欧美，取之亚洲"的对外政策，走上了侵略亚洲邻国的军国主义道路。为此，在国内积极推行"全民皆兵"制度和"忠君爱国"教育。通过1882年以天皇亲自颁布的《军人敕谕》，把封建武士道以近代军人精神的形式加以再利用，作为对军人进行军国主义教育的精神支柱。1889年颁布的《大日本帝国宪法》，使军队统治权直属天皇而独立于政府和议会之外，并强调具有神性的天皇为集军政大权于一身的最高统帅。通过1890年颁布的《教育敕语》，天皇作为国民精神和道德的绝对权威把军人精神转化成国民道德，从而在国家的指导思想上完成了武士道的全民化。军人精神和国民道德原本在适用对象和内容上有很大区别，但通过全民武士化，武士道将两者融为一体。

第一节 《教育敕语》的颁布与全民武士化的完成

1890年以天皇的名义颁布了《教育敕语》，最终将《军人敕谕》中的军人精神发展为国民道德，《教育敕语》的颁布推动了全民军事化的发展。教育之所以在武士道全民化过程中占重要地位，就在于它从小学开始，把皇国思想和武士道精神灌输给青少年，使其能够自觉地效忠天皇，为国家的军国主义政策服务。所以说《教育敕语》的本质就是军国主义。

4.1.1　山县有朋与《教育敕语》的颁布

《军人敕谕》使传统武士道在新形势下发展成为近代军人精神。而为了建立真正的全民皆兵的军国主义国家，1890 年又以天皇的名义颁布了《教育敕语》，将《军人敕谕》中的军人精神发展为国民道德，最终将武士道融入中小学生乃至全民道德教育中，促进了武士道全民化。《教育敕语》其全文如下：

> 朕唯我皇祖皇宗，肇国宏远，树德深厚，我臣民克忠克孝，亿兆一心，世济其美，此乃我国体之精华也。教育之渊源，亦实存于此。望尔臣民，孝父母、友兄弟、夫妇相和、朋友相信、恭俭持己、博爱及众、修学习业以启智能，成就德器；进而广公益、开世务，常重国宪遵国法。一旦有缓急，则义勇奉公，以扶翼天壤无穷之皇运。如是则不独为朕之忠良臣民，且足以显彰尔祖先之遗风矣。斯道实乃我皇祖皇宗之遗训，子孙臣民俱应遵守。通诸古今而不谬，施诸中外而不悖。朕庶几与尔臣民俱拳拳服膺，咸一其德。[1]

发布《教育敕语》的直接契机是 1890 年 2 月召开的地方长官会议。参加会议的各府县知事批评"今时学校教育偏于智，其弊甚矣"，认为这是由于"不知道德之本源忠孝之道为何物，而无一定方针"所造成的。[2] 要求回归传统道德，成为这次会议的主题。会后他们面见文部大臣，要求明确德育方针。于是总理大臣山县有朋借机奏请天皇，请求起草有关德育方针之敕语。山县有朋热衷于制定《教育敕语》，有其军国主义理由。自 1882 年朝鲜壬午事变以来，山县就一直积极推行以侵略中国为目标的大陆政策。而随着加拿大太平洋铁路的通车、巴拿马运河的开通、西伯利亚铁道的铺设、中国清政府军事力量的增强等一系列国际局势的变化，使山县有朋日益感到战争的迫近，为此决定把充实军备

---

① 　徳富蘇峰：『山県有朋伝』（中），原書房，1984 年，第 1117 頁。

② 　山住正巳：『教育勅語』，朝日新聞社，1980 年，第 492 頁。

作为国家的紧要任务。同时在教育方面，山县主张把军国主义同国民教育结合起来，向全体国民大力开展封建传统教育。1882 年，他在意见书中写了如下内容：

> 昔时封建之世，列侯各养其兵、育其士、尽藩屏之任，努力不落他藩之后。是以士气勇敢、人心活泼，居治而未敢忘乱。虽然其间或有竞争轧轹者，此乃也出于忠君爱国之心、尚武重义之心不能已者也……今日之势大有不可不维持此精神者。王政维新之际，解藩屏之任，更置陆海军，授以护国之职。是以讲习往昔武门武士之争者仅止军人而已，即只存在于全国士民之一小部分。其他皆驰骋于欧洲开明之风流，摘弄文华之余芳。人心渐陷于轻躁浮薄，图苟安姑息，喜空理虚谈，乏勇敢活泼之气概，以至尚武重义之志复不振，深虑之士谁不长叹耶！如欲挽回今此衰退之势，不可不以彼之一小部分尚武集团鼓舞全国士民之义气。盖若欧洲各国竞争进取不相让，拮抗奋励始终如一，恰如我邦封建之时。故虽在文明之世，未曾一日忽视武备，其爱国精神凛然而不可犯……故维新以来，在政治教育间，其外观几乎模仿欧美，然顾察其内实相差甚远。何已至此？无他，以其昔时忠君爱国之念、尚武重义之风渐归于消灭也。近察我邻邦之势，骎骎而勃兴，决不可有轻忽者也，岂可不思耶。故某以为，振兴昔时忠君爱国之心、尚武重义之念，诚方今之要务，明治政府宜锐意将人心导向于此。若及今日恢复我邦尚武之遗风，扩张陆海军，将我帝国拟为一大战舰，向四面扩张力量，若不以刚毅勇敢之精神运转之，则我尝轻侮之直接近邻之外患必将乘我之弊。坐而至此，则我帝国将复与谁俱维持其独立，与谁俱语富强。[1]

由此可见，山县有朋试图将武家时代的尚武与忠诚观念作为当前教育的重要内容。山县还在《外交政略论》中指出：要想在战争中取胜，必不可少的东西第一是军备，第二是教育。而他说的教育是指在学校教

---

[1]　德富蘇峰：『山県有朋伝』（中），原書房，1984 年，第 814—816 頁。

育中要涵养爱国心和封建道德。山县在担任总理大臣后，便企图将与《军人敕谕》类似的内容推及国民教育中。他曾说："余有《军人敕谕》于头脑中，故希望教育亦得同样之物。"[1] 正是出于军事上的考虑，山县积极推动敕语的制定和颁布。此前，关于道德教育问题，发生了天皇侍讲元田永孚的儒家主义道德观和伊藤博文的立宪主义道德观之间长达十年之久的争论。而最后颁布的《教育敕语》的核心思想，既不是元田的儒家主义，也不是伊藤的立宪主义，而是山县的军国主义。所以，元田永孚将敕语颁布的功劳专归山县之力，"以此敕语之赞成，乃山县总理大臣一生之大功"。[2]

《教育敕语》所提倡的道德观与《军人敕谕》几无差别，后者所提倡的五条军人精神也完全符合《教育敕语》中的精神。"忠节"相当于《教育敕语》中的"克忠克孝"，"武勇"相当于"一旦有缓急则义勇奉公"。《教育敕语》要求的国民道德和《军人敕谕》要求的军人精神完全是同一的，二者所依赖的历史基础都是"肇国宏远"的国体。二者也都被视为绝对真理，都是国民必须遵循的道德规范。而《军人敕谕》中的"天地之公道，人伦之常经"和《教育敕语》中的"通古今而不谬，施中外而不悖"完全达到"两敕归一"的程度。[3] 这样，日本军国主义积极推行的武士道精神通过《教育敕语》堂而皇之地成为近代日本教育方针的灵魂，并开始向日本青少年灌输。从此贯彻敕语精神，进行军人精神教育和国民忠君爱国教育成了近代日本道德教育的核心。

《教育敕语》的第一段，作为"教育的渊源"，阐述了"国体之精华"；第二段阐述了作为"臣民"应该具有各种义务，包括对社会的义务、对自己的义务、对国家的义务。对社会的义务包括家族道德，即"孝父母""友兄弟""夫妇相和"，也包括对他人和社会的道德，即"朋友相信""恭俭持己""博爱及众""广公益""开世务"。对自己的

---

① 『岩波講座　現代教育学5 日本近代教育史』，岩波書店，1962 年，第 74 頁。
② 徳富蘇峰：『山県有朋伝』（中），原書房，1984 年，第 1134 頁。
③ 高桥正卫：「軍隊の教育に関する考察」，『思想』，岩波書店，1976 年第 6 期。

义务，即个人的道德修养，"修学习业""启发智能，成就德器"。对国家的义务，即对国家的道德，"常重国宪遵国法""一旦有缓急，则义勇奉公，扶翼天壤无穷之皇运"。《教育敕语》是"权利的、立宪的、道德的各思潮的统一，作为统帅权的、立宪的、王道的君主，三种天皇观被凝集在一起"，① 而将这些思想和道德观念连接在一起的是"军国主义的国家主义"，具体地说，就是把规范父子、兄弟、夫妇、朋友关系的封建的儒家道德和世务、国宪、国法等近代的国家道德这种带有矛盾性的两个侧面用"一旦有缓急则义勇奉公，以扶翼天壤无穷之皇运"这种"军国主义的国家主义"结合起来。

《教育敕语》的文字虽然不多，但言简意赅，义勇奉公、对天皇的绝对献身是贯穿《教育敕语》每个德目中的主旋律。《教育敕语》的颁布在武士道全民化过程中的意义在于：第一，《教育敕语》的颁布，正如山县有朋所希望的那样，完成了《军人敕谕》——军人社会的固有道德向市民社会的渗透，实现了军人社会和市民社会的"同质化"。西周在《兵家德行》中提出的臣属社会与民属社会之间的差异，通过《教育敕语》而被一体化了。② 第二，通过天皇颁布的《军人敕谕》《教育敕语》，武士道借助天皇的权威被经典化、神圣化了，并成为正统思想，其左右和控制人们行为和思想的程度大大超过了封建社会的武家时代。第三，《教育敕语》将武士道所提倡的忠诚与武勇赋予爱国主义的意义，使武士道精神披上了爱国主义的外衣，并以体现出近代国家意识的形式表现出来。第四，《教育敕语》实现了作为国家主义的精神支柱的皇国思想和作为军国主义精神支柱的武士道精神的统一。

4.1.2 井上哲次郎对《教育敕语》的诠释

在《教育敕语》颁布后，各种解释敕语的衍义书纷繁杂乱，难以体现敕语的根本精神。在这种情况下，井上哲次郎受文部大臣芳川显正的委托开始编写《敕语衍义》。井上哲次郎在完成初稿之后，经天皇亲

---

① 梅溪昇：『明治前期政治史の研究』，未来社，1963 年，第 303 页。
② 梅溪昇：『明治前期政治史の研究』，未来社，1963 年，第 304 页。

览，所以该书堪称《教育敕语》的官撰注释书，颇具权威性和正统性。

井上哲次郎是近代日本的哲学家、教育家。1855 年生于筑前国（今福冈县）太宰府。原姓富田，号巽轩。幼年在家乡学习汉学，后游学博多、长崎学习英语。1871 年，入长崎的外语学校广运馆，跟随英国教师通过英文版书籍学习数学、历史。1875 年，入开成学校，两年后毕业，进入东京大学文学部哲学科。1880 年，从东京大学毕业后进入文部省编辑局，参加"东方哲学史"的编辑工作。1881 年，进入东京大学编辑所，任副教授。1884 年，受文部省派遣留学德国，专攻哲学。1890 年回国后，任东京大学教授。从 1897 年到 1904 年，任东京大学文科大学长。1923 年退职。此后历任大东文化学院院长、日本哲学会会长、斯文会副会长、贵族院议员等职。1926 年 9 月，因《我国体与国民道德》一书招致祸端，所有公职均被剥夺，此后以著书为业。晚年任"国际佛教会"会长、"素行会"会长。1944 年去世，终年90 岁。

井上哲次郎从国家主义和军国主义两方面对《教育敕语》进行了系统的解释。"盖敕语之主意在于修孝悌忠信之德行，固国家之基础，培养共同爱国之义心，备不虞之变"，"凡国之强弱主要依据民心之结合如何，苟民心之不结合，城砦艨舰不足持；苟民心结合，百万之劲敌。岂能奈我何，然敕语之主意，结合民心之切，未如今日"。①

井上哲次郎的国家主义的重要特征是结合了德国的国家有机体说和日本的儒学传统，明确提出了家族主义国家观："国君之于臣民，犹如父母之于子孙。即一国为一家之扩充。一国之国君指挥命令臣民无异于一家之父母以慈心吩咐子孙。故我天皇陛下对全国呼唤尔臣民，则臣民皆应以子孙对严父慈母之心谨听感佩。②"在这里，井上将天皇与国民的关系比作父母与子孙的关系，其目的是将家族伦理和政治伦理融为一

---

① 井上哲次郎：「勅語衍義」，松本三之介：『近代日本思想大系・31・明治思想集』，筑摩書房，1977 年，第 86 頁。

② 井上哲次郎：「勅語衍義」，松本三之介：『近代日本思想大系・31・明治思想集』，筑摩書房，1977 年，第 86 頁。

体，以强化国民对以天皇为代表的国家的忠诚。如前所述，《军人敕谕》颁布后，军国主义分子将家族关系引入军队内部，把官兵关系比拟成父子关系，其目的是加强军人精神教育，强化对军队内部的控制。现在，井上又将天皇与臣民的关系比拟成父子关系，再次说明日本统治阶级总是善于利用家庭关系来搭建权力的阶梯，用显得温馨的亲情关系来掩盖统治与被统治之间的权力关系，以此来骗取被统治者的服从。可以说对人的统治，依据温情脉脉的家族关系和以此为基础的伦理道德，而不是仅仅依靠物质力量，是日本统治阶级一贯使用的政治手法。他们利用家族关系，不论是否真正的家族关系，凭借这种家族道德的凝合剂，"使民心的结合和共同爱国的义心"得以形成，从而使被统治者心甘情愿地接受其统治，并自觉地为国家的军国主义政策服务。井上哲次郎在《敕语衍义》中提倡的家族国家观成了《教育敕语》颁布后国民道德教育的主导理念。

井上哲次郎虽然认为敕语的主导思想是国家主义，但是从《敕语衍义》中，我们不难看出，国家主义和军国主义是同属一个层次的概念。正如丸山真男所说，事实上我们很难从思想上划清军国主义与国家主义的明确界限。国家主义作为军国主义的思想基础，它们之间有着难以割断的联系。《教育敕语》是出于教育要为军国主义服务这一目的，而在军部领导人山县有朋领导下制定的，其特征是将儒家道德和近代立宪主义结合起来，为军国主义服务。

井上哲次郎从以下三方面对《教育敕语》进行了军国主义诠释。

第一，关于社会责任方面。"博爱及众"本是具有近代意义的社会公德。但是，井上或许担心"博爱及众"会使学生和民众产生和平主义或国际主义的认识错觉，于是强调："若无亲疏之别，不论彼我，均爱之。如不立顺序，则是万国同爱，忠君爱国之情于是已也。故无论何人须以仕奉我君，爱我邦为第一义务。尤其有关系国之安危之事时，必须舍弃财产而且掷一命以救之"。①

---

① 井上哲次郎：「勅語衍義」，松本三之介：『近代日本思想大系・31・明治思想集』，筑摩書房，1977 年，第 100—101 頁。

在井上看来，博爱就是对国家的爱，而对国家的爱要高于一切，甚至包括生命本身。对父母之爱，对子孙之爱及对兄弟、夫妇朋友的爱等无不包含在爱国之心中，"如果为我国舍一命的话，苟为精忠之人，谁不欣然而掷之"。[①] 井上哲次郎虽然肯定人类基本情感——爱的合理性，但是他把"忠君爱国""舍生取义"看作这种爱的最高境界。这种原本是出自西方的博爱主义，通过井上的解释却蜕变成了日本式的爱国主义。

井上对"广公益开世务"的解释也具有很强烈的国家主义和军国主义的色彩。他认为"夫为国家或为普通社会，汲汲唯求公利公益，不顾一身之危，全然奉献生命者，为爱国之模范，最值得赞美，国之强弱可以说主要在于此种人们之多少"[②]。

第二，关于个人修养。在如何成就德器的问题上，井上哲次郎认为："士兵临战，奋勇杀敌之时，要有视生命如草芥之勇气。德义之世界亦是如此，尽全力与欲望而战，假令身碎，也须应有全德义之节气。然世间有力者虽多，克己而战胜物欲者却很少……故克己与胜敌相比尤其可谓难也。"[③] 山鹿素行把"常将死放在心中"作为个人修养的重要方式。同样，井上也把个人修养同军人道德联系起来，把克制"物欲"作为个人修养的最高境界。而"启发智能，成就德器"就是为了国家与社会，"尽力而为国事，以图公众之利益"。

第三，关于国家义务。《教育敕语》颁布的目的就是教育国民具有履行国家义务的觉悟，做到"义勇奉公"。关于"义勇奉公"的解释，在重野安绎的《敕语衍义》和内藤耻叟的《敕语训义》中，都是全文引用《军人敕谕》，意在强调国民道德和军人精神的一致性。而井上在解释《教育敕语》中的"一旦有缓急，则义勇奉公"时，认为在国家

---

① 井上哲次郎:「勅語衍義」，松本三之介:『近代日本思想大系・31・明治思想集』，筑摩書房，1977 年，第 101 頁。

② 井上哲次郎:「勅語衍義」，松本三之介:『近代日本思想大系・31・明治思想集』，筑摩書房，1977 年，第 106 頁。

③ 井上哲次郎:「勅語衍義」，松本三之介:『近代日本思想大系・31・明治思想集』，筑摩書房，1977 年，第 104 頁。

安危之时，欣然舍命为国家而死，"此乃真正的义勇"。在实践"义勇奉公"时，要"弃一己之自利心，努力为国"，只有具备这种爱国心，臣民才能做到"一旦有缓急，则义勇奉公"，"作为臣民者，不可妄自以一己之私行事。唯从征兵之令，尽己之义务，逢征兵之令，必须欣然应之。不论何人，作为我邦男子必有牺牲生命，以图国家福祉之念，世上愉快之事很多，然于真正男子来说，没有比为国而死更愉快的事"。① 武士道历来将灭私奉公，无私献身作为武士的最高道德境界。从这个意义上说，武士道可以说是"死"的宗教，因为作为战争道德，唯有"死"最能体现彻底奉献。井上哲次郎提倡的也正是这种来源于武士道的无私献身精神。

《教育敕语》不仅是学校教育的根本方针，而且也是国民道德和国民精神的最高准则，它使学校教育、社会和家庭教育全部纳入军国主义教育的轨道。《教育敕语》提倡的"孝悌忠信""共同爱国"和"义勇奉公"，把军人应该遵守的道德和国民应该遵守的道德合而为一，于是原本武士和军人的战争道德转变为全体日本国民的道德。从这个意义上说，近代武士道确实是封建的、近代的、军人的、国民的各种道德观念的大杂烩，而且由军国主义这条主线贯穿其中，使其杂而不乱。所以，井上哲次郎认为《军人敕谕》和《教育敕语》丝毫没有不同，一是表示武士道，一是表示国民道德，"两者如鸟之两翼，车之两轮，相待以奏效"，② 在他看来，武士道和国民道德是日本军国主义战车上的两轮，在为军国主义服务的功能上，二者是同一的。

总之，武士道精神与全体国民道德的结合，使武士道成为日本军国主义教育的核心内容。其结果正如当时的反战主义者幸德秋水所揭露的那样，是使日本人民"平常在其家庭、学校、兵营里，只受到为天皇献身的教训，而不知有其他"。③ 而《教育敕语》在确立军国主义教育

① 井上哲次郎：「勅語衍義」，松本三之介：『近代日本思想大系·31·明治思想集』，筑摩書房，1977 年，第 111 頁。
② 井上哲次郎：『巽講話集』，博文館，1902 年，第 375 頁。
③ 王家骅：《儒家思想与日本文化》，杭州：浙江人民出版社，1990 年，第 183 页。

过程中，使日本传统文化中的武士道德适应了军国主义的需要，发展成为以忠君爱国、"义勇奉公"为核心的近代国民道德。

4.1.3　近代忠孝一致的道德观

19 世纪 80 年代后期，随着以侵略朝鲜和中国为目的的大陆政策的形成，以"事君能致其身"、为国尽忠献身为内容的军国主义教育成为当务之急，这样，作为鼓吹军国主义教育的手段，要求忠孝合一的《教育敕语》成为国民教育的"圣典"。

《教育敕语》要求国民要"克忠克孝"，而最重要的是在国家需要的时候能"义勇奉公"，其根本目的是为军国主义服务，实现全民武士化。在这里还需要理顺的是忠与孝的关系问题，否则若孝与忠发生矛盾，就会干扰履行"义勇奉公"的义务。

如前所述，封建时代的武士肯定忠重于孝，为主君效忠献身是其第一孝行，这是由于身处乱世的武士所拥有的领地或世禄多赖于主君的保护，为主君效忠献身就是对主君的回报，也是其义务。即使为主君舍命献身了，其所拥有的领地或享有的世禄，扶养父母和家族，使家族永续也都不成为问题。道德毕竟受经济基础的制约，普通百姓没有领地和世禄，如果他们在战场上效忠献身了，其父母的扶养和家族的存在就成了很大问题。所以，中江藤树就认为，明哲保身，孝养父母是普通百姓的最大孝行。

明治维新以后，废除了等级身份制度，实现了"四民平等"。不过对普通百姓来说，其享有最平等的权利就是服兵役，虽然《军人训诫》提高了征兵制下的士兵地位，把他们等同于过去的武士。但他们在经济条件上毕竟与武士不同，那种基于武士家族制度的"为主君效忠献身是其第一孝行"的道德观念普通百姓是没有的。《军人训诫》和《军人敕谕》都是为培养士兵具有武士精神而制定的训诫书，而在全国推行能培养武士精神的武士家族制度，对造就"良兵良民"则更具有基础性意义。

1898 年颁布实施的明治民法"以资产阶级法律的形式肯定了自幕

府时代以来盛行于武家社会的家族制度，并将其推行于全体国民"。①
明治民法是在否定 1890 年（明治二十三年）颁布但未实施的明治旧民
法的基础上制定的，其原因是明治旧民法主张依"一男一女的情爱"
组成家庭，否定了"日本固有的家制"，也就是封建社会的武士家族制
度。武士的"家"除了指以血缘关系为纽带的具体家族之外，更重要
的是"超越世代经营一定的行业乃至为换取恩给和俸禄而提供服务的
集团"，② 这种"家"不仅是武士生活的场所，也是集军事、政治和经
济于一体的、构成封建社会基础的社会组织。在这种"家"中，人的
存在不过是"家"的活的物件，而家业、家名和家格是构成"家"的
永恒的固有的要素，它们的存在"与人的生死无关并要求人们为之献
身，同时又使人们享受其恩惠"。③ 武士的忠孝观正是建立在这种"家"
基础上的道德观念。所以，穗积八束在"民法出则忠孝亡"一文中，
认为武士家族制度是日本固有的"醇风美俗"，是日本国家的社会基
础，而如果实施由"一男一女的情爱"为基础，倡导个人主义的家族
制度的话，作为日本道德基础的忠孝也就没有了。

　　为了确立这种武士家族制度，明治民法规定："户主的亲属且在其
家者及其配偶，谓之家"④，"户主的亲属"包括六等亲内的血亲及配
偶、三等亲内的姻亲（第 756 条）。这是近似武士家族制度的"复合大
家族"，包含若干小家庭，按照本家——分家的纵向序列而组成的一种
家族形态。而且通过"户主权"和"亲权"等规定，赋予了户主即家
长以极大的权力。明治民法和明治旧民法差异很大，但主要表现在户主
权及家族的范围和形态上。根据明治民法"扶养义务"的规定："在负
有扶养义务者有数人的场合，应履行扶养义务者顺序如下。第一，配

---

① 李卓:《家族制度与日本的近代化》，天津：天津人民出版社，1997 年，第 44 页。
② （日）尾藤正英等:《日中文化比较论》，王家骅译，杭州：浙江人民出版社，1992
　　年，第 32 页。
③ （日）尾藤正英等:《日中文化比较论》，王家骅译，杭州：浙江人民出版社，1992
　　年，第 32 页。
④ 汤泽雍彦:『日本妇女问题资料集成·第五卷·家族制度』，家庭出版，1976 年，第
　　240 页。

偶；第二，直系卑属；第三，直系尊属；第四，户主；第五，夫妇双方的直系尊属在其家者；第六，兄弟姐妹。"① 这种多重的扶养关系使家族成员在为国家奉公如服兵役时，可以摆脱扶养义务的羁绊，克服"忠孝不能两全"的矛盾，也使人没有了以扶养义务作为逃避兵役的借口，因此在军事上具有很大意义。而且在这样的大家族内，父亲并非就是家长，人们孝的对象，除了亲生父母外，还有可能是没有血缘关系的家长，所以，孝已经具有忠的含义了。这样的家族制度，可以在日常生活中培养人们的忠诚心，并能加以不断实践。而相比之下，明治旧民法的扶养范围则小得多，规定负担赡养义务的顺序是，"直系的家族成员之间"及"兄弟姐妹"。② 家族的范围小，人们的家庭义务是孝养具有血缘关系的父母、照顾直系亲属，没有对祖先责任，这样的家族制度，只能有孝，但不会有忠，孝与忠就常会发生矛盾。这是明治旧民法被废除的重要原因。

明治民法所规定的家族，同武士家族相比虽然没有世袭的家禄，但是它有家业、有源于祖先的家名，依然"是由祖先开创的，由作为其后继者的家长统治的必须永远存续的团体"。所以对于这种家族，显扬家名，使家永续依然是最大的孝行。小学修身教科书的"孝"规定："为全孝道，不只是敬爱父母、祖父母，善事奉之，应须尊崇祖先、厚祭祀之礼、重其坟墓……为对父祖尽孝，片刻也不可忘忠君之道。因为我等父祖是侍奉皇室尽忠诚的，所以我等对君尽忠是继父祖之志、显父祖之遗风，这就是尽孝于父祖。在我国离开忠，孝是不存在的。"③ 这种家族制度和家族道德是非常适应军国主义国家需要的，《教育敕语》就是要求国民奉行对家长的孝道，在此基础上奉行对天皇尽忠的臣道，做到"一旦有缓急，则义勇奉公，以扶翼天壤无穷之皇运"。

在江户时代，儒学家将平民的孝行与武士的孝行加以区别，强调武

---

① 汤泽雍彦：『日本妇女问题资料集成・第五卷・家族制度』，家庭出版，1976 年，第 258—259 頁。

② 汤泽雍彦：『日本妇女问题资料集成・第五卷・家族制度』，家庭出版，1976 年，第 216 頁。

③ 小学教科書総攬刊行会：『小学教科書総攬』，1933 年，第 130 頁。

士尚忠，忠大于孝，这是源于武士的特殊地位及其所赖以生存的特殊的家族结构。到了近代，四民平等了，平民也要像武士那样去当兵打仗，而且效忠的对象直指天皇。近代日本国家为实现全体国民效忠天皇，就要构筑适应这种需要的社会基础和理论基础。这种社会基础就是所谓的"综合家族制度"，而理论基础就是把作为家族伦理的孝与作为国家伦理的忠统一起来，达到"忠孝一本"的家族国家观。

关于忠孝观念，就其社会基础而言，孝应该是统一的和平社会的伦理，而忠应该是分裂的战乱社会的伦理。中国封建社会是中央集权国家，各个王朝多能维持百年以上的和平。在这种社会环境中，各个家族是社会的基本单位，有国家法律的保护，每个人在家中尽孝，保持家庭的稳定，就是最高的道德要求。日本武家社会是典型的乱世。在这种社会环境中，各个家族只有依附更大的家族，按模拟血缘关系组成纵向的具有军事联盟性质的综合大家族，才能保护自身的安全与存在，因此，每个武士首先效忠于大家族的首长——主君是最高道德要求。近代日本，正是出于它的军国主义目标，建立了类似于武士家族制度的这种"综合家族制度"，让全体国民都对大家长——天皇效忠，以此来统一全国的力量。这样，在弱肉强食的国际社会，既可对抗强大国家，又可侵略、征服弱小国家。因此，"综合家族制度"及其忠孝一致的道德观，在实质上完全是为日本军国主义服务的。

1910年，井上哲次郎受文部大臣之命，为师范学校的修身科教员讲授"国民道德之大意"。井上把中日两国的家族制度相比较，认为日本家族制度的特色是"综合家族制度"，中国只有个别家族制度。井上认为，"在个别家族制度孝德是胚胎，在综合家族制度忠德是胚胎，这完全是日本特殊的社会组织的产物"。[①] 也就是说个别家族制度重视孝亲之道，综合家族制度重视忠君之道。在日本，由各个家族集中在一起，形成了"使整个国家作为一大家族的家族制度"。[②] 在综合家族制度中，"忠君的道德很发达"，而在只有个别家族制度的中国虽然有忠

---

① 井上哲次郎：『国民道德概論』，三省堂，1912年，第227頁。
② 井上哲次郎：『国民道德概論』，三省堂，1912年，第223頁。

君，但"不是像日本那样的最重要的道德"。之所以这样，井上认为在综合家族制度中，"家长是家族的中心，所以周围的家族都必须服从此家长的命令。正因为家长统率一家，所以家族就成了受家长统率，必须奉行其命令的组织。因此，作为这种家中的道德，最重要的在于忠实于家长。"① 井上也肯定了孝的价值，认为孝是个别家族制度赖以存在的道德基础。综合家族制度是以个别家族制度为基础成立的，天皇是这个大家族的家长，整个国家由天皇统率，"忠这种道德就产生了"。正是因为日本是综合家族制度，个别家族制度中的"孝"成了忠君伦理的基础，这样才能实现孝与忠的完全统一。

井上哲次郎在《忠孝一本与国民道德》一文中，进一步从五方面阐述了忠孝一致同日本家族制度的关系。第一，忠孝一本，即都要出自真心，这就是"诚"。以真心对待家长就是孝，同样，以真心对待君主就是忠。第二，从家族制度的组织结构上说，把小的家族组织集中起来就是一个大的家族组织，这就是国家，家族就是国家的缩小。所以，在小家族中对家长尽孝和在大家族中对君主尽忠，其性质是相同的。唯有大小之区别而已，大则言忠，小则言孝。或者把忠称作大孝，把孝称作小忠。第三，由于普通人并不能接触君主，所以，在一家之中服从家长的命令，忠实尽自己的义务就是尽孝，在尽孝的同时也就是在尽忠。同样，尽忠于君主也是尽孝，为君主所做的一切也是父母的希望之所在。所以，日本的原则是忠孝不悖，如有相悖，则要舍孝取忠。因为忠大于孝，所以要舍小孝取大孝，这就是大义名分。第四，对天皇尽忠符合父母的意志，即忠与孝是一致发展起来的。第五，从历史上看，日本民族皆是天祖之末族、支裔，因此，皇室是天祖的直系，是国家的宗家。其他相同父母的子孙在各自家长之下形成一个个家族，都是分家。因此，自古以来，人们就以在家族内对自己的家长尽忠为最大的义务，如果对家长的家长追而溯之，必达于天皇。对天皇尽忠即报本之大孝。由此观之，忠孝完全一致而无杆格。②

---

① 井上哲次郎：『国民道徳概論』，三省堂，1912 年，第 226 頁。
② 井上哲次郎：『国民道徳概論』，三省堂，1912 年，第 269—273 頁。

井上哲次郎的忠孝观，不仅没有使人们对父母的自然情感影响到对国家的忠诚，而且，家是缩小了的国，国是放大了的家，家国同构，由此使家族伦理与政治伦理达到统一，要求国民以孝父母的心情，效忠国家，忠因此得到了强化。而由于家依赖大家而存在，大家依赖国家而存在，正如新渡户稻造所说："国家是先于个人而存在的，个人是作为国家的一部分及其中的一分子而诞生出来的，因而个人就应该为国家，或者为它的合法的掌权者，去生去死。"① 在忠孝不能两全，二者发生矛盾时，"舍小孝取大孝，这就是大义名分"。这种忠孝一致的观念并不是书斋里的理论，它通过学校的修身课，灌输到学生们的头脑中。随着日本近代学校教育的普及，特别在学龄儿童的入学率到明治末年几乎达到百分之百的情况下，其影响是相当大的。而家国同构的社会结构，忠孝一致的道德观念，使日本人能够形成一种集体的归属意识，尽其所能地来维护集体的名誉和利益，必要时牺牲小我而成全大我，这就是战时武士道精神得以充分发挥的社会基础和道德基础，也是近代日本在发动一系列侵略战争中，举国上下保持一致的重要原因。

第二节　武士道与战前军事教育

明治维新以后，日本建立了带有封建性的资本主义国家。经过甲午战争、日俄战争，发展成为带有封建性的军事帝国主义国家。在这个过程中，日本政府十分重视教育的作用。通过对小学生进行传统道德教育和有意被歪曲的历史教育来培养他们的忠君爱国意识，普及军国主义思想，使其未来担负对外侵略的使命。日本政府主导下的学校修身教育和历史教育的特征，是民族主义和军国主义的结合、神国思想和武士道精神的结合。这种教育的结果，使战前日本人盲目地相信日本是神国，崇拜天皇，视侵略战争为光荣。为对天皇表示忠诚，将他们的才能、力量

---

① （日）新渡户稻造：《武士道》，张俊彦译，北京：商务印书馆，2002年，第54页。

乃至生命投入天皇发动的侵略战争中。

4.2.1 学校修身教育与军事教育

明治维新以后，日本政府曾在"文明开化"的口号下，大量吸收西方的近代思想和学术，民主主义和自由主义等一度取代了过去的儒学和国学而流行起来。但是随着自由民权运动的发展，明治政府却趋向保守。为清除西方自由民主思想的影响，1879年，由明治天皇的侍讲元田永孚发表《教学大旨》一文。文章宣布以封建道德"仁义忠孝"为教学的基本精神，批判了明治维新以来政府奉行的开明的文教政策，提出"自今以后，基祖宗之训典，专明仁义忠孝，道德之学以孔子为主，人人崇尚诚实品行，则各科之学随其才器益进，道德才艺，本末全备；如大中至正之教学布满天下，则于我邦独立上，将不齿于宇内"①。强调了继承日本固有道德的重要性，以此来重新确定国家教育的方向。

政府在镇压自由民权运动过程中，认识到通过教育控制国民思想的意义，决定修改教育政策。1880年12月发布了《改正教育令》，否定了美国式的自由主义教育制度，强调国家干预教育，教育是为国家，不是为个人。同年，调查各地教材情况，开始实行审定教科书制度，由国家统一规定教育的内容。近代日本的教育，在推动日本近代化的进程方面，有其值得借鉴的经验。"邑无不学之户，家无不学之人"的普及教育政策，曾经使"人人享受知识之光辉"。但是国家主义的教育政策，是以此来强化教育的政治功能，将其作为统一国民思想的根本。

19世纪80年代以来，日本政府逐渐确立了以侵略亚洲邻国为目标的大陆政策。1890年，日本首相山县有朋在帝国议会发表演说，将对外侵略扩张定为日本政府的基本国策。他强调，在帝国主义时代，为维护国家之独立，仅仅防守主权线是不够的，必须进而保卫利益线。山县指出，日本"利益线的焦点"是朝鲜。他进而提出，"为捍卫这条利益

---

① 山住正已：『日本近代思想体系·6·教育の体系』，岩波书店，1990年，第78頁。

线，不可或缺的，第一是军备，第二是教育"①。教育和军备构成了日本军国主义这架战车的两轮，具有不可或缺的作用，教育变成了军国主义的御用工具。

近代日本学校的道德教育是在与军国主义相互融合过程中发展的，尽管其程度有消长轻重，但是在教育内容上，武士、军人与战争方面的事迹占有相当大的比重。"军队和国民教育不仅是天皇制国家的两大支柱，而且国民教育不断地接受军队的要求，军队立于教育之上。而且军队本身拥有比《教育敕语》更早的《军人敕谕》，从国民皆兵的原则出发，对国民负有教育的使命"②。

由于义务教育结束后的成年男子，必须要履行兵役的义务。所以，近代日本小学校的教育肩负着培养士兵的任务，要在教育中承担对小学生进行军人"素质"和军人"思想"的灌输，最终把他们培养成自觉的"良兵良民"。《教育敕语》本身就充分体现了军国主义所要求的军人精神与国民道德的合一性。其表现就是将以对天皇绝对忠诚和武勇为中心的军队教育观念一举扩大到全国国民中去。这种军国主义教育，"极端地说是对死的教育"，是走向战争和死亡的教育，而且这种教育是从小学生开始的，通过修身课、历史课和国语课等几乎各个学科，把忠孝观念和军人精神灌输到少年儿童那白纸般的头脑中。

《教育敕语》颁布后，以天皇为中心的臣民教育成为小学教育的根本，文部省把《教育敕语》誊写本发给全国各地的学校，学校在"奉读敕语"时都必须悬挂天皇"御真影"，举行仪式时要向"御真影"敬礼。同时又将神道纳入国民教育中，1891 年（明治二十四年）6 月制定《小学校祝日大祭日仪式规程》，规定在举行祭祀仪式时，要"奉读教育敕语"，进行基于敕语的训示。这种神道已不是神社神道，而是国家神道，具有为推行军国主义的侵略扩张而统合国民精神的作用。这种国家神道隶属于国家，其思想核心是"敬神爱国"。它同基督教或佛教

---

① （日）若槻泰雄：《日本的战争责任》，赵自瑞等译，北京：社会科学文献出版社，1999 年，第 269 页。
② 高野邦夫：『天皇制国家の教育論』、あずみの書房，1989 年，第 17 页。

不同，它对人的死生不给予说明或安慰，只肯定那些为天皇而战死的死。这种神道把日本民众生活中的神信仰同天皇联结起来，从而将敬神崇祖、天皇崇拜、忠孝思想和爱国思想顽强而巧妙地结合起来，对内进行思想专制统治和教育，对外进行军国主义的扩张侵略。

1891 年 11 月，文部省颁发的《小学教则大纲》规定，修身教育"基于关于教育敕语之旨趣，以启培儿童良心，涵养其德性，传授人道实践之方法为要旨"。在此后的日本小学教育中，修身教育被视为最重要的科目。在修身教科书中开篇刊登《教育敕语》，而在授课时必须背诵。敕语所要求遵循的德目在各个学年反复讲解，以此来让学生们不断加深领会其精神，突出宣扬"忠孝一本，忠君爱国、建国、国体精神"，以把小学生们最终培养成"忠良臣民"为目标。

日本政府为加强对思想教育内容的控制，采取教科书国定制。1903年《小学校令》规定，修身、日本历史、地理、国语读本均由文部省编定。到国定教科书制度废止为止，文部省编纂发行的国定教科书共有五批，虽然受当时政治、社会变动的影响，每次修改在内容上都有变动，侧重点或许有所不同，但是以《教育敕语》精神为根本，培养忠君爱国精神这条军国主义教育的宗旨却丝毫没有触动过。

修身教科书每册每学期必讲"天皇"和"忠义"以及与皇室有关的节日，不断地向学生灌输"忠君爱国"思想。根据 1933 年（昭和八年）出版的《小学生教科书总揽》，普通小学修身教科书中关于"天皇""忠义"等内容如下：

第一卷（共 25 项）

第 16 项：天皇陛下。内容为"天皇陛下万岁"。

第 17 项：忠义。一个士兵虽然中弹依然坚守职责。

第二卷（共 26 项）

第 15 项：天皇陛下。

第 16 项：忠义。日俄战争中，广濑武夫驾船堵港口，被炸得尸骨无存的战斗情况（广濑武夫被日本统治者奉为"军神"）。

第 17 项：守约。关于广濑中佐的事迹。

第三卷（共27项）

第1项：皇后陛下。

第2项：忠君爱国。

第15项：皇太神宫。

第16项：节日。（战前的节日，纪元节、天长节，明治节）都与皇室有关。

第27项：优秀的日本人。为了成为优秀的日本人，必须经常感恩天皇陛下、皇后陛下的恩德，还必须经常敬仰皇太神宫，建立忠君爱国之心，对父母尽孝……

第四卷（共27项）

（卷首开始刊登《教育敕语》）

第1项：明治天皇。明治天皇爱民如子，与民同甘共苦……

第2项：能久亲王（是在侵略台湾的战争中病死的皇亲）。

第3项：靖国神社。靖国神社位于东京九段坂上，祭祀着为君为国而死的人们……我等须深思陛下的御恩，向在这里受祭祀的人们学习，为君为国尽忠。

第5项：尊重皇室

第22项：国旗

第23项：节日、大祭日。节日、大祭日是我国非常重要的日子，在宫中举行庄严的仪式，我等须知此日的来历，养成忠君爱国之精神。

第27项：优秀的日本人。天皇陛下继承明治天皇及大正天皇之遗志，越发使我国繁荣，又慈爱我等臣民，我等臣民应常思蒙天皇陛下之深恩，激励忠君爱国之心，尊皇室，重法令，珍视国旗，明祝祭日之来历，日本人忠义和孝行是最重要的……要成为优秀的日本人，不仅知道以上心得，以至诚实行才是重要的，如果不出于至诚，其行动就没有生气如同人造纸花。

第五卷（共27课）

第1课：我国。昔天照大神降其子孙琼琼杵尊，治此国，尊之曾孙为神武天皇，天皇以来其子孙相续继承皇位，神武天皇即位之年至今两千五百九十余年。此间我国以皇室为中心，全国为一大家族而代代繁荣。代代天皇慈爱我等臣民如子，我等臣民自祖先以来奉侍天皇如父，尽忠君爱国之道。世界上国家虽多，但唯有我大日本帝国拥戴万世一系的天皇，皇室与国民为一体。我等生在如此难得的国家，拥戴如此尊贵的皇室，又是留下如此美风臣民的子孙，因此必须成为优秀的日本人，为我帝国尽忠。

第2课：皇太后陛下。

第3课：忠义。关于楠木正成效忠天皇的事迹。

第4课：举国一致。日俄战争时，全国国民一致"尽忠爱国之诚"，军人出征后，老人，妇女，小孩皆以大决心勤家业、守俭约，积极为战争捐钱纳税。

第27课：优秀的日本人。我大日本帝国拥戴万世一系的天皇，代代天皇慈爱我等臣民如子，我等臣民数千年来齐心尽克忠克孝之道，此乃我国在世界上无与伦比之处。我等常仰奉天皇陛下、皇后陛下、皇太后陛下的高德，继祖先之志竭尽忠君爱国之道。忠君爱国之道乃临大事，举国一致，尽奉公之诚，在平时，常奉御心，努力各自的业务，谋求国家的进步、发达。我等市町村公民克尽其职，依然是实行忠君爱国之道。

第六卷（共27课）

第1课：皇太神宫。

第2、3课：国运的发展。讲述日本明治维新以来的成就，都是"由来于天皇亲率国民，国民皆为一体敬仰大御心而竭力所致。"

第5课：忠君爱国。我等须修身，成为善良有作为的人，继祖先之美风。国有大事之际，贡献身命，守卫君国，平时各尽职分，为增进我国的富强与文明而行忠君爱国之实。

第6课：忠孝。以楠木正成、正行父子的事迹，说明对天皇尽忠就是孝。

第25－27课：教育敕语。逐句逐段讲解敕语的精神含义，最后告诫学生："此敕语所昭示的道是我等臣国所应该永远遵守的，我等应以至诚，日日夜夜体奉此敕语的趣意。"[1]

这个国定修身教科书，在一年级儿童尚不懂什么的时候，只让他们呼喊："天皇陛下万岁"，到了二三四年级以后，便教给他们天皇的恩德——天皇如何慈爱国民，国民对此要以忠君爱国效劳，并用楠木正成和广濑武夫这样的武士和"军神"来感化和打动他们幼小的心灵，强化他们的忠君爱国意识。同时，每学年都不断地强调作为好孩子和好国民的标准就是要感念天皇的恩德，实践忠君爱国之道。

到了五六年级，《古事记》中的神话出现了，民族神话变成了民族历史，日本是神国，天皇是天照大神的直系子孙，在这个国家里国民必须要效忠天皇。不仅是出于感谢天皇的恩德，更是出于对神的敬仰，利用日本人自古就有的神的观念和祖先崇拜强化人们对天皇和国家的效忠意识，神的威力也使他们别无选择，必须尽忠。国家神道就是这样成为人们忠于天皇，死心塌地地为军国主义效命的精神支柱。

战前日本小学教育的根本目的是培养忠君爱国的臣民，因此不仅修身教育鼓吹忠君爱国精神，历史课、国语课及地理课中都带有极强的道德教育色彩。例如在《国语读本》中，有"樱花""大和心"，军国主义分子东乡平八郎和乃木希典以及广濑武夫、橘中校和"水兵之母"等都不断地出现在国语课本中，作为勇于为天皇和国家献身的英雄广为宣传。国语课本同生硬呆板的修身课本相比，诗歌、散文等更形象、更富有情趣和一定的艺术感染力，这对于一张白纸似的儿童的头脑来说，其效果远胜于修身教育。如《高等小学读本》第一课就是"樱花"，此文是在研究和宣扬武士道方面最有成就的哲学家井上哲次郎所作，课文中先将樱花说成是日本民族的象征，"一个樱花太小不足以赏玩，樱花的长处在于其集合性。一枝樱花的集合体比一个个樱花美，一树樱花的集合体比一枝樱花美，全山樱花的集合体比一树樱花美。如此，我民族

---

[1] 小学教科书総攬刊行会：『小学教科書総攬』，1933 年。根据全书内容翻译整理。

的长处不是个人主义，而应该表现在团体的活动上"。然后借樱花歌颂日本的民族精神："樱花在百花散落之际最洁白且最美，其余的花大抵在最后都留下枯萎的丑态。独樱花不留任何丑态。谚语曰：'花是樱花，人是武士'，我国武士不仅具有樱花那样的气象、精神，而且当抛舍生命时也一定如樱花那样洁白，换言之，樱花是我日本民族应当具有的气象与精神。"①

"樱花"以其生动的描写和形象的比喻，告诉学生们什么是武士道。武士像樱花那样洁白，集合性地舍弃自己的生命，就是在实践武士道。樱花是日本民族的象征，武士道成为日本国民的精神。这可以让学生们懂得花中之王是樱花，人中之杰是武士，作为日本人就要像武士那样勇敢地为天皇献身。

国语课本几乎成为修身课本的形象注释，修身课中要求学生视天皇为神，感谢天皇的恩德，尽忠君爱国之道。而在国语课本中把这种枯燥的道德说教用诗歌、散文的形式展现给学生们。如在小学三年级的国语读本中，第一篇就是《大日本》的诗，内容如下：

> 大日本、大日本。神的子孙，天皇陛下，神我九千万国民如子。我九千万国民，仰天皇陛下为神，侍奉如父母。
> 大日本，大日本。自神代以来，一次也未败给敌人，国之光与日月同辉。②

总之，在《教育敕语》颁布后，日本政府在学校道德教育中疯狂推行极端民族主义和军国主义道德教育，极力向小学生灌输皇国思想和武士道精神，使他们自觉地变成了日后为军国主义侵略战争服务的工具。

日本政府不光对学生进行道德说教和感化，而且非常注重培养学生实践这些道德的能力和毅力。为此，日本政府很重视军事体育教育。在明治前期军国主义教育体制确立时，文部大臣森有礼就提出《关于兵

---

① 小学教科書総攬刊行会：『小学教科書総攬』，1933 年，第 32—33 頁。
② 小学教科書総攬刊行会：『小学教科書総攬』，1933 年，第 82 頁。

式体操的建议案》，认为兵式体操"励行严肃的规律，使促进体育发达，使学生在武毅顺良中感化成长，以此涵养忠君爱国之精神，焕发尝艰忍艰的气力，待他日成人征而为兵时，其效果显著。加之体格健全时，智育、德育二者必随之而发达。诚目下之急务，永远之长计"、"这种兵式体育足以养尚武之志，国家万一有事，其精忠勇悍，不容置疑"①。

1917 年（大正六年）日本教育会议发布《关于振兴兵式体操的建设》的文件，进一步指出振兴兵式体操的目的是"明征国家观念，振作献身奉仕"，而其理由在于"德育上躬行实践诸德目，必赖于一诚心，其诚心必因勇敢之气长，勇敢之气必因兵式教练长，且因兵式教练提高勇敢之气，因勇敢之气而增长作为诸德目实践的原动力的诚心"。此外，兵式教育又可以培养纪律和服从等"良习"，同时又能增强体魄，提高"军事上的知识技能"，这样就可同德育上涵养的"忠爱心（国民精神即军人精神）"相互依赖，获得日后为军国主义服务的"素养"②。

4.2.2　历史教育中的皇国史观和武士道

在军国主义教育路线中，小学的历史教育作为"民族主义教育的一环"③，被赋予重要地位。1881 年 5 月，文部省制定了《小学校教育规则纲领》。该纲领规定，历史课只讲以天皇史观为中心的日本史，而不再学习世界史。这种课程变革本身便反映了其小学历史教育所具有的狭隘民族主义特色。而学习这种历史的目的就是培养尊王爱国精神。《纲领》第 15 条规定："历史至中等科开始授课，就日本历史中，授以建国体制、神武天皇即位、仁德天皇的勤俭……其他古今人物之贤否、风俗变更等大要。凡讲授历史，在于使小学生了解沿革的原因及结果，

---

① 長浜功：『史料・国家と教育』，明石書店，1994 年，第 50 頁。
② 山住正已：『日本近代思想体系・6・教育の体系』，岩波書店，1990 年，第 140—141 頁。
③ 唐澤富太郎：『教育書の歴史』，創文社，1956 年，第 186 頁。

尤以养成尊王爱国之志气为要。"①

　　1891 年，文部省再次制定《小学校教育规则纲领》，对小学历史教育做了如下规定："日本历史以使其知本邦国体之大要，养国民之志操为要旨。"内容包括"建国体制、皇统之无穷、历代天皇之盛业、忠良贤哲之事绩、国民之勇武、文化之由来等概略"②，进一步强调了天皇中心主义。根据此纲领编纂的历史教科书自然成了一部以"万世一系"的天皇为中心，从建国神话到王政复古的"尊王爱国"史③。

　　由东久世通禧编写的检定教科书《高等小学国史》在当时被广泛使用。在该书的绪言中作者指出："我国古来独立于东洋之中，丝毫不曾受过外国的侵略，是以民安其土，自古称之为浦安之国。"之所以如此，是因为日本有"上是万世一系的天皇，常施德政，下是忠勇的臣民，常卫国家"这种"冠绝的国体"④。这种以天皇为中心的民族主义的历史观，在内容上，为使这种天皇制国体显得神秘和敬畏，竟荒唐地将民族神话当成历史，而且天皇制君臣关系即"君臣之分"也是由源于神话的"三种神器"所规定的，以此来强化国民对天皇的绝对忠诚。

　　总之，皇国史观是日本近代小学历史教育的指导思想。天皇制"国体"教育、尊王爱国教育和武士道教育是近代小学历史教育的核心内容。在近代日本发动的两次侵略战争——甲午战争和日俄战争中，日本国民举国一致，狂热地支持战争及日本兵在战场上的勇敢表现，被日本政府认为是忠君爱国教育所取得的成效。当时英国的教育界权威学者就曾认为，日俄战争中日本战胜，或归功于武士道，或归功于教育⑤。而武士道能发挥作用也正是这种国家主义教育通过历史课和修身课等将其灌输到国民的思想和意识中的结果。可见，历史教育由于其具有"涵养忠君爱国之志操"的特殊功效，在国家主义教育中占有重要地位。

---

① 長野正：『日本近代国家と歴史教育』，クオリ，1986 年，第 51 頁。
② 唐澤富太郎：『教育書の歴史』，創文社，1956 年，第 184 頁。
③ 唐澤富太郎：『教育書の歴史』，創文社，1956 年，第 185 頁。
④ 唐澤富太郎：『教育書の歴史』，創文社，1956 年，第 185 頁。
⑤ 吕万和：《简明日本近代史》，天津：天津人民出版社，1984 年，第 372 页。

以昭和初期的日本小学历史教科书为例，近代日本小学历史教育大体上有以下三方面的内容和特征。

其一，神化民族历史，美化天皇。近代日本民族主义的一个主要特征就是利用其自古就有的敬神拜神的民族传统，神化民族历史。通过把日本说成是由神创造的国家，人为地提高国家的光荣；然后又把天皇说成是神的直系子孙，使天皇具有绝对的权威，这样国民才能尊敬天皇，效忠天皇，从而达到民族精神的统一。这是近代日本小学历史教育所追求的目标。为此，日本政府无视近代人类科学和人文主义精神的发展，竟荒唐地将民族神话当成正史，讲授给少年儿童，使其从小就形成一种神国观念，以成为其尊皇爱国的精神源泉。

如《普通小学国史》教科书是按人物的历史顺序编写的，第一课是天照大神，然后依次是神话传说中的神武天皇、日本武尊、神功皇后等。在"天照大神"一课中，开篇就郑重其事地讲述"天皇陛下的先祖叫天照大神，大神御德极高，始教民种稻养蚕，恩赐万民"，然后天照大神派其孙子琼琼杵尊带着三件神器去统治日本，行前告诫他说："此国乃我子孙为王之地，汝皇孙去而治之，皇位之盛与天地共无穷"，这就是所谓神敕，是天皇统治日本的依据。由此得出的结论是："拥戴万世一系的天皇，万世不动摇，我国体之基，实由此而定。"①

《高等小学国史》是按时代顺序编写的，第一课是神代，所谓神代是天照大神及其子孙统治时期，是日本的奠基时代。课文竟以此为依据说："自此以后，万世一系的天皇秉神敕，代代传承神器，爱抚国民，而国民也忠实仕奉朝廷，国运日兴；皇位之盛与天地共无穷，我国之国体，在世界上无与伦比。"②

在神化历史和天皇祖先的同时，美化历史上的天皇也是以皇国史观为中心的小学历史教育的重要特色。如神武天皇生而明达；崇神天皇识性聪敏；神功皇后幼而睿智美丽；孝德天皇天资仁柔；天武天皇生而英

---

① 小学教科書総攬刊行会：『小学教科書総攬』，1933 年，第 2 頁。
② 小学教科書総攬刊行会：『小学教科書総攬』，1933 年，第 86 頁。

敏，壮而英武等①。对于武家时代没有实权，无所作为的天皇也都大加赞美，如后醍醐天皇"生而英明，广修学问，深谙政治，愤恨幕府专横"；孝明天皇"生而刚毅，常叹朝廷威光不振"等②。对于明治天皇，更是将维新以来日本所取得的成就归其一身。总之，教科书中对天皇的称颂基本没有历史根据，或是伪造，或是夸大，其目的是使学生们产生对天皇的崇拜。而且还通过强调天皇天生或自幼所具有的美德和才干，来证明天皇具有神性，使接受教育的儿童产生对天皇的敬畏心，从而树立天皇在他们心中的绝对权威。通过神化历史、美化天皇，使无知的小学生们形成神权崇拜和天皇崇拜意识，而正是在这种意识的支配下，民族优越感由此而生，忠君爱国之念由此而生。

其二，美化效忠天皇的英雄，宣扬忠君爱国。作为民族主义教育的手段，使青少年奋起"忠君爱国的志气"是近代日本统治者实施历史教育的目标。神化民族历史，美化天皇为培养忠君爱国的志气提供了精神源泉，但是只有精神力量是不够的，还要有榜样的力量。因此，讲述和歌颂历史上的忠臣与英雄人物的言行，以打动学生的幼小心灵，使其崇拜效仿之，是历史教育的重要内容。在历史教科书中，重点讲述效忠天皇的所谓武士英雄的事迹，尤其是对楠木正成等人的描写可谓绘声绘色，极富感染力：正成在凑川战役前，将天皇所赐的"菊水之刀"传给其子正行，并谆谆喻之曰："此次合战胜负难料，吾战死后，天下必为足利氏所有，汝必代吾全忠节，此乃汝之第一孝行也。"正成战败之后，问其弟正季："最后有何愿望？"正季答曰："只欲七生灭朝敌。"正成说："正合吾意。"说完兄弟互刺而死。教科书对楠木正成的评价是："正成乃古今忠臣之明鉴，我国民皆应如正成以真心为国尽忠。"③

在小学国语教育中，古代及当代的忠臣孝子、英雄人物的故事也占有重要位置。例如，高等小学《国语读本》第四课的内容就是歌颂作

---

① 山住正己：『日本近代思想体系·6·教育の体系』，岩波書店，1990 年，第 487—489 頁。
② 小学教科書総攬刊行会：『小学教科書総攬』，1933 年，第 28、66 頁。
③ 小学教科書総攬刊行会：『小学教科書総攬』，1933 年，第 31 頁。

为军国主义武士道典范的乃木希典。课文极力赞美其在对外侵略战争中的"英雄行为",并重点讲述乃木为天皇尽忠的情节。1912 年明治天皇去世,当时乃木希典是陆军大将、学习院院长,在天皇灵枢出宫时,他写下"大君辞世而神去,我亦敬慕而随去"的绝命词后,以封建武士的方式切腹自尽。其妻也紧跟其后,留下"此去无还日,从夫侍旧君"的短歌,伏刃而亡。这种野蛮的封建遗风已为现代人类社会所不耻。但在日本在小学教育中,却对其大加赞扬,认为这种行为"是古武士之精神在新日本之发扬光大","其崇高的人格,其壮烈的牺牲,谁都会毫不犹豫地称之为是武士道的化身"。课文最后高度评价乃木希典的一生:"古楠木氏一门殉于王事,其忠诚千古景仰;今乃木氏一门,前其子死于战场,今又夫妻相继殉于先帝,忠勇至诚直近古之楠木氏,光彩陆离,永照青史;千年之下,可泣鬼神,可使懦夫奋起"[1]。乃木希典虽然不是一个出色的军事家,但却是一个出色武士道教育家,他以传统武士道的野蛮行为将近代武士道精神推向了极致。他以其特殊地位所做的这种野蛮举动,由于军国主义的煽动,再加上国语课生动而富有情绪的讲述,对小学生产生的恶劣影响是可想而知的。正如日本史学家色川大吉所说,"这种有组织的、富有艺术性的思想教育对于一张白纸似的儿童的头脑所产生的效果令人不寒而栗"[2]。在日本推行的法西斯侵略战争中,许多日本兵都是抱着作为皇国臣民,应以楠木正成、乃木希典为榜样的信念,走上战场,并实现为天皇"尽忠"的。

其三,崇尚武力,美化侵略战争。将对外扩张视为民族光荣,并大力鼓吹和宣扬,是极端民族主义的一大特色。学校用大量的课时向学生讲述日本对外扩张的历史和成就,以此来培养其民族自豪感和对武力的崇拜,并培植其以武力扩张的使命感。在普通小学历史教科书"丰臣秀吉"一课中,极力歌颂丰臣秀吉发动的侵朝战争。"三个月几乎令朝鲜全国屈服",在日军被困城中时,"至食纸饮马血也绝不投降"。丰臣秀吉的侵朝战争虽然劳民伤财,又遭到可耻的失败,但是在小学的历史

---

① 小学教科書総攬刊行会:『小学教科書総攬』,1933 年,第 68—70 页。

② (日)色川大吉:《明治的文化》,长春:吉林人民出版社,1982 年,第 175 页。

教育中，却给予丰臣秀吉和其发动的侵略战争以高度赞扬，"起外征之军，耀国威于海外"，丰臣秀吉也成了"英雄豪杰"。

日本人最引以为自豪的是日本近代以来发动的两次对外侵略战争，即甲午战争和日俄战争。这两次侵略战争成了日本法西斯军国主义政权宣传皇国思想、武士道精神和扩张意识的最好素材，自然也就成了小学历史教育的重要内容。在普通小学国史课中讲，在高等小学国史课中还讲，而且还故意掩盖、歪曲历史事实，不讲日本是如何挑起战争及不宣而战的卑劣手段，只字不提由于侵略战争给中国和朝鲜人民造成的巨大伤害，却向小学生们大讲特讲日军如何勇敢、如何战胜对手，从而使小学生们崇拜武力，向往成为战争英雄。

例如，对于甲午战争取胜的原因，在普通小学国史是这样写的：天皇"日理万机和出征军人同甘苦。出征的将士忘家舍身，益现忠勇；内有全体国民竭力为其后援，上下一心，遂使此次大战取得胜利"①。对日俄战争取胜的描写是，"我国与世界强国进行战争，连战连胜，大耀国威于海外。这虽是天皇的御稜威所致，但也是由于教育遍施于国民，奉公之心益强，举国一致，尽忠报效君国"②。总之，把战争取胜归因于天皇的"御稜威"和国民的忠君爱国，使学生感到对外侵略的胜利是日本民族最高的光荣，而战争的胜利和战争的光荣都是由于有天皇和国民对天皇的效忠，这样，学生的国体意识和对天皇的崇拜得到加强，其忠诚意识也得到加强。为日后发动更大规模的侵略战争，进行战争动员奠定了基础。

近代日本小学历史教育，将天皇崇拜和武士道精神融为一体，为日本政府所推行的军国主义政策服务。随着全面侵华战争的爆发，其作为推行法西斯统治和侵略的工具，依然发挥着重要作用。1941 年 3 月，日本政府颁布《国民学校令》，把小学改成国民学校，其目的是将小学变成"皇国民炼成"的机关，规定教育的目标是"以皇国之道为准则，

---

① 小学教科書総攬刊行会：『小学教科書総攬』，1933 年，第 74—75 頁。

② 小学教科書総攬刊行会：『小学教科書総攬』，1933 年，第 77 頁。

实施初等普通教育，以炼成国民之基础"①，学校成了法西斯的兵营和思想训练营，其目的是培养青少年成为法西斯战争的炮灰。教科书的内容重新修订，将小学的历史课、修身课和国语课统一成"皇民科"，其反动性和侵略性达到了荒诞的程度。在教科书中，第一课就是"神国"。如果说以前是把神话当历史，而现在又进一步把现实也神化了，公然宣布日本就是神国，不遗余力地向少年儿童灌输神国观念，对那些对此表示怀疑的学生，教师就用法西斯手段强行使其接受②。而包括历史科在内的皇民科还通过大肆美化"军神""特攻队"等所谓的英雄事迹和武士道精神，对青少年进行"灭私奉公"、尽忠报国的教育。教科书反复强调"国民之觉悟"，其中充满"肇国精神""八纮一宇"等神国意识、侵略有理的教育和宣传。目的是让这些青少年明确作为"皇国民"的历史使命是统治全世界。

"教科书造就了日本人"③。在义务教育制度下，整齐划一的教育内容对每一个受教育者都产生了巨大影响。特别是那些只接受完义务教育就走向社会的人，小学教科书具有影响其一生的作用；对于继续接受教育的人，小学教育也是其人格和基本价值观形成的基础。可以说小学历史教科书上的极端狭隘的民族主义教育和武士道教育在少年儿童头脑中留下的是终生不可磨灭的印象。正是这种教育造就了具有神国意识、皇国意识的日本人；造就了具有武士道精神，崇拜武力、视侵略战争为民族光荣的日本人；更造就了具有忠君爱国、绝对服从精神、甘愿为侵略战争充当炮灰的日本人。正是他们构成了军国主义国家的社会基础，也正是因为有了这样的社会基础，日本统治阶级才敢于而且能够"用它的一切为赌注去冒险"④，发动大规模的侵华战争和太平洋战争。

---

① 长浜功：『国民学校の教育』，明石书店，1985年，第339页。
② 唐澤富太郎：『教育書の歴史』，創文社，1956年，第512页。
③ 唐澤富太郎：『教育書の歴史』，創文社，1956年，第1页。
④ （美）赖肖尔：《当代日本人》，孟胜德等译，上海：上海译文出版社，1982年，第84页。

第三节　武士道与军人精神的社会化

——以帝国在乡军人会为中心

实现武士道的全民化是近代日本军国主义的一个重要内容。其表现就是通过学校教育和社会教育之间的联系，将军队的精神和编制原理贯彻到全社会，即建立日本军国主义者构想的"兵营式国家"。1910 年，在田中义一策划和组织下成立的退伍军人组织"帝国在乡军人会"，正是这一构想的产物。

4.3.1　地方尚武团体的建立

帝国在乡军人会是在统一日本全国各地的尚武团体的基础上成立的。为进一步把握在乡军人会的活动内容，特别是其作为日本军国主义社会基础的性质及作用，有必要了解各地尚武团体的情况。

如前所述，日本近代的征兵制度并不是在实行土地革命和彻底解放农民的基础上建立的，所以征兵制最初实施时遭到广大农民的强烈抵抗。为了压制这种反抗，明治政府一方面通过《军人敕谕》来确立以武士道为核心的独特的军队秩序和军纪，另一方面大力普及义务教育，通过向小学生灌输忠君爱国观念和军国主义思想，力图将日本的少年儿童培养成为未来的"忠良臣民"和优秀士兵。同时，山县有朋又认为，为了使天皇制军队真正成为对内维护天皇制和对外侵略的有力武器，必须首先在整个国民中做到"振兴忠君爱国之念，尚武重义之风"，从而在国民中广泛制造出对天皇制军队的"忠诚"[1]。

为了实施山县有朋的主张，山县的亲信桂太郎认为，应该让那些在地方社会中"有学识才能者""有财产者"等实力人物的子弟加入军队中来，并占据军官地位，使其获得"名望"和"信用"，从而进一步确

---

[1]　佐佐木隆尔：「日本軍国主義の社会基礎の形成」，『日本史研究』，1963 年 68 号。

立他们对地方民众的统治地位，以此来维护地方社会的秩序，同时通过他们向地方广大民众渗透对天皇制军队的"忠诚观念"和"尚武之风气"。

桂太郎的目的，就是想通过这种军事制度来提高地方实力阶层的威望和权力，再以他们同地方民众的关系来向地方社会传播军国主义思想，从而为军国主义确立牢固的社会基础。桂太郎的这一设想在甲午战争前由于地方实力阶层的子弟逃避征兵而难以实现。但是甲午战争的爆发使事态发生了转机。日本军国主义挑起对中国的侵略战争后，整个日本出现了举国一致，上下协力支持军队、支援战争的局面。战前一直和明治藩阀政府对立的议会，在开战后通过了巨额战争预算，做出了协助战争的决议。而在思想界和文化界，都把这场对外侵略战争视为义战，福泽谕吉认为这是文明对野蛮的战争。《雪的进军》《妇人从军歌》等军歌在国民中广为流传，从而激发了日本普通国民的军国主义热情。

甲午战争使山县有朋所期待的以"忠君爱国之念，尚武重义之风"为核心的军国主义思想得以在社会上普及。如当时的知多郡郡长所言，甲午战争"大大促进了普通官民军事思想的发达，使尔来军队担负国家干城之任一事深入其脑海，结果自然形成对军队的礼让之风"。爱知县知事也说："明治二十七、二十八年战役以前，军事思想未如今日发达，过去双方相互阻隔，动辄有相互反目之感，而该战役的结果，一变此弊习，以至顿见敬爱军人之热情。"[1] 不仅国民逃避兵役的问题一举得以解决，而且国民之间尚武之风也得以形成，"明治五年征兵令实施之初，一般人民不知兵役为何物，且怀其待遇过酷的弊习。明治二十七、二十八年战役的结果，使尚武之志操大为发展，兵役适令者几乎无怀逃避之念进而以至希望合格。父兄也以之为光荣"[2]。

为了支援战争，日本地方社会的实力阶层通过协助政府征集士兵，慰问军人家属等工作，把对天皇制军队的"忠诚观念"和"礼让之风"普遍灌输给广大的地方民众。例如，一旦有战胜的消息，地方的町村长

---

[1]　佐佐木隆尔：「日本軍国主義の社会基础の形成」，『日本史研究』，1963 年 68 号。

[2]　佐佐木隆尔：「日本軍国主義の社会基础の形成」，『日本史研究』，1963 年 68 号。

便将各村民召集在神社内，举行谢神恩，奉祝天皇陛下万岁的一系列活动，地方的小学教员也通过宣扬国体观念和忠孝观念在地方民众中培植对天皇和天皇制军队的"忠诚观念"。正是在这种背景下，作为军国主义社会基础的民间尚武团体及退伍军人协会在战争中和战后纷纷成立。这些带准军事团体性质的民间组织大都称为"尚武会"。这些尚武会所制定的宗旨书和会规，基本上反映了它们成立的目的及性格特征。

第一，成立尚武会的目的是对天皇制军队的敬重与忠诚。"陆海军人国家之干城，一朝有事之日，于硝烟弹雨水火锋镝之间，委一身至诚奉公以殉国家"。甲午战争后，日本军人的社会地位获得空前提高，军人精神，战争价值观得到社会的充分肯定，特别是以尚武精神和忠诚观念为主要内容的武士道，更被认为是日本军队取得战争胜利的重要原因，由此军人及军人精神在社会上开始受到普遍尊重。

第二，各地成立的尚武会无不是以"优遇军人"和"使国民振作军事思想"为宗旨和目的。"现今扩张军备，其结果服役军人必将增多，于是，以此时机使我市民常涵养振作尚武之思想，且显彰军人之名誉"。各地尚武会的成立，一方面向地方民众宣传尚武思想和军人精神，一方面又把这些带有民间性质的军事组织当作"桥头堡"，以加强军部和地方之间的密切联系，构筑支持军国主义的社会基础。

第三，既要涵养民众的尚武精神，又要培养地方民众之间的"乡党之情谊"。通过尚武会的教育和开展的各种活动，将地方民众的子弟培养成为家乡的荣誉，在战场上勇敢作战，服从长官，至诚奉公以殉国家的忠诚士兵，从而把效忠于军国主义国家的行动同个人的名誉、家乡的荣誉结合起来。

这些地方尚武团体大多是以在乡退役军人为骨干或作为在乡军人团体而成立的，如日俄战争前成立的静冈县的尚兵会就是其中的典型。根据该会的会则，尚兵会由三部分人组成，即作为正式会员的在乡退役军人；符合服兵役条件的准会员；还有提供会费的赞助会员。会长、副会长及干事都是从在乡退役军人中由正式会员选举产生。而所有在乡退役军人作为义务都必须入会。

该尚兵会的目的与任务是：1. 奉戴五条之敕谕，誓尽军人之本分；2. 振兴社会公德，矫正风纪；3. 召开军事座谈会，发扬尚武之心；4. 复习在服役时所掌握的军事技术；5. 每年会集壮兵，汇报心得，对将入伍者教授敕谕及入伍当时之心情和其他重要事项；6. 唤起后进者的尚武之心，诱掖现役志愿者；7. 送迎入、退伍兵；8. 对现役军人家属汇报军内状况；9. 研究关于兵事之法令；10. 准备武器装备，以扬尚武之实；11. 以上各条例之外，有关尚武方面之必须事项①。

通过静冈县尚兵会的活动，可以看出这种民间尚武组织作为军部的外围组织，发挥着教育、组织和动员民众，支持军国主义的作用。而且这种在乡退役军人组织，一般都是接受当地驻军的指导，秉承军队的旨意行事。

正是看到地方尚武团体的这种军事功能和价值，自 1900 年以后，军部当局大力推动和鼓励各地方的退伍军人组织在乡军人会，这些地方尚武团体和在乡军人会的成立目的和组织原则大体相同：在地方社会宣扬尚武精神；扶助现役士兵家属及战病死者的遗族；奉戴《军人敕谕》和《教育敕语》；拥护地方公共事业，作地方道德和秩序的楷模；承担地方青少年的教育和指导之责。

在乡军人会等地方准军事组织，在向地方民众，特别是青少年灌输军国主义思想，实现社会兵营化方面起着重要的作用。例如在知多郡，在乡军人会和小学教师相互配合，积极致力于青少年的军事教育，特别是军人精神的训育，以期养成其"质实刚健之气"②。在在乡军人会的推动下，地方又出现了各种以军事教育和军人精神培养为主要宗旨的青少年团体，其指导和教育基本上是由在乡军人会负责。

在军部的大力支持下，各种尚武团体和在乡军人会在全国各地普遍出现。至 1906 年，日本全国共有四千多个这种地方组织，到 1910 年，

---

① 大江志乃夫：『国民教育と軍隊』，新日本出版社，1974 年，第 325 页。
② （美）R. J. Smethurst：《日本军国主义的社会基础》，郭俊禾译，台湾：台湾金禾出版社，1994 年，第 19 页。

又增至一万一千多①。这些尚武会的宗旨和职能都是教育和组织地方民众，传播以尚武为主要内容的武士道精神，为军国主义培养后备力量，并最终将军部势力渗入地方社会。

4.3.2　田中义一与"帝国在乡军人会"

田中义一是日本陆军中颇有政治敏感和才能的军人，加之出身山口县，很快得到山县有朋的赏识，成为实行山县有朋军国主义侵略路线的最大功臣。田中义一的军事思想继承了山县有朋的"全民皆兵"和"良兵良民"思想，在俄国军队任职的体验，进一步坚定了他实现这一思想的决心。田中义一认为，俄国军队的弱点在于出身贵族的军官和出身农民的普通士兵之间缺乏沟通，"看不到为了皇帝为了民族，官兵同甘共苦，相与共赴死地的有机结合"②。日俄战争之后，田中认为日本之所以赢得战争，应归因于军官与士兵之间的上下和合，国民支持军人、尊重军人并以军人为荣。俄国的失败在于国内的叛乱和军队内部的官兵对立。田中由此得出结论："今日之战争，不独由军队承担。非以全体国民之总力，则不能取得胜利。"③ 1907 年，日本确定了以攻势国防为主导的帝国国防方针，而作为策动帝国国防方针主要人物的田中义一认为，建立稳固的军国主义社会基础，对帝国国防方针的实施具有重要意义。于是，时任陆军省军务局军事课长的田中义一向山县有朋和陆军大臣寺内正毅建议，统一全国的地方性后备军人协会，建立一个全国性的退役军人组织。

日本军国主义的一个重要特征是重视教育的价值，通过教育向国民宣扬和灌输军人精神和爱国精神。要求"一旦有缓急，则义勇奉公"的《教育敕语》的主旨，不外乎是希望国民都是忠实的士兵。如前所述，在小学教育中，修身课、历史课及体育和音乐课都通过武士道、军

---

① （美）R. J. Smethurst：《日本军国主义的社会基础》，郭俊禾译，台湾：台湾金禾出版社，1994 年，第 19 页。

② 田崎末松：『田中義一評伝』（上），和平戦略研究所，1981 年，第 254 页。

③ 田崎末松：『田中義一評伝』（上），和平戦略研究所，1981 年，第 251 页。

事体操和军歌等不断向儿童灌输军人精神，目的在于将其"培养成可作为忠实士兵的国民"①。

但是，向各个阶层的国民宣扬军人精神、战争价值观等军国主义意识形态，仅靠兵营和学校教育是不够的。田中义一认为，应该把在乡军人组织起来，形成一个作为军队和国民之间中介的半军事化的国民团体，"成为结合军队和国民之间最善良的链锁"。田中在其所写的《壮丁说》一书中，对在乡军人给予了极高的期待。

第一，关于在乡军人在地方社会的作用。田中义一指出："所谓在乡军人，是指将校士卒不在现役者，及乡里即将服役者……而我国陆军的战时编制是以在乡军人为主力，再加上现役兵而组成的，因此在乡军人的良否直接影响战斗力的强弱，进而关系到战争的胜败。在乡军人，在战时左右国家的命运；在平时担负指导国民发展的重任。由此，在乡军人的责任甚重。"② 田中义一要求在乡军人切不可因为兵役结束了，就精神松懈，丢弃军人精神。作为在乡军人，虽然职业不同，但是"同样要奉戴敕谕之精神，常保军人之体面，磨炼军事知识和能力，一日不可懈怠"③。田中义一还要求在乡军人"要辨其身份，思其名誉，认识到与此相应的责任，为乡党之中心，助父老、诫幼小，兴刚健质实之美风；且促进卫生，增进普遍健康；劝产业富地方，保持协同一致之精神，率先尽力于公共事业。特别是青年幼者，为使其成为将来之国军，应努力为其示范而教导之，鼓励其精神，锻炼其体力。在乡军人，他日将共赴战场，为生死与共的关系。故相互之间应如同在军队中，保持战友情谊，吉凶相庆吊，患难相救，协同一致。或慰劳战死者遗族，祭扫战友的坟墓，如此可使地方人民知军队之可尊重，兼可起到鼓舞青年士气的作用"④。

第二，关于良兵良民的关系及军人道德和国民道德的关系。田中义

① 藤原彰：『日本軍事史』上卷，日本评论社，1989 年，第 143 页。
② 田崎末松：『田中義一評伝』（上），和平戦略研究所，1981 年，第 253 页。
③ 田崎末松：『田中義一評伝』（上），和平戦略研究所，1981 年，第 255 页。
④ 田崎末松：『田中義一評伝』（上），和平戦略研究所，1981 年，第 260—261 页。

一认为，"军队之良兵，又可成为地方之良民，陆海军征集多数强悍壮丁，施以严格教育的目的，其要在培养忠勇士兵的同时，造就忠良的国民。在乡军人应以其实践躬行，贯彻此目的，显示军人道德一致于国民道德，军人教育的精神符合国民教育的本旨之实"①。

第三，关于在乡军人会的性质。田中义一创立在乡军人组织的真实意图就是建立"良兵即良民"—"国民皆兵"—"兵营国家"这样的军国主义国家。在这样的国家里，在乡军人会的会员出则为兵，入则为地方政治的、经济的、社会的中坚，每个居住区都用军事方式进行组织和管理，使全国变成井然有序的军营，随时可以动员起来参加战争。总之，组织在乡军人会就是为军国主义确立牢固的社会基础。田中一义的这种设想，被军国主义分子称赞曰"为天皇制国家确立基础的一石三鸟的妙案"②。

通过日本军国主义发动的两次对外侵略战争，使军人精神和战争价值观在全日本得到充分赞扬和肯定，地方尚武团体和退伍军人协会纷纷成立，并成为社会的中坚力量。尽管这些地方性组织在激发民众尚武精神，支持政府的军国主义侵略政策上起了重要作用，但是，田中义一依然担心如果没有军部的统一指导，这些地方性组织可能会变成退伍军人的俱乐部③。于是，田中义一在山县有朋、桂太郎等长州军阀首脑人物的支持下，基于其一贯主张的国民皆兵、建立兵营式国家的战略构想，策划创立了指导各地尚武团体和在乡军人会的中央指导机关——帝国在乡军人会。

1910 年 11 月 3 日，正值明治天皇 58 岁寿诞之日，日本政府的陆海军大臣、两位元帅、四位皇子以及众多高级军官，聚集于东京军官俱乐部内，参加"帝国在乡军人会"的创立庆典。在乡军人会本部以敕裁推戴陆军大将、伏见宫贞爱亲王为总裁。明治天皇在对在乡军人会颁布敕语的同时，又赠予内帑金（天皇自己的钱），作为其活动经费。在宣

---

① 田崎末松：『田中義一評伝』（上），和平戦略研究所，1981 年，第 265—266 頁。

② 田崎末松：『田中義一評伝』（上），和平戦略研究所，1981 年，第 262 頁。

③ 田崎末松：『田中義一評伝』（上），和平戦略研究所，1981 年，第 266 頁。

读完开幕词后，首任会长、陆军大臣寺内正毅发表宣言，要求在乡军人及后备军人发扬并传播日本独特的军人精神，加强合作，努力工作，成为地方社会的模范。陆军元帅山县有朋也告诫在乡军人会的会员："必须以德行影响后辈，成为模范国民，必须完成本组织的基本目标，并实践国民皆兵的理想。我们不但要报答天皇的圣恩，还必须使国家兴盛。"① 最后，创立庆典在全体与会者三呼"天皇陛下万岁"中结束。从在乡军人会的成立仪式，可以看到日本军部或者说以天皇为代表的国家对这个退伍军人协会的价值是何等重视。

根据《帝国在乡军人会规约》的规定，帝国在乡军人会的职能与任务是：1. 举行敕语、敕谕、诏书奉读式，并在四方拜、纪元节、天长节、明治节及宫中式典当日，举行遥拜式；2. 进行锻炼军人精神、军事学术的研究及举行演练和体育活动；3. 致力于国防思想的普及；4. 在本会创立纪念日举行庆典；5. 纪念过去的战争，帮助祭奠阵亡者及因公死亡者，且优遇其遗族及战（公）伤病军人；6. 使会员做好应召准备，协助召集，并在征兵、征募检查和检阅时，援助其业务；7. 从事现役兵或补充兵入营或入团者及补充兵尚未入营者的军事教育，迎送入、退营者；8. 帮助青年训练所进行训练，且协力于青年团员及少年团员的劝掖指导；9. 致力于思想的善导、风教的改善，帮助社会公益事业；10. 在天皇的警卫上，援助责任官宪，协助维持公安及非常时期的防卫和救护事业；11. 尊重阶级秩序，谋求会员的一致和谐，进而助成社会融合协调之美风，并寻求会员相互扶助之途；12. 对会员、现役者、战（公）伤病军人及其家族应根据需要进行庆吊慰藉或扶助；13. 为进行精神修养、军事及一般知识的增进和团体、会员的指导联络，召开演讲会、发行图书杂志，并寻求其他各种设施的建设②。

从上述《帝国在乡军人会规约》来看，军部对在乡军人会的期待，是希望其作为"国民的中坚"，从维护"一町一村秩序"着手，使其成

---

① （美）R·J·Smethurst：《日本军国主义的社会基础》，郭俊禾译，台湾：台湾金禾出版社，1994 年，第 11—12 页。

② 田崎末松：『田中義一評伝』（上），和平戦略研究所，1981 年，第 262—263 頁。

为防范世道人心衰颓的社会核心组织，从而达到维护整个国家秩序的目的。军部希望在乡军人应该作为尊皇"精神观念"的保持者，作为"舍己身而为国家"这种军人道德行为的体现者。故帝国在乡军人会表面上是民间组织，而实际上则是作为"町村长"的机关而发挥着重要的政治和军事职能。

4.3.2 "帝国在乡军人会"的作用

建立帝国在乡军人会的目的是通过将国民组织军事化，将军部势力渗入地方社会，建立兵营式国家。事实证明，在乡军人会作为日本军部和社会结合的"媒介者"，作为军国主义势力的外围团体发挥了重要的作用。该组织不仅在民间社会承担着召集、动员和组织国民，积极参加对外侵略扩张上的行政和技术上的责任，而且还是在民间社会负责宣传普及皇国思想的"道场"，是担负用武士道精神武装全体国民头脑的最完备的半军事化的社会组织。在乡军人会作为军部势力在民间社会的代表，依照军国主义的方针和目标，将全体国民按军事秩序组织起来，将日本社会按兵营结构组织起来，从而将日本组织成田中义一等军国主义分子所期待的"兵营国家"，为日本军国主义发动侵略战争做好思想上和组织上的准备。

为了宣扬武士道和军国主义，在乡军人会在地方上还肩负着对抗社会主义和和平主义的任务。在日俄战争爆发前的1903年11月，幸德秋水、堺利彦等社会主义者组成"平民社"，创办《平民周刊》，以宣传社会主义、和平主义，反对帝国主义战争为己任。针对当时兴起的社会主义运动和反战和平运动，军部希望在乡军人承担国家主义和军国主义维护者的责任。正如在乡军人会指导手册《国民教育者必携》所说的那样："在乡军人面临社会思潮日益流于浮薄柔弱之今日，毅然以帝国骨干自任，毅然作为国家实质道义的维护者，行稳健思想鼓吹者之实。以此促进国运之发展，坚固强兵之基础，使国民日益信赖军队的重任。"而"帝国在乡军人会设立宗旨实在于此"①。

《国民教育者必携》是帝国在乡军人会的行动纲领，该书以家族国家观和尚武思想、军人精神为主要内容，是宣扬军国主义思想的教科书。其中对全体国民进行军国主义教育的主要内容如下：

其一，国体精神。书中写道："我国国家社会组织以古来家族制度为基，即以家长为中心的个个家族，而此家族更成为一综合大家族，正如个个家族有家长，统一日本全体大家族之元首即是皇室。"②《教育敕语》将"克忠克孝"这一儒家道德规定为"国体之精华"，井上哲次郎的《敕语衍义》明确把日本规定为家族国家，提出家族国家观，把全国模拟为一个大家族。《国民教育者必携》对此又加以强调，国体思想、家族国家观和忠孝一致思想日益深入人心。

其二，军人精神。《国民教育者必携》中强调，"军人精神就是大和魂，就是武士道"。基于军国主义的立国路线，明治政府通过以天皇的名义颁布《军人敕谕》和《教育敕语》，将封建武士遵奉的武士道转化为近代军人所应遵奉的军人精神，再将军人精神转化为全体国民必须遵奉的国民道德，完成了武士道、军人精神和国民道德的统一。大和魂是日本民族精神，而武士道是大和魂，这样就把武士道上升为民族精神，并将这种民族精神军国主义化了。据军队教育令规定："夫弃生、取义、知耻、惜名，重责任耐艰苦，奋而赴国难，死于任务的军人特征，就是我国古代所传承的大和魂"③。这样，武士道就成了大和魂，成了全体国民所必须遵守的普遍道德。而那些在乡军人就是要以教育者、指导者的身份将这种大和魂、武士道精神灌输到广大国民中，以此来实现以山县有朋和田中义一等为代表的军国主义分子所期待的全民皆兵，全民武士化的"构想"。

其三，军人精神就是国民道德。《国民教育者必携》中认为："忠君爱国精神即是大和魂，不论是军人精神，还是国民精神，总之不外乎

① 大江志乃夫：『国民教育と軍隊』，新日本出版社，1974年，第337頁。
② 大江志乃夫：『国民教育と軍隊』，新日本出版社，1974年，第310—311頁。
③ 大江志乃夫：『国民教育と軍隊』，新日本出版社，1974年，第311頁。

是包括以忠君爱国为主的诸道德，故军人精神未必是军人所特有的精神，过去所说的军队教育就是国民教育，可以说军人教育精神正是国民精神在军队上的反映。"这句话可以理解为，武士道就是国民道德，而军人精神不过是其在军队教育中的体现。实行这种国民道德教育的目的就是培养国民的"大和魂"即武士道精神。该书认为日本军国主义在日俄战争中的胜利，正是由于"军人精神即帝国臣民特有的气象即大和魂（武士道）"充分发挥作用的结果。因此强调军队教育和国民教育合而为一，努力修养大和魂，培养无论遇到何种强敌，都要有以此种精神压倒之的觉醒，这是在乡军人在地方社会进行武士道教育的主要目的。

近代日本军国主义一方面推行军事寡头统治，确立军人集团在国家政治体制中的优越地位，一方面又通过控制在乡军人会，成功地将武士道精神、好战思想传播到地方社会。特别是广大农村，使数以千计的农村共同体变成陆军的"农村细胞"。而广大农民在在乡军人会的教育和训练下，成为山县有朋和田中义一所希望的"村落军人"，他们在日常生活中，要像军队那样必须奉行《军人敕谕》中所提倡的军人精神。

近代日本陆军在国内取得的最大成就，就是通过在乡军人在广大的乡村社会不断传播国家主义和军国主义价值观，从而培植起了支持军国主义的社会基础。

众所周知，日本人的集团主义思维方式和行为方式使他们忠于集团，个人依附于集团，把为了家族、村乃至国家的利益，牺牲个人利益视为最高的道德行为。作为这种集团主义的社会基础——村落共同体并没有因明治维新而解体，而是一直延续到战败之前。进入昭和时代以后，日本尽管已经不断走向城市化，但仍有五分之三的人口居住于小镇和农村，而一半以上仍以捕鱼和耕种为业[1]。因此，日本军部通过乡军人会在农村取得成功，就为军国主义取得了坚实的社会基础。日本人的集团意识与共同体意识也为军队所利用，日本陆军原则上是以出生地为

---

[1]　（美）R·J·Smethurst：《日本军国主义的社会基础》，郭俊禾译，台湾：台湾金禾出版社，1994年，第7页。

单位编成的"乡土部队"，士兵们在军队中和战地表现如何，会通过同一部队的同村同乡准确地反馈回乡里。他们不仅要为自己的荣誉，还要为家人，乃至家乡的荣誉而奋斗。如果他们在战场上有贪生怕死的行为，不仅其本人要遭到战友的"耻笑"和受到惩罚，他的家人和亲属，在崇尚武勇、鄙视怯弱的社会风尚下，也会受到"村八分"①的制裁，其故乡的家庭和亲属也会遭到毁灭性的灾难。军队正是利用日本农村社会中的这种有组织的社会结构和集团主义观念，通过组织在乡军人会，利用在乡军人在农村社会中具有的威信，成功地将农民对村落集体的忠诚转化为对天皇制国家和军队的忠诚。同时通过传播武士道精神和组织军事训练，将农村青年培养成随时可以为军国主义服务的"良兵"。

1910年，统一的帝国在乡军人会成立后，其分布在全国各行政町村的分会迅速发展起来，在1913年，就达到了12601个，正式会员为139万人。到1918年时，已经发展到拥有13000个分会、支会，230万会员。至1936年，分、支会达14000个，会员290万人。几乎全日本每个社区都有帝国在乡军人会的分会或支会②，而且这些分会的干部都是退伍军人。他们在町村内，作为民众的指导者大力宣扬"国民皆兵主义"和"帝国武士的精神"，"从而起到了日本军国主义的基石的作用"③。

帝国在乡军人会在"九一八事变"前后的各种活动，充分反映了这种"基石"的作用。1930年，帝国在乡军人会不断举行纪念日俄战争胜利25周年的活动，其目的是在国民中间煽动军国主义情绪。如

① 村八分：江户时代日本农村的风俗习惯，即全村对有违反村规行为的家庭实行断绝交往的社会性制裁。而村民判断是非的标准和制裁的依据，既不是遵不遵守国法，也不是凭正义良心。他们的思维方法是，全村人都做的事就是好事，而与全体行动不协调的就要受到这种制裁。在重视家族和集团生活的日本社会，这是一种极强的社会制约力。村八分这种习俗在战后依然存在，是日本集团主义意识的重要特征。参见（日）石田雄：《日本的政治文化》，章秀楣译，长春：吉林人民出版社，1991年版。
② （美）R·J·Smethurst：《日本军国主义的社会基础》，郭俊禾译，台湾：台湾金禾出版社，1994年，第31页。
③ 日本史研究会编：《講座日本歴史》近代2，東京大学出版会，1985年，第305页。

1930 年 3 月举行的"日俄战争胜利 25 周年陆军纪念日"，由于在乡军人会的宣传活动，使日本形成了"充满全国的军国气氛，整个首都荡漾着国防思想的怒涛"①。从 1931 年开始，围绕中国东北问题，举行演讲会和座谈会，大力宣传"我在满蒙的特殊权益是我国民的生命"②，为解决"满蒙问题"，在乡军人会的责任是"作为国民的中坚，作为在满蒙建立功绩者的后辈的在乡军人诸士，对满蒙问题，应该以洞察帝国与满蒙关系的坚定信念，教导乡党"③。而当时在乡军人会的会员已近三百万人，他们作为社会的中坚，在日本这种集团式或家族式的社会中，其影响和作用是相当大的。根据历史的经验，任何一个独裁者或寡头政府，不管看来多么有力，归根到底是要靠人民大众的支持，其违反公众意愿而能基础巩固是很难的。而日本关东军的几个中层军官之所以敢于发动"九一八事变"，日本陆海军之所以能在 20 世纪 30 年代以后，主导国家的命运，有在乡军人会作为其坚强后盾是一个重要的原因。

---

① 『資料日本現代史・8・満州事変と国民動員』，大月書店，1984 年，第 365 頁。
② 『資料日本現代史・8・満州事変と国民動員』，大月書店，1984 年第 369 頁。
③ 『資料日本現代史・8・満州事変と国民動員』，大月書店，1984 年第 387 頁。

第五章

战时日本武士道的研究和宣传

在武士道全民化的过程中，日本学者和知识分子为适应军国主义政府的需要，研究和宣传武士道，对扩大其影响起了重要作用。《叶隐》由于其极端的非理性的武士道思想，在江户时代长期遭到禁止，明治维新后，也长期不被重视。而在侵略战争中，研究和宣传《叶隐》却成了时髦的学问。结果使《叶隐》的非理性的"死的觉悟"成为法西斯军人的思想指南。在战时国民精神总动员中，武士道成为教育的主要内容。

第一节　近代武士道研究

武士道作为封建武士的情操和道德观念，不能否认其中有值得肯定的成分。福泽谕吉曾提出"士魂商才"思想，希望武士的"独立自尊"精神能在新的历史背景下成为资本主义的推动力并有效地发挥作用。而基督教徒植村正久、内村鉴三等人希望武士精神能与基督教结合，他们认为："士道以责任、义务、忠勇、义烈对抗滔滔的唯物精神为专要。由此如不大兴士道，国家之前途堪忧。"① 希望借武士道来振兴日本的国民精神。

但是，武士道在近代日本历史上的作用在于它同天皇与军国主义相

---

① 松前重義：『武道思想の探究』，東海大学出版会，1987 年，第 11 頁。

结合，不论是规范军人秩序、涵养军人精神的《军人敕谕》，还是作为国民德育教育圣典的《教育敕语》，都是通过对这种封建武士所崇尚的传统精神和道德加以"再评价"和再利用，使其成为在新的社会背景下的军人精神和国民道德。在这一过程中，御用文人在武士道的宣传和推广方面起到了推波助澜的作用。

5.1.1 新渡户稻造的《武士道》及其影响

明治时代以后，对武士道进行系统研究的是新渡户稻造在 1899 年用英文撰写的《武士道》。新渡户稻造（1862—1933），是近代日本的思想家、教育家。1884 年去美国留学，获得博士学位，并与一位美国女子结婚。新渡户稻造在《武士道》第一版序中说："我写这本小书的直接动机，是由于我的妻子经常问我如此这般的思想和风俗为什么会在日本普遍流行，理由何在而引起的。""如果不了解封建制度和武士道，那么现代日本的道德观念毕竟会是一个不解之谜。"① 而当时在西方人看来，武士道是很野蛮的，像"武士就是身带双刀者，长的是用来杀人，短的是用来切腹"这种认识在当时西方很流行②。更主要的原因还有，日本在甲午战争中虽然战胜了中国，但是在攻占旅顺时，日本军队残杀了包括妇女和儿童在内的非战斗人员 2 万人，免于被杀的中国人只有 36 人。这种暴虐行为由美国《纽约世界报》报道出来，并谴责"日本是披着文明外衣，长着野蛮筋骨的野兽"③，世界各国将日本视为野蛮国。于是，新渡户稻造利用他学到的西方文化，以一名"被告的姿态"为日本军国主义的野蛮行为辩护，向国际社会解释日本的行为是"武士道"的行为，认为武士道是一种类似于西方"骑士道"的高尚的道德规范。

新渡户稻造的《武士道》将日本传统文化与欧美文化相比较，详述日本的武士道与欧洲骑士道的相似性，认为日本武士拥有高贵的身份

① （日）新渡户稻造：《武士道》，张俊彦译，北京：商务印书馆，2002 年，第 3 页。
② 山本博文：『武士道』，中経出版，2003 年，第 14 页。
③ 吴廷璆：《日本史》，天津：南开大学出版社，1994 年，第 485 页。

和道德伦理，决不像欧美人所想的那样是杀人集团。他解释日本的切腹和复仇行为不是野蛮行为，而是为了履行武士责任和义务的道德。《武士道》一书是为了论述"作为道德体系的武士道"而写的，这就充分说明了新渡户稻造写此书的目的。该书借助于新渡户稻造优美娴熟的英文很快风靡欧美，日本在日俄战争中取胜后，国际社会更增加了对日本的关心与兴趣，《武士道》立即成了畅销书，新渡户稻造从此成为日本文化和日本伦理学的权威，名扬世界。从此，新渡户稻造一路高升，历任京都帝国大学教授、第一高中校长、东京帝国大学教授、东京女子大学校长，国际联盟事务次长等职。

1905 年，日俄战争结束后，新渡户稻造以其用武士道精神对日本发动对外侵略进行美化之功而获得了明治天皇的召见。

从新渡户稻造呈给明治天皇的《上英文武士道论书》一文，也可以了解他撰写《武士道》的真意。"伏维皇祖肇基，列圣继绪，洪业先于四表，皇泽遍于苍生，所施声教，所及德化，武士道兴于兹，辅佐鸿胧，宣扬国风，使众庶皆归忠君爱国之德，斯道卓然，为宇内仪表也。然外邦人犹未详知，是真憾事，稻造于是作武士道论"①。此文既说明了写作《武士道》的目的，也将武士道界定为"忠君爱国之德"。

新渡户稻造在"武士道还活着吗？"这章中断定：武士道是日本的精神和原动力，近代日本的发展是由武士道的思想和作用推动的。而日本之所以能在甲午战争中获胜，身材并不魁伟的日本人全身充满了耐力、不折不挠和勇气②。他对武士道在侵略战争中的精神作用给予充分的肯定和赞扬，对武士道在未来日本国家发展中的作用也寄予厚望。总之，他重新诠释"武士道"，向世界宣扬"武士道"的意图，就是向西方列强为日本军国主义的野蛮行径辩护，并企图将日本对外侵略扩张正当化。

武士道，原本作为封建武士所遵循的道德观念。近代以后，尽管通过《军人敕谕》将其转化为军人精神，但作为武士道本身来说，最初

---

① 许介鳞：《日本"武士道"揭谜》，《日本学刊》2004 年 5 期。

② （日）新渡户稻造：《武士道》，张俊彦译，北京：商务印书馆，2002 年，第 97 页。

在社会上很多人都认为它已不合时宜，无用武之地了。但新渡户稻造撰写的《武士道》，不仅将这种过去作为武士阶级特殊行为规范的武士道，作为具有普遍性的道德体系来加以认识，而且还将它提高到民族精神和民族发展的原动力这一高度。新渡户稻造写的《武士道》，虽然没有直接把武士道同军国主义结合起来，但却充分肯定了武士道在对外侵略战争中的价值。自《武士道》出版后，在日本文化界引起了广泛影响，六年内一共再版了10次。此后在日本国内，名为武士道的出版物开始大量出现，据《武士道全书》第十二卷所载，当时日本国内第一部研究武士道的专著是三神礼次写的《日本武士道》。1902年出版了由旧武士山冈铁舟口述、胜海舟评论的《武士道》。据说该书出版后，立刻出现了以乃木希典、东乡平八郎为首的文武百官及朝野人士，甚至外国人争先购读的盛况，以致使"武士道"一词在日本社会开始广泛流行。在中日甲午战争时，日本还将尚武精神和军人士气，称之为"益荒男之精气"①，而到日俄战争时，"武士道"一词已被广泛使用。山冈铁舟的《武士道》主要讲述武士道的要素及武士道的发展演变，其目的是希望用封建武士的"勤俭尚武"和"武骨质朴"之风来挽回当时不良的社会风气，尚没有把武士道与军国主义相结合加以宣扬。而在学术界和教育界把武士道与军国主义相结合，并把武士道作为军国主义的精神支柱加以研究和宣传的，是日本当时著名的学院派哲学家井上哲次郎。

5.1.2　井上哲次郎与武士道研究

井上哲次郎是近代日本学院哲学的奠基人，他的学术生涯延续了明治、大正、昭和三个时期，不仅是哲学界的权威，在教育界也具有相当大的影响。1890年10月《教育敕语》颁布后，他接受文部大臣的委托作《敕语衍义》，作为御用文人，为执政者言的学术基调从此确定下来，直到他去世也没有什么变化。

---

① 山冈铁舟：『武士道』，大東出版社，1940年，第3頁。

井上哲次郎作为御用文人，最突出的贡献就是大力推动武士道研究，使其更好地为军国主义服务。为了促进武士道的研究，1905年，井上哲次郎和有马祐政共同收集有关武士道方面的书籍和文献辑成三卷，名为《武士道丛书》。在日本发动侵华战争过程中，又于1940年主持监修《大日本文库》中的《武士道集》（共三卷）。1942年，再次主持监修《武士道全书》（共十二卷）。此书编写的目的，如井上哲次郎本人在序言中所说：随着日本对外战争的扩大化，"战争延续到何时，几乎难以逆睹，在这种时候武士道的研究益加必要"。而此前编写的《武士道丛书》仅三卷本，不能为武士道的深入研究提供更丰富的资料，因此，"在此十二卷中尽可能地网罗关于武士道的主要文献"，并希望日本国民"为弘扬皇国的权威，无论如何必须要充分涵养武士道精神，并将之传于子孙后昆"①。但是日本法西斯军国主义倒行逆施发动侵略战争，与亚太各国人民为敌，最终难逃覆灭的下场。武士道虽然可以为军国主义发动侵略战争提供精神动力，却根本不可能挽救它必然灭亡的历史命运。日本战败后，武士道已不再有人提起，井上哲次郎主持监修的这套多达十二卷的《武士道全书》也被丢在图书馆里，很少有人问津。

井上哲次郎一生大部分时间都致力于武士道的传播，但其本人并没有像新渡户稻造那样为武士道构筑一种理论体系，其所著《武士道的本质》也不过是他宣扬武士道精神演讲稿的汇总。因此，井上哲次郎的武士道思想大都散见于他做的关于武士道的演讲及其为他所编的武士道资料集所做的序言和总论中。1901年，井上哲次郎受陆军教育总监部委托，在陆军中央幼年学校为军校学生做"关于武士道"的演讲，大体上反映出井上哲次郎的武士道观。其内容可以概括为以下几方面。

第一，武士道是日本独有的民族文化精神。井上哲次郎认为武士道是"神儒佛三教融合调和的产物"②，而在神儒佛三教中，日本所固有

---

① 井上哲次郎：『武士道全書』第一卷，時代社，1942年，第1頁。
② 井上哲次郎：「武士道」，井上哲次郎：『大日本文庫・武士道集』，大日本文庫刊行会，1940年，第4頁。

的精神是其"骨髓"。其本质是"极实际的主义",而不是理论,它是一种"日本特有的精神上的训练",在西方找不到丝毫类似的东西,尽管西方中世纪的骑士道有和武士道相类似之处,但是"决不能与武士道同日而语","武士道是带着相当峻烈的精神发展而来的,武士道完全是我邦的特殊产物"①。

第二,武士道贯穿整个日本历史,武士是日本的中坚。井上哲次郎将武士道的形成追溯到日本的神话之中,而且在日本早期国家建立时,大伴氏、物部氏是居护卫帝室之任的武臣,具有武士道精神,所以认为武士道是自古代以来就存在的,是"与日本民族尚武精神一起发展而来的"。到了镰仓时代,随着武士的兴起,武士道获得了新的发展生机,从镰仓时代到江户时代,正是武士道发展和发挥重大作用的时代。他认为武士是这期间日本民族的中坚力量,武士道正是构成日本民族中坚的武士的道德规范,所以"武士道对日本民族来说关系重大,对此决不容置疑,而长时间支配日本民族道德的武士道是绝不可能轻易消失的"②。

第三,《军人敕谕》就是武士道。日本军队在中日甲午战争中的胜利使井上哲次郎坚信武士道精神"确实存续于某部分",指出虽然武士道的形骸消失了,但是武士道的精神是决不会消失的,当前"依然存续于日本民族的某一部分"。日本军队之所以强大,并不是因为拥有先进的武器,而在于这种武士道精神。在战争中"如何使用武器,如何进行战斗之根柢,无论如何在于日本民族精神本身"。他认为《军人敕谕》和"武士道精神是一致的,可以说就是武士道精神本身"。《军人敕谕》指明了教育的方针,而在当前这种大众教育的社会,加强武士道精神教育,"促进此敕谕的实行"是非常必要的。井上哲次郎的这种在战争中精神优越物质的思想可以说与日本陆军"战争胜败的主要原因在于精神因素","攻击精神胜过物质的威力"的精神主义指导原则不谋而合。

---

① 井上哲次郎:「武士道」,井上哲次郎:『大日本文庫·武士道集』,第6頁。
② 井上哲次郎:「武士道」,井上哲次郎:『大日本文庫·武士道集』,第7—10頁。

　　第四，推崇山鹿素行及其武士道思想。井上哲次郎盛赞山鹿素行文武双全，精于神儒佛三教，举世无双，所以才成为武士道的集大成者，是武士道理论的"师祖"。他批评新渡户稻造在写《武士道》一书时一言未及山鹿素行，忽略了武士道的精华和核心，"近来有个叫新渡户稻造的人用英文写了部叫《武士道》的书，其中说武士道无经典，但那是有的，即《武教小学》"。他认为《武教小学》是武人必须遵守的道德之书，即使是当今的武人也必须要学习《武教小学》。而山鹿素行另一部关于武士道的经典——《山鹿语类》也有很多"卓拔的见识"，是"金玉般的文字"。《中朝事实》也是山鹿素行关于武士道的经典著作，书中认为日本比中国优越，"素行把日本叫中华，叫中国，叫中朝"，其目的是要说明日本国体的优越性，井上哲次郎认为这是一部"非常有力度的书"。

　　山鹿素行在江户时代前期以儒学理论为指导，将早期粗野的"弓马之道"改造为系统化的士道，"此后的军国主义者，正是利用它来驱使日本人民为其对外侵略战争卖命的"①。井上哲次郎也正是出于这个目的大力吹捧山鹿素行及其思想，"素行以前几乎无武士道的著述，素行才以其十分的学力著书立说，因此当读素行的书时，决不可生轻蔑之心，其中包含有永不磨灭的真理"。在井上看来，山鹿素行在武士道史上的地位无人企及，可以说是"素行以前无素行，素行以后也无素行"②。

　　井上哲次郎尤其欣赏山鹿素行关于"死节"的说教，认为这是山鹿思想中最为"贵重"的。所谓"死节"即"武士必须时时刻刻要想到死"，在每次离开家之后就要决心"死"，决不可"有顾家之心"，"其生平所想就是死节，下定决心丝毫也不动摇，不论遭遇何种危难，际会何事变都要无所畏惧"。井上哲次郎通过赞扬山鹿素行，以此来鼓励人们学习和实践他的武士道思想。他在《武士道的本质》一书中把乃木希典和东乡平八郎等军国主义分子立为武士道的楷模，用他们的武

---

① 王家骅：《儒家思想与日本文化》，杭州：浙江人民出版社，1990 年，第 302 页。
② 井上哲次郎：「武士道」，井上哲次郎：『大日本文库・武士道集』，第 27—38 页。

士道精神对日本军人及国民进行教育，使其在对外侵略战争中充当
炮灰。

第五，武士道不仅是军人道德，而且还是全民道德。井上哲次郎认
为，武士道的形式可根据时代和时势的不同而变化，如传统武士道中的
复仇、切腹等违反现存国家法律的行为必须废弃，但是武士道的"精
神则与日本民族共存"，因此对武士道宣传，就是要抓住迄今为止一直
在发挥作用的主要精神，促进其与今天的"道德主义相调和"。他认
为，武士道精神是道德，正因为武士道具有这种道德上的意义，所以它
不仅限于武人，全国所有的有志为国家服务的人都应该学习武士道。

井上哲次郎对武士道的宣传与讴歌，完全是为军国主义服务的。他
说，世间的历史，"正是因为正邪善恶之战不断发生，所以武士道是必
要的，如果说武士道是以何为目的，那就是依正击邪，依善惩恶，此外
别无目的，因此，武士道精神完全是道德的"。依据这样的历史逻辑，
日本军国主义就可打着"依正击邪，依善惩恶"旗号，发动侵略战争。
武士道因此成为日本军国主义发动侵略战争的依据。

井上哲次郎虽然认为《武士道的本质》作为演讲稿"粗笨而不成
体系"，但此讲稿在他以后所做的关于教育和国民道德方面的著述中多
有收录。如在明治末年出版的教育文集《巽轩讲话集》中收有《武士
道和将来的道德》《武士道》《敕语和武士道》。在《国民道德概论》
中有《武士道的历史特质及其将来》，这两本书都是在明治末年出版
的。此讲稿在1934年春阳堂出版的《武士道集》和1940年出版的《大
日本文库》中的《武士道集》中都被作为序言。而在《武士道的本质》
中也将全稿收录在内，足见演讲稿对武士道的研究与传播产生了相当大
的影响。井上哲次郎强调武士道精神在战争中的价值，又将其上升为以
天皇为中心的民族精神和国民道德，为日后武士道的研究确定了两个基
本的主旨，一是武士道与军国主义的结合，二是武士道与对天皇的忠诚
的结合。综观此后出版的关于武士道的专著，如田中义能的《武士道
概论》（1932），清原贞雄的《武士道史十讲》（1934），桥本实的《武
士道精神》（1943），花见朔已的《武士道与日本民族》等都是通过宣

扬武士道，来教育国民效忠天皇，为军国主义服务的。

5.1.3　战时国民教育中的武士道

日本法西斯政府在发动全面侵华战争之前后，为了进行国民精神动员，大力宣扬以天皇为中心的家族国家观，以此来作为进一步推动国民和军人发挥武士道精神的道德基础。1937 年，文部省为强化国民思想教育，进行战争动员，发布了《国体之本意》。这本小册子在日本战败以前一直是"学校教育的圣典"。小学和中学的教员为理解其内容都设立读书研究会，中学将其作为教科书使用，同时又是各种入学考试的必读书，因此，对当时的青少年影响极大①。该书的核心在"肇国"一节中，内容就是鼓吹天皇"万世一系"和家族国家是国体的"精华"，"大日本帝国由万世一系的天皇奉皇祖神敕永远进行统治，此乃我万古不易之国体。而基于此大义，作为一大家族国家，亿兆一心体奉圣旨，发挥克忠克孝之美德，乃我国体之精华"②。《国体之本意》指出，中国虽然信奉儒教，以家族道德为国家道德的基础，主张忠臣出于孝子之门，但由于易姓革命、禅让放伐，所以忠孝没有成为历史性的、具体的永远的国家道德，而正是由于日本的国体"万世一系"，才使"忠孝一本"成为国家道德。1941 年，在陆军省发布的有"《军人敕谕》战争版"之称的《战阵训》中，强调"忠孝一本乃我国道义之精粹，忠诚之士必纯情孝子也。战阵应体父母之志，贯彻尽忠之大义，以显彰祖先之遗风"③。同年，文部省又发表了《臣民之道》。其中对孝道进行解释说："孝的第一义是继父祖之心，实践扶翼皇运的臣民之道。此乃我孝道之神髓。"④ 日本的孝道之神髓之所以是忠于天皇，即因为"我国的家是由祖孙一体相连和以家长为中心结合而组成的"，"与国家相连是

---

① 角家文雄编：『昭和时代 15 年戦争资料集』，学陽书房，1983 年，第 125 页。

② 「国体の本意」，角家文雄编：『昭和时代 15 年戦争资料集』，学陽书房，1983 年，第 112 页。

③ 「战阵训・孝道」，井上哲次郎：『武士道全书』第一卷，时代社，1942 年。

④ 「臣民の道」，汤泽雍彦：『日本妇女问题资料集成・第五卷・家族制度』，家庭出版，1976 年，第 470 页。

其本质"。"我国之所以是家族国家,并非家集中起来形成国家,而意味着国即是家,各个家族是以国为本而存立的。如此,家是具现了由祖先连接子孙的永远的生命,基于国体的信念在家中可以充分培养"①。

战时法西斯学者把《战阵训》和《臣民之道》结合起来,鼓吹用以"死"为核心的武士道来实践臣民之道。日本国学院大学教授大串兔代夫在其所著的《臣民之道精讲·战阵训精讲》中这样写道:"我们臣民的生命是奉献给天皇陛下的生命……国家的命运是我们的命运,我们为皇国的弥荣奉献生命毫不足惜。倒在战场上的士兵高呼'天皇陛下万岁'而高兴地死去,是最简洁而完全地表白并实践了臣民之道……此心确实是贯通古今的臣民之心。"② 对大串兔代夫来说,通过对天皇的绝对服从,抹杀个人的尊严,把为天皇高兴而死当作最高的名誉。这种"死的哲学"成为日本在战时对国民进行教育的主要内容。

在杉山稔写的《战时下的家风》一文中,主张战时家庭教育的内容是"武家的教养",也就是进行武士道教育。而会津藩的"白虎队"是践行武士道的榜样。"白虎队"是由会津藩藩祖保科正之所制定的家训③和藩校日新馆的童子训的精神教育出来的。童子训中除了要求"事君应尽忠诚"外,就是强调日本式的孝道,"战阵无勇非孝也。不勇由何而出?由忘君恩不重义、惜命胆怯而起也。人生在世不过五十余年,当死而不死,将留污名千载,受人指责讥讽,辱及父母之名,生又有何意义耶!"④ 正是在这种武士道精神的培养下,1868 年 8 月,当明治政府的军队攻破会津藩的本城时,由十六七岁的少年组成的白虎队,在饭盛山上全部切腹自杀以殉藩国。杉山稔在《战时下的家风》中还强调要学习《叶隐》的精神,即"武士道就是死之道"和对主君绝对不二

① 「臣民の道」,汤泽雍彦:『日本妇女问题资料集成·第五卷·家族制度』,家庭出版,1976 年,第 474 页。
② 木坂顺一郎:『昭和の歴史·7·太平洋戦争』,小学馆,1982 年,第 154 页。
③ 《保科正之家训》第一条规定:"于大君,要一心忠勤,不可以列国之例自处。若怀二心,则非我子孙,汝等万万不可相从。"第二条为"武备不可怠,可为选士之本,上下之分不可乱。参见小泽富夫:『武家家训·遗训集成』、ぺりかん社、1998 年。
④ 杉山稔:「戦時下の家風」,汤泽雍彦:『日本妇女问题资料集成·第五卷·家族制度』,家庭出版,1976 年,第 485 页。

的忠诚。会津藩白虎队的武士道与《叶隐》武士道都是武士的死之道，而《战时下的家风》却把它作为战时家庭教育的主要内容，让全体国民都像《叶隐》武士道要求的那样为国家和天皇去死，这十足说明武士的道德已成为全体国民的道德。

如果说此前的家族国家观和忠孝一致的道德观念是由井上哲次郎等御用文人所积极提倡，并顺应了军国主义国家的要求，从而成为国民道德教育的基本理念的话，那么，《国体之本意》《战阵训》《臣民之道》所反映出的家族国家观和忠孝一致的道德观念则完全是法西斯国家为唤起国民的极端民族主义情绪和国家观念而制定的。其目的是使国民认同国家发动的对外侵略战争，充分发挥武士道精神，积极为法西斯侵略战争服务。这些教育确确实实奏效了，在战争中化作日本人的自觉行动。例如，有的神风特攻队员在临死前给父母的遗书中写道，由于战死而不能对父母尽孝，虽然感到遗憾，但战死也是报答父母之恩，甚至说战死是最大的孝行，"请原谅过去的恩情不能报答了，但是我要英勇出击，撞沉敌人最大的航母，以此作为万分之一的孝行"[1]，"活了22岁，任何恩都没报，实在是对不起，但为国家而死是最大的孝行"[2]。这些日本军人都认为通过为天皇战死所表现的舍身奉公可以抵偿不孝，甚至认为这是最大的孝行。这正是日本统治阶级长期宣传的武士道精神在近代日本军人身上的体现。

第二节 《叶隐》与战时武士道精神

《叶隐》所宣扬的武士道与山鹿素行的武士道相比，重点强调以为主君不怕死、不要命为根本。近代以后，随着日本法西斯军国主义侵略战争的步步加深，出于战时武士道宣传的需要，《叶隐》这部因宣扬"死的觉悟"而曾在江户时代长期被封禁的奇书，成为战时国民教育最

---

① 真继不二夫：『海軍特別攻撃隊の遺書』，KKベストセラーズ，1994 年，第 46 頁。
② 真继不二夫：『海軍特別攻撃隊の遺書』，KKベストセラーズ，1994 年，第 116 頁。

重要的教科书。其在当时影响之深之广，以至日本人在提到武士道时一般都首先想到《叶隐》。

5.2.1 《叶隐》之"隐"

《叶隐》的口述者山本常朝（1659—1719），生于佐贺藩的武士家庭，父亲叫山本重澄，山本常朝是其七十岁时生的儿子。山本常朝的老师是儒学家石田一鼎，著有《武士道要鉴》一书，他的一句"大名去世时要是一个侍奉者都没有会感到孤独"，对常朝产生很大影响。山本常朝的父亲经常教育他"无论如何都要成为刚毅的武士。必须保持尊严。读书是公家之役，握大刀励武道乃山本一门之职分"①。常朝生活的年代是日本已持续了半个世纪的和平时代，此时战国时代的杀伐余风已销声匿迹，文治主义已成为时代的主流。但是常朝却非常向往战国时代的风尚，幻想自己能够以一条枪的功名获取几千石的俸禄。他对近世以前的武士"殉死"更是情有独钟。但当时无论是佐贺藩，还是幕府的法令都严禁武士殉死。常朝是藩主光茂的近侍，光茂去世时，常朝决心殉死，一心要完成自己多年的夙志，但因光茂本人制定了严厉的法律，杜绝了武士的殉死之风。常朝殉死不成，为了表示决心殉死的意志，只好剃发出家入佛门修行，隐居在佐贺郡郊外的一个草庵中。十五年之后，佐贺藩藩士田代阵基来草庵拜访常朝。从初会的夜晚开始，常朝开始向田代谈人生观，谈经验，谈见闻，前后共七年时间。田代将这些谈话一言一句全部记录下来并整理成书，取名为《叶隐》。《叶隐》是常朝针对田代一个人的谈话记录，并不是常朝专门写的让人们学习的教训书②。此书所以取名为《叶隐》，据说这个名字取自隐士僧侣西行的一句诗："一朵小花，藏在树叶底下，见到它，就仿佛看见了自己隐秘的爱情。"③《叶隐》的直译是"隐藏在树叶下面"，而其真实含义是

---

① 奈良本辰也：『日本の名著・17・葉隠』，中央公論社，1984 年，第20 頁。
② 奈良本辰也：『日本の名著・17・葉隠』，中央公論社，1984 年，第45 頁。
③ （俄）弗·普罗宁夫：《日本人》，赵永穆等译，北京：中国广播电视出版社，1991 年，第 132 页。

作为武士要以隐于树叶之下的精神来为主君献出生命而不求回报。正如常朝所说："对主君隐奉公乃真也，"他所追求的是"隐奉公"，积阴德而不图报①。

　　尽管《叶隐》这种以"死的觉悟"为核心的武士道同以"道的觉悟"为核心的士道成为近世武士思想的两大流派，但是《叶隐》崇尚战国的杀伐风尚，在当时也只是代表一部分武士的观念，是违反时代潮流的，特别是他的非理性的过激言论也不合时宜。《叶隐》所强调的对主君的绝对忠诚和"死狂"是建立在对藩主家累代之情的基础上的，其思想并不具有普遍性。因此在江户时代，《叶隐》的影响程度同士道论根本不能相提并论。根据战前日本著名伦理学家古川哲史的考察，在江户时代的佐贺藩校并没有将《叶隐》作为教科书来使用，即使是在藩士家中也没有被广泛阅读的迹象。当时《叶隐》没有被印刷成书，就连手写本也很少②，其影响可以说微乎其微。《叶隐》还被学者们视为"武道的异端者"③，如佐贺藩出身的学者、后为幕府儒官的古贺精里认为，"其书嗜杀，以感情用事为道"，就连明治维新的元勋、佐贺出身的大隈重信也把《叶隐》当作"奇异的书"，并认为它所提倡的"死的觉悟"是佐贺藩因循守旧，野蛮不开化的一种陋习。由于《叶隐》强调对主君的绝对献身精神，自然为德川幕府所不容。因此在此后幕藩统治体制下的一百五十年内，《叶隐》一直是一部禁书。

　　明治维新后，《叶隐》不再是禁书了，但它在很长时期内仍不为世人所重视。在明治中期以后，明治政府为利用封建思想和武士道理论来控制军队、教育国民，使其誓死效忠天皇，先后颁布了《军人敕谕》和《教育敕语》，二者的思想渊源也是山鹿素行所代表的近世士道思想。整个明治时期是日本近代化的建设时代，应该说理性主义占据主导地位，《叶隐》的非理性主义当然不会为时代所接受。

　　在甲午战争、日俄战争之后，日本学界掀起武士道历史和思想研究

① 　古川哲史：『武士道の思想とその周辺』，福村書店，1957 年，第 110 頁。
② 　古川哲史：『武士道の思想とその周辺』，福村書店，1957 年，第 177 頁。
③ 　古川哲史：『武士道の思想とその周辺』，福村書店，1957 年，第 186 頁。

热潮，其中最著名的是新渡户稻造的《武士道》，此书虽然冠名为武士道，但是从其思想来源看，基本是继承了近世士道思想。在关于"勇"的一章中，新渡户稻造写道：在武士道看来，为了不值得去死的事而死，被鄙视为"犬死"，"只有该活时活，该死时死，才能说是真勇。"新渡户稻造的这种认识若按山本常朝的价值观衡量，完全是卑怯者为了逃避死亡的一种借口，不是真正的武士道。

20 世纪初期另一部比较有名的、由山冈铁舟口述的《武士道》，虽然概述了武士道的历史和内容，但也只字没提山本常朝及其《叶隐》，更没有说武士道就是"死"这样极端的话。井上哲次郎于 1901 年为军校学生做"关于武士道"的演讲时，也没有提到山本常朝和他的《叶隐》。1905 年由井上哲次郎等人主持编纂三卷本的《武士道丛书》时，《叶隐》并未收录其中。这些都说明，直到日俄战争时，《叶隐》尚不为人们所重视。

直到 1906 年，《叶隐》才开始面世。1926 年，文学博士清原贞雄出版了《武士道十讲》一书，其中在关于武士道研究史的绪论里写道："日俄战争结束后，武士道研究日益兴盛，1906 年（明治三十九年）安艺喜代香发表了《佐贺之武士道》，同年又出版了叫作《叶隐集》的书。此书由一个叫常朝的佐贺藩僧侣奉藩主之命所写，称此书为佐贺藩武士道的经典。而关于叶隐武士道的说法也是从此书而来的。"[1] 清原贞雄虽然提到《叶隐》，但在该书长达三讲的近世武士道论中，重点论述了山鹿素行及其士道思想，根本没有涉及山本常朝和他的《叶隐》。在当时，提到近世武士道，就是指山鹿素行等人所提倡和宣传的士道，尚不存在关于所谓"道的觉悟"与"死的觉悟"这两种武士道思想流派的对立和争论。此后于 1932 年出版的由田中义能撰写的《武士道概说》一书中，在谈到江户时代的武士时，仍然没有写山本常朝及其思想，在此书末所列的武士道关系书目中甚至将《叶隐》写成《叶阴》[2]，这说明《叶隐》在昭和初期也影响不大，更谈不上普及。在

---

① 清原貞雄：『武士道史十講』，目黒書店，1927 年，第 24 頁。
② 田中義能：『武士道概説』，精興社，1932 年，第 1 頁。

1934 年出版的《日本精神研究》第四辑《武士道精神》中，我们还看不到《叶隐》的影子，而且该书还批判了武士道中的简单行动主义，认为"简单的实践不过是野猪本能性的动作"，而真正的武士道论"正如德川时代武士道学者所说，武与文等于车之两轮，鸟之两翼"，书中指出，无文的武士道精神是"五·一五事件"发生的根本原因①。

　　综上所述，直到 20 世纪 30 年代中期，《叶隐》还没有什么影响，既不能说它是德川幕府时代"武士制度的基础"，也不能说是近代"武士道的重要理论基础"②。《叶隐》成为有名的武士道书应是在日本发动全面侵略战争之后。

5.2.2　《叶隐》武士道的思想

　　《叶隐》全书共分 11 卷，有教训 335 节，对武士的褒贬等 180 节，关于藩主锅岛家历代家长及武士的言行事迹和逸话等 761 余节，共计 1281 节③。此书也叫《锅岛论语》或《叶隐论语》，意在将它说成是锅岛藩武士必读的经典，就如同《论语》是儒学必读的经典一样。但《锅岛论语》一名是近代以后起的，江户时代尚没有这种提法。

　　《叶隐》虽然在结构上不如山鹿素行的士道论那样系统和完整，但是《叶隐》所要解决的是武士在世时应该如何行为及其他们的人生究竟应有何归宿的问题，所说的都是武士所面临的人生中重要的问题。从这个意义上，《叶隐》被日本学者称为"武士的哲学"。但《叶隐》没有像山鹿素行的《士道》那样，从论证武士的"职分"出发，而是立足于武士这种角色应该如何履行其所承担的责任。在作为《叶隐》总论的《夜阴闲谈》中，山本常朝提出了武士的四个"誓愿"：于武士道

---

① 日本文化研究会：『武士道精神』，東洋書院，1935 年，第 312 頁。
② （俄）弗·普罗宁夫：《日本人》，赵永穆等译，北京：中国广播电视出版社，1991 年，第 133 页。
③ 井上哲次郎：「武士道集」中卷，井上哲次郎：『大日本文庫·武士道集』，大日本文庫刊行会，1940 年，页。第 6 页。

上决不可落后于人；应该有用于主君；孝顺父母；以慈悲为怀。① 山本常朝的这四个誓愿贯穿《叶隐》的各部分，成为《叶隐》的基本精神基调。但是，日后使《叶隐》成名并产生重要影响的并不是它提出的这四个誓愿，而是《叶隐》所要求的如何实现这四个誓愿的做法，《叶隐》的特征及其真髓就在这些做法里。《叶隐》虽然长达11卷，内容庞杂。但是其思想真髓大体只有两点，一是武士道即死之道，二是对主君绝对忠诚。

关于"武士道即死之道"，《叶隐》正文开篇第一句就是"武士道即死之道"，《叶隐》的真髓也体现在这一句话中。翻开《叶隐》一书，"死"字出现频率极高，据粗略统计，仅在《叶隐·闻书一》中，"死"字就达27字之多。而仅次于"死"字的是"狂"字。"狂"字在日语中主要是指武士在战斗中不畏生死、奋勇杀敌，也即"武士道就是死狂"②。伦理学家古川哲史认为，理解《叶隐》的关键就在于"狂"和"死"二字③。

山本常朝说，面临生死抉择时，首先要选择死，即便是目标无法实现，是犬死也要勇往直前地选择死，这样就可以保住武士的尊严。因此作为武士"每朝每夕要郑重其事地考虑死，决心死。当常住死身之时，武道得自由，可一生无咎地履行家职"④。常朝认为目标不是问题，成功也不是问题，拼命地去做，去死才是关键。"作为武士，对武勇要自信自傲，任何时候都要有拼死的觉悟是最重要的"。《叶隐》把武士基于身份的责任和义务宗教化了，认为只有时时刻刻想到"死"才能完

---

① 山本常朝（江户时期武士）《叶隐·夜阴闲谈》(1716)，山本常朝关于武士道一词的使用及这四个誓愿的内容是师承石田一鼎。石田一鼎，佐贺藩士，生于1629年，先为藩主顾问，后因忤旨被蛰居，被黜免后从事武士教育。著有《武士道要鉴》，认为作为武士必须具备三个品质：于武士道上应争先于人；不可断绝祖先的家名；应对主君有用。

② 山本常朝：「葉隠·聞書一」，相良亨等校注：『日本思想大系·26·三河物語·葉隠』，岩波書店，1974年，第1頁。

③ 古川哲史：『武士道の思想とその周辺』，福村書店，1957年，第147頁。

④ 山本常朝：「葉隠·聞書一」，相良亨等校注：『日本思想大系·26·三河物語·葉隠』，岩波書店，1974年，第1頁。

成武士的职责，才是一个真正的武士。

名誉重于生命，是武士道德中的重要内容。常朝认为，生死抉择时，如果不选择死，那么即使活下来，也是被人耻笑的"懦夫"，使家门和子孙后代永远蒙羞，"从此虽多活十年或二十年，也会被人指责而丢人现眼，死后也留恶名，子孙后代虽无罪责也要蒙受羞辱。毁坏了先祖的名誉，使一门和家族蒙受污名，这才是最残忍至极的"。常朝要求武士每天早晚都要考虑如何去死，这样无休无止地反复下去，就会达到"必死的觉悟"和"常住死身"的境界了，也就可以保住自己的名誉，可以不犯错误地履行自己的义务。

武士文化是一种耻感文化，自镰仓时代以来，"惜名不惜死"成为武士的道德准则。山本常朝在江户时代将这一道德准则发展到了极致，他要求武士要学习"思死"，要有决心去死。但求生是人的本质，他怕武士不肯去死，因此就要有一种人生行为的监督，这就是名誉。名誉在日本家族式社会中意义颇大，可以说是维护道德的制裁力，它几乎成为武士的宗教。所以常朝就说在生与死的抉择时，如不选择死，而是理智地选择活，那么下场将会更可悲，终生将承受着生不如死的痛苦——永远承受耻辱；在社会上也没有立身之地，你的祖先，你的后代，乃至你的亲属都由于你的怕死而永受污名，总之这就是武士不勇敢地抉择死的下场。在某种意义上说，常朝的武士道已成为一种宗教，是武士面临生死抉择时，激励和监督他选择死的一种宗教。

关于对主君绝对忠诚，常朝认为武士对主君要绝对地信赖和灭私奉公。"所谓武士道，把身命恭敬奉献给主君是根本"，"武士道是死之道，就是意味着要把身命奉献给主君"。常朝一再强调的死，就是把身命献给主君之意。为此，武士对主君，必须要有奉公无二的忠节精神，"无理无体地奉公、一心不二地效忠主人"，"武士除思主之外别无他事"，"主从契约之外什么也不需要"。

常朝主张的就是，对武士来说，主君就是一切。对主君绝对忠诚是武士的本分。而对主君这种绝对献身意识的依据，则是对主君的强烈的感激之情。"当你知道你的家族几代人是如何为主君家奉公的时候，当你想起"那已故之人是如何奉公，未来之人将怎样奉公的时候，你会为深深的感激之念所打动"。这样，就可以把对主君的忠和对祖先的孝融为一体了。从这一点说，山本常朝所强调的绝对的忠也是来自武士特有的家族意识。

在以山鹿素行为代表的士道论中，也主张"常把死放在心上"，但它是建立在当为不当为这一理性思考的基础上的，注重武士个人的主体意识，所以士道是理性的武士道。而《叶隐》的武士道，则完全是非理性的，武士的自我被排除了。在常朝四个誓愿中，有一条是以慈悲为怀，然而这并非是让武士去广施仁爱。《叶隐》中说："何事都要为君父，或为他人，为子孙而为，此乃大慈悲也。由此大慈悲而出的智勇乃真智勇，要是为我，则是狭隘小气，是恶事也。"常朝所说的慈悲是"没我去私"，不仅不要自我，而且还不要理性，这也是《叶隐》武士道的一大特征。

常朝主张的非理性武士道，主要体现在"狂"字上，他置当时儒家所提倡的时代精神"理"与"道"于不顾，在思想和行动上极力主张"狂"。"武士者，在武勇上要自信自傲。死狂的觉悟是最重要的"，"武者只有不考虑胜负，专心一意地死狂，才是觉悟"。他认为合理的利益打算，理性的是非判断都是不可取的，都会妨碍死狂的觉悟。"遇事以利益打算为第一义的人是卑怯者，因为利益打算就会考虑损得……认为死是损，生是得，这样就会怕死，所以是卑怯者"，而"在履行自我义务时，如果辨别是非，就会耽误时间落后于人，故忠也不要，孝也不要。武士道就是死狂，忠孝自然包括在死狂之中"①。这种"死狂"同士道论主张"尽人事，安天命"，"常把死放在心上"这种理性地考虑死生问题不同，是一种病态的向死，勇往直前。《叶隐》武士道与山鹿素行的士道相比是非理性主义的武士道，他所追求的忠是不要自我，不要理性，否则就伪了，就不真了。只有做到"无二无三地、无理无体地奉公"，才是真正的忠。

① 山本常朝：「葉隠·聞書一」，相良亨等校注：『日本思想大系·26·三河物語·葉隠』，岩波書店，1974年，第6頁。

常朝还主张，在对主君奉公时也不需要理性，不需要基于是非的合理判断。"忠不忠，义不义，适当不适当，理非邪正，考虑这些是不好的。无理无体地奉公，专心一意地思念主君，这就行了"①。常朝把这种奉公说成是"隐奉公"，是一种自然的不带虚伪的忠，只有如此，才能体现武士对君主的绝对忠诚。这样，《叶隐》武士也就成了没有理性、没有思想、只知道奉公效忠的工具，生命成了效忠奉公的手段。

5.2.3　《叶隐》武士道的影响

1937 年至 1945 年的全面侵华战争时期，是日本法西斯军国主义最疯狂和武士道精神得到最大发挥的时代。《叶隐》的非理性主义正好符合这个时代的特征和要求，其流行和影响也正是在这一时期内达到顶点。

从 1937 年开始，日本军国主义政府完全置国际道义、国际上的人心向背和军事上的力量对比于不顾，公然发动了全面侵华战争和太平洋战争。为进行这种疯狂的侵略战争，日本军国主义政权在国内大力推行"臣民教育"，驱使人民走上战场，使其充当侵略战争的炮灰和杀人工具。在这种情况下，不要理性，不要自我，鼓吹"死狂是最重要"的《叶隐》武士道当然是最好的教材，强调"死"就是效忠、剥夺自我、抹杀人性的《叶隐》武士道成了军人及全体国民实践"臣民之道"的精神支柱。于是从江户时代以来一直备受冷落的《叶隐》，立刻成了日本人爱读的畅售书，说人手一册未免夸张，但也出现过十几万部岩波文库版《叶隐》顷刻被销售一空的盛况②。这一时期关于《叶隐》的研究著作，也如同雨后春笋般纷纷涌现。

如前所述，在昭和初期以前出版的有关武士道方面的著述中几乎看不到《叶隐》的影子。而在 1940 年出版的专门为日本青少年编的《武士道入门》一书中，就有了"叶隐武士道是十二分地发挥了近世武士

---

① 山本常朝：「葉隠·聞書一」，相良亨等校注：『日本思想大系·26·三河物語·葉隠』，岩波書店，1974 年，第 7 頁。

② 古川哲史：『武士道の思想とその周辺』，福村書店，1957 年，第 176 頁。

道的特色"① 的内容。此书把在上海"一二·八事变"被炸死的所谓"肉弹三勇士"及因当了俘虏而自杀的安闲少佐等法西斯军人都称之为"叶隐武士",而安闲少佐平常最爱读的书就是《叶隐》。可见,此时《叶隐》已经成了日本法西斯军人实践武士道精神的理论指南。再如神永文三的《武士道的死生观》,第一章写的就是"叶隐的生死观"。而自称是站在历史角度上研究武士道的桥本实在其所著的《武士道的精神》中,重点讲述叶隐武士道精神。他认为,《叶隐》武士道的精髓就在于不把死生放在眼里,为锅岛家甘愿化为忠义之鬼。而在现代,应如何活用这种精神呢?那就是把忠义的对象自觉地转向天皇,"为了天皇,生命轻于鸿毛"。他认为在当前对全体国民贯彻这种"觉悟"是紧急而又最重要的事②。

日本军国主义发动全面侵华战争后,举国一致的战争狂热很快便笼罩了日本人的生活和精神。"没我去私"的非理性主义左右了人们的思想和行动。明治以来,日本政府一贯推行的军国主义教育和武士道精神的灌输至此达到了顶点。而研究《叶隐》也成了学界的时髦学问,关于《叶隐》的专著更是层出不穷,内容也都是宣扬《叶隐》提倡的"死狂"精神。有桥本实的《叶隐研究》(东京平风社,1940 年);立花后道的《叶隐武士道与禅》(三省堂,1942 年);山上曹源的《叶隐武士精神》(三友社,1942 年);纪平正美等的《叶隐讲语》(有精堂,1942 年);中野礼四郎的《叶隐的由来》(中文馆书馆,1944 年);中村常一的《叶隐武士道精义》(拓南社,1944 年)③,很多书还不断再版。《叶隐》研究出版的盛况,同由于日本法西斯政府实施文化压制政策而出现的"禁书"堆积如山的现象形成强烈反差。《叶隐》所提倡的"死的哲学"和"奉公哲学"开始主导了人们的世界观,这也是日本法西斯军国主义敢于在战争期间提出"一亿总动员"和"一亿玉碎"等疯狂之极的口号的思想基础。

---

① 武士道学会:『武士道入門』,ふたら書房,1941 年,第 190 頁。
② 橋本実:『武士道の精神』,明世堂,1943 年,第 370 頁。
③ 李泉岳等:《论日本武士道》,《日本问题》,1987 年第 6 期。

　　《叶隐》强调的效忠对象本来仅指自己侍奉的佐贺藩主，其根据也是累代主从之情，显然其思想不具有普遍性。但在明治维新以后，日本人对藩主的"小忠"很快发展成对天皇的"大忠"，而且长期的国民道德教育使"代代天皇爱民如子，我等祖先皆尊皇室，尽忠君爱国之道"这一观念深入人心，所以山本常朝所强调的"小忠"自然被升华为"大忠"，《叶隐》所强调的绝对忠诚的对象也自然成了天皇。其主张不要理性，忘我的以死为核心的效忠之道，大受日本法西斯军国主义政府的欢迎。《叶隐》武士道经过反复宣传与精神渗透，深深影响和毒害了日本军人及全体国民。关于这一点，我们仅从侵华士兵东史郎留下的《东史郎日记》中，就足以窥其一斑。

　　东史郎，1912 年生于东京，1938 年应征入伍参加侵华战争。作为军人，他所受的是"效忠天皇重于泰山，你们的生命轻如鸿毛"，"忠于天皇，光荣战死"的训导。他在日记中多次提到《叶隐》，"所谓的武士道，就是指死；所谓的忠义，也是指死——《叶隐》这样告诉我们。武士道是日本精神。然而，武士道却是死，即日本精神就是死"①。他的生死观深受其影响，"我一向坚信：最忠勇的士兵不是上等兵，不是一等兵，也不是二等兵，只是指作为帝国的军人在赴死之时毫不犹豫的勇敢战死的士兵。因而我希望自己成为这种忠诚勇敢的士兵"②。东史郎的母亲在送儿子出征时没有哭泣与悲伤，反而冷静地送给儿子一把匕首，并嘱咐儿子："这是一次千金难买的出征，你就高高兴兴地去吧！如果不幸被抓住的话，你就剖腹自杀！因为我有三个儿子，死你一个没关系。"母亲的话坚定了东史郎死的决心："我要欣然赴死！"③

　　如前所述，山本常朝在《叶隐》中强调，武士道就是死。在面临死生抉择时应该"无二无三地选择死"。但他也知道求生是人的本性，

---

① （日）东史郎：《东史郎日记》，张国仁译，南京：江苏教育出版社，1999 年，第226 页。

② （日）东史郎：《东史郎日记》，张国仁译，南京：江苏教育出版社，1999 年，第6 页。

③ （日）东史郎：《东史郎日记》，张国仁译，南京：江苏教育出版社，1999 年，第7 页。

因此在强调没我去私，抹杀人性的同时，也宣扬比"死"更可怕的道德制裁力——知耻，以此来作为人的行为的有力监督。"知耻"是武家社会的道德，是武士道的重要内容，《叶隐》进一步强化"知耻"与死的关系，使它具有了激励武士或军人去死的宗教般的制裁力。尽管人都有求生的本能，如同东史郎所说的，"我们想感受生命的美好，我们愿意活下去"，但"我们决不会为此而采取不知廉耻和怯懦的行动"。东史郎在日记中这样写道："自接受生命以来，我又铭记了什么叫羞耻。这种思想根深蒂固，它不会让我们苟活。即使我们对生的渴望强烈，它也不允许我们偷生"①。

从东史郎的日记中，我们可以看到在包括《叶隐》在内的日本武士道激励下，造就出无数以强悍好战、不怕死著称的士兵。也正在武士道的教育下，使日本士兵能够自觉地充当炮灰，成为"作战的活武器"，把欣然为天皇送死当作是最高的荣誉。

1943 年，太平洋上的阿图岛被美国夺回时，以山崎保代为首的2,600 多名日军全部战死，在他们做最后一次冲锋前，那些失去进攻能力的伤员全部自杀。阿图岛战役被日本法西斯政权树立为"玉碎"的楷模，并大力宣扬。在日后美军收复太平洋诸岛的战役中，各地日本守军学习阿图岛的"玉碎"精神，死不投降，战至全军覆没，指挥官自杀。1945 年 8 月 15 日中午，天皇裕仁宣布日本无条件投降。下午，联合舰队参谋长宇垣缠决心为天皇效忠到底，抱着"死中有生，生中无生"的信念，率领 11 架飞机向美军做最后一次自杀性"特攻"。

在日本法西斯军国主义政府发动的侵略战争中，日本国民狂热地支持战争，参加战争。我们从《东史郎日记》中所反映的东史郎本人的知识水平来看，说他的参战热情是由于"知识不足"和愚昧，似乎缺乏说服力。武士道是日本七百年武家社会所培养起来的、以无条件地效忠和自我牺牲为核心的伦理道德。武士道不仅是道德规范，也是一种社会风尚，具有控制人们思想、左右和规范人们言行的巨大功能。到了近

---

① （日）东史郎：《东史郎日记》，张国仁译，南京：江苏教育出版社，1999 年，第225 页。

代以后，武士道又同民族主义的神国观念和天皇崇拜牢固地结合在一起，不仅是全民的，而且又是宗教的。山本常朝的"死忠"，依据的是对藩主的世代恩情，而到了昭和时代，这种"死忠"是建立在对现人神天皇宗教般的崇拜基础上的，日军在战场上视死如归，誓死不降，[①]都可以归因于对天皇的极度忠诚。"消除天皇的一切焦虑""安陛下御心""为天皇之命令舍身"，这种对天皇的崇拜与武士道精神的结合，成了日本国民参加和支持侵略战争的原因和精神动力。正因为如此，日本法西斯才能无视本国士兵的生命，更视他国人民的生命如草芥，创造各种惨无人道的战术和暴行，给亚洲各国人民造成了巨大的伤害，自己也为此付出了巨大代价。

---

①　在北缅甸战役中，日军被俘者 142 人，阵亡者 17，166 人，其比例为 1：121。而被俘者也几乎都是在受伤而无知觉的情况下才被俘的。在西方国家军队里，当阵亡人数超过总兵力的 1/3 时，投降乃理所当然。参见（美）本尼迪克特：《菊与刀》，上海：商务印书馆 1994 年。

余 论

我们重视研究日本，一方面是近代以来，日本军国主义所发动的一系列对外侵略战争给中国及亚洲各国人民带来了巨大的灾难；一方面是战后以来，其经济的高速发展，可为我国的经济建设提供借鉴。而武士道作为一种精神的力量在这两方面都发挥了重要作用。

武士道作为日本军国主义思想的精神渊源，是推动日本军国主义发展的重要因素。武士道崇尚武力、重名轻死，表现在行为上，就是不尊重人的生命与价值，不仅是对方的生命，就连同胞和自己的生命，为了所谓的名誉也可轻易舍弃。历史证明，这种道德观念一旦被误导或失控，就会给人类的生命与和平带来极大的灾害。正因为武士道与军国主义有这样的因缘，所以人们一提到武士道，就会联想到凶狠、残忍、杀戮，便十分厌恶。实际上，武士道的含义和内容远不止于此，从整个日本历史发展过程来看，它作为日本社会独特的精神文化和思想意识，自其产生以来，对日本民族性格的塑造与社会的发展有着很深的影响。其在日本的政治史、社会史、思想史、教育史和军事史上占有重要地位，已成为日本民族心理的深层积淀。因此研究武士道，既要看到它与军国主义的关系，认识其所具有的反动性、野蛮性的一面，在予以坚决批判[1]的同时，还要看到它对日本民族精神、民族文化的影响和作用。正如日本学者相良亨所认识的那样，武士在日本历史上长期掌握社会主导权，其思想意识和伦理观念在日本思想史上占有重要地位，如果抛开武

---

[1] 关于对日本军国主义的批判，参见蒋立峰、汤重南主编：《日本军国主义论》，石家庄：河北人民出版社，2005年。

228

士的道德意识，就无法认识日本人与日本的传统文化。

武士道作为武士的意识形态，其核心价值取向是忠诚和尚武，而其实践道德的特征使它崇尚精神的作用和注重实践的价值，强调精神主义和力行主义。武士以战争为职业，尚武精神的培养，使他们在战争中重视进攻精神甚于谋略。《战斗经》认为，中国兵学以谋略为基本原理，而日本兵学以进攻为本质，针对孙子主张的"凡战者，以正合，以奇胜"，强调"军者有进止而无奇正"，确立了"兵道者能战而已"的军事理念。而所谓"能战"是指人所具有的敢战精神，换句话说，就是士气。"天以刚毅不倾，地以刚毅不堕，神以刚毅不灭，人以刚毅不死"，这种把精神力量的绝对化是日本兵学的重要特征。① 幕末思想家吉田松阴认为，武士的精神就是"死而后已四字，言简而义广，坚忍果决，确乎不可拔者，舍是无术也"，正是这种精神主义和力行主义成为明治维新的推动力。

在冷兵器时代，武士道主张精神力量胜过智慧和谋略。在近代，武士道依然强调精神至上主义，认为精神的力量可胜过物质的力量。新渡户稻造和井上哲次郎等人都把日本取得甲午战争和日俄战争的胜利，归因于武士道的重要作用，其所肯定的就是武士道所具有的精神力量。井上哲次郎在各种关于武士道的演讲中，不断地强调其精神力量的作用，在战争中，"机械无论多么精巧，统一无论多么强固，如果精神不旺盛的话，取得赫赫战功是不可能的"②。乃木希典在日俄战争中无视士兵生命，用所谓的"肉弹"战术，费时一百五十五天，以死伤五万九千人的代价，攻下旅顺口。乃木希典用这种无谋的野蛮战术，不仅没有受到本国人的谴责，反而获得"军神"的称号。在近代日本军队中，"无视死伤人数，不断进攻的坚强意志是衡量指挥能力的尺度"③，乃木希典正是以这种不断进攻的意志，把日本武士所崇尚的敢战精神推向极致。而对人力和物力都有限的日本来说，强调这种精神主义是非常重要

① 古賀斌：『武士道論考』，島津書房，1974 年，第 3 頁。
② 井上哲次郎：『武士道の本質』，八光社，1942 年，第 161 頁。
③ 藤原彰：『天皇制と軍隊』，青木書店，1978 年，第 74 頁。

的。如 1928 年制定的《统帅纲领》这样写道："虽然最近在物质方面有很大进步，尽管不能轻视其威力，但战争胜败的主要原因依然在于精神因素，这是自古以来都不变的。何况帝国军队兵力少，资材不足……精神因素更不可少。即战斗中要官兵一致、至诚忠君、鞠躬尽瘁、死而后已"。《作战要务令》也极力强调："充满进攻精神的军队就常能压倒物质威力，取得战争的胜利。"① 在二战接近尾声，日本法西斯败局已定时，仍未摆脱对精神主义的迷信，疯狂至极的"神风"特攻队就是对精神主义迷信的产物。

总之，相信精神的力量是武士道的重要表现，也是日本国民性的重要特征。正因为武士道的战争价值观以及它所提倡的实干精神深入广大国民之中，迸发出了巨大的能量，才能使日本这个封建的、落后的国家，经过西方文化的洗礼，跨入世界强国之列。日本敢于与世界人民为敌，发动侵华战争和太平洋战争以及战败后又急速复兴，在这背后，武士道精神都起了重要作用。

日本战败后，"武士道"一词已不再为人提起，但是作为历史的产物，作为日本民族精神的重要内容，必然在日本民族心理上留下厚重的印记，所以它对日本国民的影响不可能随着日本军国主义在二战中的失败而完全消失。

武士道作为一种传统文化，它所提倡的道德规范、行为准则的各项德目，在不同的历史时期，可以在不同的意识形态支配下，为不同的阶级、阶层服务。战前，在军事立国、军国主义意识形态的支配下，武士道成为军国主义侵略战争的精神支柱；战后，在经济立国、经济民族主义的支配下，武士道成为促进日本经济发展的精神动力。战后日本的经济民族主义是指从民族国家利益出发，集中国家一切财力、物力、人力，以实现现代化并赶超西方发达国家作为全民族的核心任务，并强调政府在经济建设中的指导作用，由此所形成的国家经济建设的战略、路线、政策。在这一过程中，武士道所培养的诸如忠诚、责任、力行和知

---

① （日）若槻泰雄：《日本的战争责任》，赵自瑞等译，北京：社会科学文献出版社，1999 年，第 42 页。

耻等精神，使国民对政府的建设计划表现出惊人的认同和合作态度，而且身体力行。正如他们曾相信精神的力量是取得战争胜利的根本一样，他们依然相信精神的力量是推动经济发展的根本。1984 年的日本经济白皮书中宣称："在当前政府为建立日本产业所做的努力中，应该把哪些条件列为首要的呢？可能不是资本，也不是法律和规章，因为两者都是死的东西，是完全无效的。使资本和法规运行起来的是精神……因为，如果就有效性来确定这三个因素的分量，则精神占十分之五，法规占十分之四，而资本只占十分之一。"总之，日本人相信精神的力量是"永恒不朽"的。武士道本身具有很强的实践性，尚武的结果使武士阶级形成了重实践，轻理论；重精神，轻知识的思想意识，日本武士的这种做法有其一定合理性，事实证明不管多好的理论，如果没有精神去推动，又没有能力去实践，最终不过是纸上谈兵而已。武士道作为一种精神力量在日本历史上发挥着重要作用，在战前，它是军人精神，作为法西斯侵略战争的精神支柱；在战后，它成为企业精神，推动了日本经济的发展。

在日本现代企业中，武士道的忠诚精神依然发挥着强有力的作用。在中国，忠诚常常意味着对自我良心的真诚。而在日本，忠诚是实践道德，表现在履行自己责任时的奉献精神。除了忠于主君和天皇外，忠于集体也是日本忠诚观念的重要特征。在近代以前，这种忠表现为武士对主人及其所代表的共同体的忠贞不贰或誓死相从。在现代资本主义经济中，忠诚则表现为职工对企业的负责精神上。而且当员工认为自己对企业表示了忠诚的时候，他就感到一种精神上的满足。正如英国学者诺曼·马克雷在他的著作《日本已经崛起》（竹内书店，1967 年，第61—62 页）中所评论说，"英国人无论怎样努力，也不能完全学到日本人那种诚挚的忠于集体的思想，这种忠诚精神，在日本这样的国家里是促进增产提高效率的动力"。日本人的这种忠诚精神，对于日本的现代化进程起着极大的推动作用。正是这种忠诚精神使日本企业内部具有一种强大的内聚力和向心力，容易统一意志，统一步调，统一行动，企业员工能够以其固有的忠诚精神竭尽全力为集体效力。

忠诚精神的延伸即成为另外一个武士道的重要精神——"知耻"。"不污家名"历来是武士奋斗精神的动力，"惜名不惜死"成为武士引以为豪的文化表象。美国文化人类学家本尼迪克特认为，日本文化是一种"耻感文化"，而西方基督教世界在文化上则属于"罪感文化"。二者不同的特点在于，罪感文化是靠启发良知，内心的服罪来行善，人们道德的原动力来自内部；而在耻感文化中，道德来自外部制约力，爱惜名节、惧怕耻辱是人们强大的约束力和驱动力，这种耻辱感要有外部的旁观者，甚至是想象的旁观者。这种耻辱感往往因自己的强大或某些方面胜过他人而产生荣誉感，也常常由于失去某种优势或根本缺乏这种优势而产生自卑感。这种耻感文化使日本人非常重视他人和社会对自己的看法和评价。山鹿素行主张"卓尔独立"，《叶隐》武士道强调"于武士道上决不可落后于人"，为此必须要以"常把死放在心上"和"常往死身"的精神去身体力行，这样就可以保住自己的名誉，可以不犯错误地履行自己的义务。总而言之，武士道精神就是好脸面、不怕死、负责任。

第二次世界大战后，美军占领日本，日本人感受到从未有过的奇耻大辱。原本由于国小人多、资源贫乏所形成的自卑意识，再加上由于战败而使政治上失去独立、经济上陷入崩溃，从而感到在世界上低人三分，这种耻辱感带来的结果必然是"置之死地而后生"的忧患意识，这种为争取民族生存的意识所产生的强大的民族适应力和凝聚力必然成为争取在政治上与经济上双翻身的特殊动力。正是这种耻辱感转化成为赶超西方先进国家、实现现代化的动力。"知耻"成了日本社会实现现代化的主要力量。耻感文化使日本总是希望在世界上受人尊敬，为赢得这种尊敬，日本一直为成为世界一流经济和政治大国而顽强奋斗。

战后代表日本企业经营特色的终身雇佣制和年功序列制，也可以说是武士文化的产物。日本的每个大企业都俨然如同一个"武士团"，如同过去武士把以主君为代表的"武士团"作为安身立命的基础，对内保持团结，对外拼死相争一样，员工在企业内，为其主君（企业）效忠，兢兢业业，贡献自己的力量。企业对员工实行终身雇用，也如同主君和侍从之间的累代主从关系，而这种累代主从之情可以激发武士的献身意识。企业管理的信条和职业道德的行为准则，确有继承武士道的东西。过去武士以死奉公多是建立在累代的主从之情的基础上的，而员工对企业的效忠精神也正是建立在企业对员工的终身雇用的基础上的，员工对企业的感情和忠诚意识使企业不用担心由于终身雇用而懈怠员工的干劲和进取精神。

年功序列制是武士身份制度和意识在现代企业管理中的体现，只不过这种身份不是基于门第，而是建立在学历和资历基础上。这种情况在近代日本军队中表现得非常突出，不是军校毕业的士兵即使再勇敢也不可能成为军官，也没有哪个军官由于能力突出而被破格提拔，然而这丝毫没有影响军队本身的战斗精神。战后这种年功序列制为企业所采用。武士道强调"不可落后于人"，否则就会招人耻笑。在同期毕业生中，如果同事获得提拔了，自己依然在原来的位置上，对此，"在'耻感文化'中成长的日本人就会在人格上感到屈辱"①，这种屈辱感会使他无法面对家人和亲朋好友，甚至无法在社会上立足。正是基于这种"耻感文化"，使企业在用人政策上，常常是基于学历和工龄，统一晋升。对高层管理人员的任用也不能只注意能力和业绩，还要考虑其在长期工作中所表现出的人格修养和对企业的忠诚心等因素。这对于维护企业内部的团结稳定和避免不必要的人事竞争具有重要意义。而另一方面，"不可落后于人"不仅表现在职务高低上，在工作业绩上也是激发职工干劲和进取精神的原动力。

---

① 占部都美：『日本経営の思考』，中央経済社，1988 年，第 78 頁。

参考文献

中文文献

[1] 吴廷璆:《日本史》,天津:南开大学出版社,1994 年。

[2] 罗荣渠:《现代化新论》,北京:北京大学出版社,1995 年。

[3] 蒋立峰,汤重南:《日本军国主义论》,石家庄:河北人民出版社,2005 年。

[4] 李卓:《家族制度与日本的近代化》,天津:天津人民出版社,1997 年。

[5] 李卓: 《中日家族制度比较研究》,北京:人民出版社,2004 年。

[6] 朱谦之:《日本哲学史》,北京:人民出版社,2000 年。

[7] 刘泽华:《洗耳斋文集》,北京:中华书局,2002 年。

[8] 雷海宗:《伯伦史学集》,北京:中华书局,2002 年。

[9] 钱穆:《中国历代政治得失》,上海:三联书店,2005 年。

[10] 王家骅:《儒家思想与日本文化》,杭州:浙江人民出版社,1990 年。

[11] 王中田:《江户时代日本儒学研究》,北京:中国社会科学出版社,1994 年。

[12] 韩东育: 《日本近世新法家研究》,北京:中华书局,2003 年。

[13] 王金林: 《简明日本古代史》,天津:天津人民出版社,

1984 年。

[14] 张健、王金林：《日本——两次跨世纪的变革》，天津：天津社会科学院出版社，2000 年。

[15] 周颂伦：《近代日本转型期研究》，长春：东北师范大学出版社，1998 年。

[16] 王桂：《日本教育史》，长春：吉林人民出版社，1987 年。

[17] 吕万和：《简明日本近代史》，天津：天津人民出版社，1984 年。

[18] 朱谦之：《日本的朱子学》，北京：人民出版社，2000 年。

[19] 沈仁安：《德川时代史论》，石家庄：河北人民出版社，2003 年。

[20] 林景渊：《德川幕府初探》，台湾：台湾环宇出版社，1999 年。

[21] 林景渊：《武士道与日本传统精神》，台湾：自立晚报社文化出版社，1990 年。

[22] 潘俊蜂：《日本军事思想研究》，北京：军事科学出版社，1992 年。

[23] 尚会鹏：《中国人与日本人》，北京：北京大学出版社，1998 年。

[24] 郑彭年：《靖国神社》，北京：新华出版社，2000 年。

[25] 戴季陶：《日本论》，海口：海南出版社，1994 年。

[26] 梁启超：《中国之武士道》，台湾：台湾中华书局，1973 年。

[27] 叶渭渠：《日本文明》，北京：中国社会科学出版社，1999 年。

[28] 李文：《武士阶级与日本的近代化》，石家庄：河北人民出版社，2003 年。

[29] 王辑五：《一六〇〇年以前的日本》，北京：商务印书馆，1983 年。

[30]（日）依田憙家：《简明日本通史》，上海：上海远东出版社，

2004 年。

[31]（日）依田憙家：《日中两国近代化比较研究》，上海：上海远东出版社，2004 年。

[32]（日）丸山真男：《福泽谕吉与日本近代化》，上海：学林出版社，1992 年。

[33]（日）丸山真男：《日本政治思想史研究》，上海：三联书店，2000 年。

[34]（日）远山茂树：《日本近现代史》全三卷，北京：商务印书馆，1983 年。

[35]（日）远山茂树等：《近代日本思想史》全四册，北京：商务印书馆，1992 年。

[36]（日）坂本太郎：《日本史概说》，北京：商务印书馆，1992 年。

[37]（日）安冈昭男：《日本近代史》，北京：中国社会科学出版社，1996 年。

[38]（日）井上清：《日本历史》，天津：天津人民出版社，1974 年。

[39]（日）新渡户稻造：《武士道》，北京：商务印书馆，2002 年。

[40]（日）若槻泰雄：《日本的战争责任》，北京：社会科学文献出版社，1999 年。

[41]（日）铃木大拙：《禅与日本文化》，上海：三联出版社，1989 年。

[42]（日）井上靖等：《日本人与日本文化》，北京：中国社会科学出版社，1991 年。

[43]（日）梅棹忠夫：《77 把钥匙——开启日本文化的奥秘》，上海：上海文化出版社，1990 年。

[44]（日）源了圆：《日本文化与日本人性格的形成》，北京：北京出版社，1992 年。

[45]（日）富永健一：《日本的现代化与社会变迁》，北京：商务印书馆，2004年。

[46]（日）森岛通夫：《透视日本》，北京：中国财政经济出版社，2000年。

[47]（日）藤原文亮：《圣人与日中文化》，北京：社会科学文献出版社，1999年。

[48]（日）石田雄：《日本的政治文化》，长春：吉林人民出版社，1991年。

[49]（日）信夫清三郎：《日本政治史》全四册，上海：上海译文出版社，1982年。

[50]（日）井上清：《日本的军国主义》全四卷，北京：商务印书馆，1972年。

[51]（日）井上清：《日本近代史》上下，北京：商务印书馆，1972年。

[52]（日）井上清：《日本历史——国史的批判》，上海：三联出版社，1957年。

[53]（日）尾藤正英：《日中文化比较论》，杭州：浙江人民出版社，1992年。

[54]（日）永田广志：《日本哲学思想史》，北京：商务印书馆，1992年。

[55]（日）小林哲也：《日本的教育》，北京：人民教育出版社，1981年。

[56]（美）保罗·肯尼迪：《大国的兴衰》，求实出版社，1988年

[57]（美）赖肖尔：《日本人》，上海：上海译文出版社，1982年。

[58]（美）约·惠·霍尔：《日本——从史前到现在》，北京：商务印书馆，1997年。

[59]（美）约翰·托兰：《日本帝国的衰亡》，北京：新华出版社，1982年。

[60]（美）本尼迪克特：《菊与刀》，北京：商务印书馆，

1994 年。

[61]（美）贝拉著、王晓山等译：《德川宗教：现代日本的文化渊源》，上海：三联书店，1998 年。

[62]（美）R·J·Smethurst：《日本军国主义的社会基础》，台湾：金禾出版社，1994 年。

[63]（俄）弗·普罗宁夫：《日本人》，赵永穆等译，北京：中国广播电视出版社，1991 年。

[64]（英）小泉八云著、胡山源译：《日本与日本人》，海口：海南出版社，1994 年。

日文文献

[1]第一勧業経営センター：『家訓』、中経出版、1979 年。

[2]桑田忠親：『武士の家訓』、講談社、2003 年。

[3]小澤富夫：『家訓』、講談社、1980 年。

[4]小澤富夫：『武家家訓・遺訓集成』、ぺりかん社、1998 年。

[5]小澤富夫：『増補改訂　武家家訓・遺訓集成』、ぺりかん社、2003 年。

[6]小和田哲男：『戦国武将の生き方死に方』、新人物往来社、1985 年。

[7]笠泰彦：『中世武家家訓の研究』、風間書房、1967 年。

[8]河合正治：『安芸毛利一族』、新人物往来社、1984 年。

[9]近藤斉：『近世以降武家家訓の研究』、風間書房、1975 年。

[10]近藤斉：『戦国時代武家家訓の研究』、風間書房、1978 年。

[11]近藤斉：『総説武家家訓の研究』、風間書房、1983 年。

[12]井上哲次郎：『武士道全書』（全十二巻）、時代社、1942 年。

[13]『日本思想大系・29・中江藤樹』、岩波書店、1970 年。

[14]『日本思想大系・32・山鹿素行』、岩波書店、1970 年。

[15]『日本思想大系・53・水戸学』、岩波書店、1970 年。

[16]『日本思想大系・27・近世武家思想』、岩波書店、1970 年。

［17］『小学教科書総攬』、小学教科書総攬刊行会、1933年。

［18］相良亨:『相良亨著作集・2・日本の儒教Ⅱ』、ぺりかん社、1996年。

［19］相良亨:『相良亨著作集・3・武士の倫理』、ぺりかん社、1993年。

［20］相良亨:『武士の思想』、ぺりかん社、1984年。

［21］相良亨:『相良亨著作集・1・日本の儒教Ⅰ』、ぺりかん社、1992年。

［22］笠谷和比古:『士の思想』、日本経済新聞社、1993年。

［23］笠谷和比古:『近世武家社会の政治構造』、吉川弘文館、1994年。

［24］笠谷和比古:『武士道その名誉の掟』、教育出版、2001年。

［25］笠谷和比古:『主君「押込」の構造』、平凡社、1988年。

［26］桜井庄太郎:『名誉と恥辱』、法政大学出版局、1971年。

［27］金子拓:『中世武家政権と政治秩序』、吉川弘文館、1999年。

［28］鎌田浩:『幕藩体制における武士家族法』、成文堂、1970年。

［29］佐々木潤之介:『概論日本歴史』、吉川弘文館、2000年。

［30］豊田武:『豊田武著作集・8・日本の封建制』、吉川弘文館、1983年。

［31］竹内誠:『教養の日本史』、東京大学出版会、2003年。

［32］中村吉治:『家の歴史』、角川書店、1957年。

［33］永原慶二:『日本中世の社会と国家』、青木書店、1991年。

［34］根岸茂夫:『近世武家社会の形成と構造』、吉川弘文館、2000年。

［35］藤直幹:『武家時代の社会と精神』、創元社、1967年。

［36］山本真功:『家訓集』、平凡社、2001年。

［37］桃裕行:『桃裕行著作集・3・武家家訓の研究』、思文閣、1988年。

［38］吉田豊:『武家の家訓』、徳間書店、1972年。

［39］渡辺周一：『図録・近世武士生活史入門事典』、柏書房、1987 年。

［40］米村千代：『「家」の存続戦略』、勁草書房、1999 年。

［41］福尾猛市郎：『日本家族制度史概説』、吉川弘文館、1972 年。

［42］進士慶幹：『生活史叢書・1・江戸時代武士の生活』、雄山閣、1980 年。

［43］守本順一：『日本思想史』、新日本出版社、1981 年。

［44］松下芳男：『明治軍制史論』上巻、有斐閣 1956 年。

［45］笹本正治：『戦国大名の日常生活』、講談社、2000 年。

［46］柴田純：『江戸武士の日常生活』、講談社、2000 年。

［47］武士道学会：『武士道入門』、ふたら書房、1941 年。

［48］石井進：『鎌倉武士の実像』、平凡社、1999 年。

［49］山本博文：『武士道』、中経出版、2003 年。

［50］山本博文：『武士は禿げると隠居する』、双葉社、2001 年。

［51］福田豊彦：『平将門の乱』、岩波書店、1981 年。

［52］戸部良一：『日本の近代・9・逆説の軍隊』、中央公論社、1974 年。

［53］濱口恵俊：『日本型モデルとは何か』、新曜社、1993 年。

［54］『資料日本現代史・8・満州事変と国民動員』、大月書店、1984 年。

［55］『資料日本現代史・10・日中戦争期の国民動員』、大月書店、1984 年。

［56］佐藤全弘：『日本のこころと「武士道」』、教文館、2001 年。

［57］井上哲次郎：『国民道徳概論』、三省堂、1912 年。

［58］高橋富雄：『武士道の歴史』（全 3 巻）、新人物往来社、1986 年。

［59］高野邦夫：『天皇制国家の教育論』、あずみの書房、1989 年。

［60］下村劾：『日本史小百科「武士」』、東京堂、1993 年。

［61］『岩波講座　現代教育学 5 日本近代教育史』、岩波書店 1962 年。

［62］長野正：『日本近代国家と歴史教育』、クオリ、1986 年。

［63］『日本思想史読本』、東洋経済新報社、1979 年。

［64］安川寿之輔：『十五年戦争と教育』、新日本出版社、1986 年。

［65］田原嗣郎：『日本の名著・12・山鹿素行』、中央公論社、1971 年。

［66］奈良本辰也：『日本の名著・17・葉隠』、中央公論社、1984 年。

［67］伊東多三郎：『日本の名著・11・熊沢藩山』、中央公論社、1976 年。

［68］井上哲次郎：『巽講話集』、博文館、1902 年。

［69］安蘇谷正彦：『神道とはなにか』、ぺりかん社、1994 年。

［70］白根孝之：『軍隊・戦争・国民組織』、青山出版社、1942 年。

［71］花見朔巳：『武士道と日本民族』、南光書院、1943 年。

［72］長浜功：『教育の戦争責任』、大原新生社、1979 年。

［73］奈良本辰也：『武士道の系譜』、中央公論社、1971 年。

［74］梅渓昇：『明治前期政治史の研究』、未来社、1963 年。

［75］入間田宣夫：『武士の世に』、集英社、1991 年。

［76］『教育学全集・3・近代教育史』、小学館、1968 年。

［77］蔵並省自：『日本近世史』、三和書房、1972 年。

［78］日本文化研究会：『武士道精神』、東洋書院、1935 年。

［79］千野陽一：『近代婦人教育史』、ドメス出版、1979 年。

［80］南博：『日本論——明治から今日まで』、岩波書店、1994 年。

［81］長浜功：『国民学校——皇民化教育の実証的解明』、明石書店、1985 年。

［82］清原貞雄：『武士道史十講』、目黒書店、1927 年。

［83］田中義能：『武士道概説』、精興社、1932 年。

［84］軍事史学会：『武士道の大義』、地人書館、1943 年。

［85］古川哲史：『武士道の思想とその周辺』、福村書店、1957 年。

［86］山岡鉄舟：『武士道』、大東出版社、1940 年。

［87］戸田金一：『国民学校——皇国の道』、吉川弘文館、1997 年。

［88］松下芳男：『明治軍制史論集』、育生社、1938 年。

［89］今井淳：『日本思想論争史』、ぺりかん社、1979 年。

［90］山住正巳：『日本近代思想体系・6・教育の体系』、岩波書店、1990 年。

［91］和辻哲郎：『岩波講座・倫理学』、岩波書店、1940 年。

［92］井上哲次郎：『武士道の本質』、八光社、1942 年。

［93］森秀夫：『日本教育制度史』、学芸図書、1984 年。

［94］古賀斌：『武士道論考』、島津書房、1974 年。

［95］橋本実：『武士道の精神』、明世堂、1943 年。

［96］山住正巳：『教育勅語』、朝日新聞社、1980 年。

［97］野口実：『武家の棟梁の条件』、中央公論社、1994 年。

［98］『講座・歴史教育・1・歴史教育の歴史』、弘文堂、1982 年。

［99］『日本近代思想大系・4・軍隊・兵士』、岩波書店、1989 年。

［100］藤原彰：『天皇制と軍隊』、青木書店、1978 年。

［101］渡辺幾治郎：『明治天皇』上巻、宗高書房、1958 年。

［102］長嶺秀雄：『日本軍人の死生観』、原書房、1982 年。

［103］大江志乃夫：『靖国神社』、岩波書店、1984 年。

［104］神永文三：『武士道死生観』、宮越太陽堂書房、1943 年。

［105］大江乃志夫：『国民教育と軍隊』、新日本出版社、1974 年。

［106］唐澤富太郎：『教育書の歴史――教育書と日本人の形成』、創文社、1956 年。

［107］小池喜明：『葉隠――武士と奉公』、講談社、1999 年。

［108］松前重義：『武道思想の探究』、東海大学出版会、1987 年。

［109］芳賀矢一：『国民性十論』、富山房、1907 年。

［110］中村吉治：『日本の封建社会』、校倉書房、1979 年。

［111］小澤富夫：『歴史としての武士道』、ぺりかん社、2005 年。

［112］竹田聴洲：『祖先崇拝』、平楽寺書店、1957 年。

［113］田崎末松：『田中義一評伝』、和平戦略研究所、1981 年。

［114］徳富蘇峰：『山県有朋伝』中、原書房、1984 年。

［115］古川哲史:『日本思想史講座·近世Ⅱ』、雄山閣、1975 年。

［116］古川哲史:『日本思想史講座·日本人論』、雄山閣、1975 年。

［117］山本七平:『日本人とは何か』(上)、PHP 研究所、1989 年。

［118］佐佐木杜太郎:『山鹿素行』、明德社、1978 年第 2 页。

［119］古川哲史:『日本思想史讲座』、中世(1)、雄山閣、1976 年。

［120］村岡典嗣:『日本思想史概説』、創文社、1977 年。

［121］相良亨:『近世儒家思想』、墙书房、1966 年。